MI ORACION DE CADA DIA

A mi Prelado, Emmo. Cardenal Angel Suquía Goicoechea, con todo afecto y agradecimiento, y como expresión sensible de mi inserción gozosa en la Comunidad orante, que es la Iglesia.

Cordial = cordial
facilitar = faciliter
sin embargo = cependant
meta = but
propuesto = proposé

néanmoins

T. 306-22-22 Pasalpina

SALVADOR MUÑOZ IGLESIAS

MI ORACION
DE CADA DIA

EDITORIAL DE ESPIRITUALIDAD
Triana, 9 — 28016 MADRID

Nihil obstat
Dr. Domingo Muñoz León

Imprimi potest
Angel Suquía Goicoechea
Cardenal Arzobispo de Madrid

25 de Enero de 1993

MI ORACION DE CADA DIA
© by EDITORIAL DE ESPIRITUALIDAD
Madrid, 1993
ISBN: 84-7068-223-7
Depósito legal: M. 5.916-1993

Impreso en España - Printed in Spain

Fotocomposición e impresión: Closas-Orcoyen, S. L.
Polígono Igarsa. Paracuellos de Jarama (Madrid)

DOS PALABRAS AL LECTOR

El título

Lo llamo así, porque así ha nacido.
Estos pensamientos son fruto de mi oración de cada día, que procuro hacer —y recomiendo se haga— meditando frases de la Biblia, preferentemente del Nuevo Testamento y, sobre todo, del Evangelio.

La brevedad

He procurado que sean breves.
Y lo he hecho pensando en los que disponen de poco tiempo para la oración.
Sugiero una doble lectura: la primera, de corrido, para saciar la curiosidad sobre el tema; y una segunda, más pausada, rumiando y saboreando lo que el Señor ofrezca.

¿Originalidad?

No la he pretendido.
Si «nada hay nuevo bajo el sol» (Eclesiástico 1,9), sobremanera ridículo sería pretender novedades en la presentación del mensaje cristiano.
No hay quien lo mejore.
Por favor, que nadie lea estas páginas buscando planteamientos originales. Se llevará una gran decepción, y no sacará ningún fruto de la lectura.

Se encontrarán numerosas repeticiones.
La mayoría han sido intentadas.
O porque se trata de temas básicos para la comprensión del Cristianismo auténtico; o porque de suyo son difíciles de entender y, sobre todo, de practicar; o porque considero importante descubrir desde distintos ángulos las conexiones armoniosas del pensamiento cristiano.

La citas bíblicas

Pido perdón por añadir a cada cita bíblica —larga o corta— el lugar exacto donde se encuentra.
Lo hago con la intención de facilitar la búsqueda del pasaje correspondiente para enriquecerse con las enseñanzas del contexto.

El estilo

Escribo en frases cortas, con frecuentes puntos y aparte.
No es pose literaria, ni afán de llenar la página.
Trato de ser directo y evitar divagaciones o que se nos pierda la idea en el marasmo de los párrafos largos.
Cada frase quiere sugerir algo.
Léase despacio y con paradas.

Los cuestionarios

Al final de cada capítulo propongo en tres preguntas el examen práctico que conviene hacer, para que no nos suceda lo que a aquel de quien habla Santiago, que «se contenta en oir la Palabra sin ponerla por obra»; el cual «se parece al que contempla su imagen en un espejo: se contempla, pero, en yéndose, se olvida de cómo era» (Sant 1,23ss).
La conversación con Dios es algo que siempre nos interpela.
Al salir de ella, como los Magos después de adorar al Niño, debemos «volver por otro camino» (Mt 2,12).
Hay que salir siempre algo cambiados.
¡Y para mejor!

INVITATORIO

Aclama al Señor, tierra entera:
Gritad, vitoread, tocad,
tañed la cítara para el Señor,
suenen los instrumentos;
con clarines y al son de trompetas
aclamad al Rey y Señor.
Retumbe el mar y cuanto contiene,
la tierra y cuantos la habitan;
aplaudan los ríos, aclamen los montes
al Señor que llega...
(Sal 98,4-9)

1
«ABRE MIS LABIOS, SEÑOR...»
(Sal 51,17)

Con esta invocación («Señor, ábreme los labios, y mi lengua anunciará tu alabanza») comienza el Invitatorio que ha de encabezar diariamente el rezo del Oficio Divino: hermosa manera de reconocer que la oración o conversación con Dios es un honor que generosamente nos concede Él.

La frase está tomada del Salmo «Miserere». Literariamente es un caso claro de paralelismo sintético, frecuente en la poesía hebrea, donde el segundo estico indica la finalidad de lo que se ha dicho en el primero. Lisa y llanamente, lo que pide al Señor es que abra Él nuestros labios para que podamos proclamar su alabanza.

Es una invocación que deberíamos repetir varias veces cada día y todos los días de nuestra vida.

Porque ése es nuestro quehacer como criaturas racionales, inteligentes y libres: descubrir la grandeza, sabiduría y bondad de Dios que brilla en el mundo por Él creado y que se manifiesta en la historia por Él regida, y aplaudirle por ello. Es lo que decía San Ignacio: «El hombre es creado para alabar, hacer reverencia y servir a Dios».

Pero solemos ser muy remisos en el cumplimiento de este honroso quehacer.

A menudo, cuando estamos con Él, abrimos los labios para cantar o rezar, acaso *rutinariamente,* unas fórmulas dadas, o, a lo más, para *pedirle* por nuestras necesidades. Y ambas cosas se deben hacer: la oración vocal, evitando la rutina, y la oración de petición, extendiéndola generosamente a las necesidades de los demás.

Pero debe *primar*, en el tiempo y en la intensidad, *la oración de alabanza y de acción de gracias.*

En todo caso, y aunque fuéramos más diligentes en cumplir este cometido, nuestras alabanzas, por ser nuestras, valen muy poco y a Dios no le dan nada. Como cantamos en uno de los Prefacios, Dios «no necesita de nuestra alabanza, ni nuestras bendiciones le enriquecen». Tampoco de suyo merecerían ser oídas nuestras peticiones.

Pero, afortunadamente, nuestra incorporación a Cristo en el Bautismo hace que, en cierta manera, lo suyo sea nuestro, y lo nuestro suyo. Gracias a El, si pedimos en su Nombre, seremos oídos, y gracias a El y a través de El, nuestras alabanzas y acciones de gracias llegan al trono de Dios.

Pidámosle al Señor con las palabras del salmista que abra nuestros labios para alabanza suya, y seamos conscientes de que esto forma parte esencial de nuestro quehacer como hombres sobre la tierra.

Toda nuestra vida tiene que ser un cántico de alabanza al Señor.

La liturgia de la Iglesia nos recuerda —nos debe recordar— que sólo por Cristo, con El y en El llenamos cumplidamente nuestro cometido.

Gracias, Señor, por haber venido en ayuda de la Humanidad, incapaz por sí misma de realizar cumplidamente el fin para el que fue creada.

Tu venida a la tierra ha llevado al hombre a su realización plena.

Gracias a Ti no somos del todo inútiles.

Gracias a Ti nuestros labios se abren, y nuestra lengua anuncia las alabanzas de Dios.

CUESTIONARIO

— ¿Qué espacio damos en nuestra vida de piedad a la alabanza y acción de gracias a Dios?

— ¿Sentimos la necesidad de hacerlo por mediación de Jesucristo?

— ¿Vivimos así la Eucaristía?

2

«EL MAESTRO ESTA AHI Y TE LLAMA»
(Jn 11,28)

Fue cuando Lázaro enfermó y sus hermanas Marta y María «mandaron recado a Jesús, diciéndole: aquel a quien amas está enfermo».

Jesús retrasó su venida a Betania hasta después de la muerte de Lázaro, para tener así ocasión de resucitarlo.

«Cuando Marta supo que Jesús se acercaba, le salió al encuentro», y habló con El. Luego se adelantó para sacar a su hermana del acoso de los conocidos que habían acudido a darles el pésame. Y le dijo al oído: «¡El maestro está ahí y te llama!»

Yo sé que no es disparate pensar que lo mismo me dicen a mí.
Es una llamada anónima:
—«El Maestro está ahí y te llama.»
Pero yo sé que es verdad.

El está ahí, verdadera, real y sustancialmente presente en cuanto hombre en el Santísimo Sacramento del Altar. Y en cuanto Dios, alrededor de mí, muy cerca y dentro de mí. Y estará a punto de dejarse ver, cuando un día la muerte derribe la frágil pared que nos separa.

Está ahí y me llama.
Tiene ganas de hablar conmigo.
¡Increíble me parece!
Porque no me vas a decir, Señor, que te aburres sin mí; y que conmigo te lo vas a pasar bien.
Increíble, pero verdad:
—«Estoy a la puerta y llamo. Si alguno oye mi voz y me abre la puerta, entraré donde él, y cenaré con él y él conmigo» (Ap 3,20).
Así te vio la Esposa del Cantar de los Cantares:

«¡La voz de mi Amado me llama!:
Abreme, hermana mía, amiga mía,
paloma mía, mi perfecta:
que mi cabeza está cubierta de rocío,
y mis bucles del relente de la noche.»
(Cant 5,2)

Y así te cantó nuestro Lope de Vega Carpio:

> ¿Qué tengo yo que mi amistad procuras?
> ¿Qué interés se te sigue, Jesús mío,
> que a mi puerta, cubierto de rocío,
> pasas las noches del invierno oscuras?
> ¡Oh, cuánto fueron mis entrañas duras
> pues no te abrí! ¡Qué extraño desvarío,
> si de mi ingratitud el hielo frío
> pasmó las llagas de tus plantas puras!
> ¡Cuántas veces el ángel me decía:
> «Alma, asómate ahora a la ventana;
> verás con cuánto amor llamar porfía.»
> Y ¡cuántas, hermosura soberana,
> «Mañana le abriremos» —respondía—,
> para lo mismo responder mañana!

Yo quiero, Señor, abrirte. Quiero acudir a tu llamada, desasiéndome de las preocupaciones que me acosan, como María la hermana de Lázaro, cuando escuchó tu invitación de labios de Marta.

¡Bendito ahora mismo el recadero anónimo que —como aquella Marta de Betania— me recuerda de tu parte con estas líneas que estás ahí y me llamas!

Ya voy, Señor, ya voy.

Y te prometo que vendré todos los días un ratito.

Haz que me manden todos los días este recado tuyo.

Y que el día de mi muerte alguien me recuerde: El Maestro está ahí y te llama.

¡Para salir sin miedo y gozosamente al encuentro contigo!

CUESTIONARIO

— ¿Soy sensible a las frecuentes llamadas del Señor?
— ¿Me alegran como a María, la hermana de Lázaro?
— ¿Soy pronto y generoso en responder?

3

«AQUI ESTOY PORQUE ME LLAMASTE»
(1 Sam 3,5.6.8)

Diciendo estas palabras se presentó por tres veces a media noche ante el anciano Sumo sacerdote Helí el niño Samuel, que había sido consagrado al servicio del Santuario de Silo, y que por tres veces se había sentido llamado por su nombre.

Helí no le había llamado, sino el Señor.

Por eso la frase del futuro profeta es muy a propósito para que cada uno de nosotros la repita agradecido cuando se presenta ante el Señor:

—¡Aquí estoy, porque me has llamado!

No estamos ante el Señor por elección propia.

A veces nos parece que sí. Pero nos equivocamos.

Jesús dijo: «No me elegisteis vosotros a Mí, fui Yo quien os eligió a vosotros» (Jn 15,16).

Yo lo creo así.

No es mérito mío ser cristiano. Ni es conquista mía la audiencia que el Señor generosamente me concede.

El ha hecho que yo conozca este camino y lo abrace, mientras hay tantos que no lo conocen o no se sienten atraídos por él.

El se ha dignado descender a sentarse conmigo en este banco, a la sombra de los álamos, junto a la fuente. ¿Cuándo pude yo soñar que esto iba a suceder?

Tengo que ver en este trato de favor que el Señor me dispensa una prueba de predilección: Se ha fijado en mí, me ha llamado por mi nombre, y me ha invitado a conversar.

Por eso mi respuesta es:

—¡Aquí estoy, porque me has llamado!

¿Y para qué me has llamado, Señor?

Cuando elegiste a los Doce dice San Marcos que los llamaste «para que estuvieran contigo y para mandarlos a predicar» (Mc 3,14).

Aquí estoy, Señor, gozosamente para ambas cosas.

«Estar contigo es dulce paraíso» —decía Kempis.

Lo es aquí ya.

Y está, además, tu promesa (Jn 14,3) y tu infalible oración al Padre (Jn 17,24), pidiendo que donde estés Tú en tu gloria estemos también nosotros. Es una suerte estar contigo aquí, y ha de serlo mucho más estar contigo en la gloria.

Pero para predicar valgo muy poco.

Como Jeremías, «no sé expresarme porque soy un muchacho» (Jr 1,6).

Como Moisés, «soy torpe de palabra» (Ex 6,12).

Menos mal que Tú dijiste un día: «Fui yo quien os elegí a vosotros, y os destiné para que vayáis y deis fruto y vuestro fruto permanezca, para que cuanto pidáis al Padre en mi nombre os lo de» (Jn 15,16).

Está claro mi segundo quehacer.

Ante todo, agradecer la vocación gratuita de que he sido objeto.

Y luego... orar. Orar en tu nombre al Padre.

Sin merecerlo —porque Tú así lo has querido y para eso me has llamado— mi oficio es ser contigo abogado de las causas de los hombres ante Dios.

—¡Aquí estoy, Señor, porque me has llamado!

CUESTIONARIO

— ¿Agradecemos la predilección divina en habernos llamado?
— ¿Comprendemos el alcance de esa llamada?
— ¿Cómo respondemos a ella?

4

«TENGO ALGO QUE DECIRTE.
—MAESTRO, DI» (Lc 7,40)

Fue en casa del fariseo Simón, cuando la mujer pecadora ungió los pies de Jesús, y se escandalizó el fariseo.
Jesús dijo a su anfitrión:
—Simón, tengo algo que decirte.
El respondió:
—Maestro, di.

El episodio nos sugiere un tema de reflexión importante para nuestros ratos de oración.

Lo normal es que tratemos de cubrir nuestros minutos de Sagrario con rezos. Y menos mal, si sabemos dar primacía a la alabanza y adoración sobre la lista de nuestras peticiones, y si en éstas no olvidamos las necesidades de los demás, de la Iglesia y del mundo. Ni petición absorbente que no deje el lugar debido a la alabanza, adoración y acción de gracias; ni personalismo excesivo en nuestras demandas que nos haga olvidar nuestro oficio eclesial de intercesores.

Pero hay que dar un paso más.

Santa Teresa decía que oración es *toda forma de conversación con Dios*.

Conversación con Dios quiere decir que tenemos que hablar los dos: Dios y yo.

No sólo yo, también El.

Más El que yo.

Por doble motivo: porque siempre será más interesante lo que pueda decir El que lo que digamos nosotros, y porque, al ser recibidos en audiencia por un personaje superior, lo correcto y educado es dejar que lleve El la conversación.

A cada uno de nosotros podría decir el Señor: «Tengo algo que decirte.»

Y es un honor y una suerte que así sea.

El Señor tiene algo que decirme. Eso significa que soy algo para El, que ocupo un lugar en su mente y en su corazón.

¿No es normal que yo responda como el fariseo Simón: Maestro, di?

Hay que hacer algún silencio en nuestra oración para escuchar eso que el Señor tiene que decirnos. No debía haber en nosotros mayor curiosidad que la de saber lo que el Señor tiene que decirnos.

Lo normal será que su mensaje resuene en nuestro interior en forma de represión por lo que hacemos mal o de aliento para lo bueno que espera de nosotros.

Siempre será la manifestación de la voluntad divina sobre lo que tenemos que hacer.

Si su voz no se dejara oír directamente, la tenemos en cinta magnetofónica.

Basta enchufar la casete del Evangelio.

Desde hoy, nunca salgamos de nuestra oración sin haberle dicho: Sé que tienes algo que decirme. ¡Maestro, dímelo!

CUESTIONARIO

— ¿Damos primacía en nuestra oración a la alabanza sobre la petición, y procuramos que en ésta entren las necesidades de los demás?

— ¿Entendemos la oración como una conversación con Dios?

— ¿Tratamos de que haya espacio en ella para oír lo que el Señor nos tenga que decir?

5
«HABLAD, SEÑOR, VUESTRO SIERVO ESCUCHA» (1 Sam 3,9.10)

Cuando por tres veces en una noche el niño Samuel se presentó ante Helí porque le parecía que éste le había llamado, no fue difícil al Sumo Sacerdote deducir que quien llamaba a Samuel era el propio Yahvé. Y así le dijo al niño:
—«Si te vuelven a llamar, no te levantes ni vengas, sino di: ¡Hablad, Señor, que vuestro siervo escucha!»

El encargo de Helí a Samuel había de situar al futuro profeta en la disposición obedencial más absoluta respecto a Dios.

Y ello hace que su breve oración pueda ser —y deba ser— modélica para todos nosotros, que, en cualquier circunstancia, debemos estar a la escucha de lo que Dios quiera decirnos o pedirnos: «Como están los ojos del esclavo en manos de su señor, y los ojos de la esclava en las manos de su ama, así nosotros ante El» (Sal 123,2).

¡Hablad, Señor!

Sólo el hecho de que os dignéis hablarme es ya para mí un inmerecido honor.

Y para hablarnos envió desde los cielos a su Palabra hecha carne. Y abriendo sus labios, dijo... ¡Cuántas cosas nos has dicho, Señor!

Nos hemos acostumbrado.

Desde que oímos, Señor, tu voz, ya nunca nos suenan bien voces distintas de la tuya.

¡Háblanos Tú, Señor: no nos hablen Moisés ni los profetas» —clamaba el autor de la Imitación de Cristo.

Y San Juan de la Cruz llega a decir:

> «...no quieras enviarme
> de hoy más mensajero
> que no saben decirme lo que quiero».

Un día le dijiste a un fariseo que te hospedaba:
—Simón, tengo algo que decirte.
Y él te respondió:

—Maestro, di.
Lo mismo me dices a mí, y lo mismo te contesto yo. Se que tienes algo que decirme.

¡Hablad, Señor, que vuestro siervo escucha! Eso quisiera yo hacer de por vida. Vivir a la escucha.

Vivir a la escucha es templar las cuerdas del alma y vivir en tensión para que el suave roce del Espíritu haga música en el corazón.

Vivir a la escucha es recibir tus mensajes «así los gratos como los desagradables» sin cambiar de canal cuando nos resulten estridentes.

Vivir a la escucha es estar siempre dispuesto a responder a sabiendas de que lo que decimos no es puramente una frase: Tus deseos, Señor, son órdenes para mí.

Todo esto quiero decirte, Señor, cuando te repito con el niño Samuel:

—¡Hablad, Señor, que vuestro siervo escucha!

CUESTIONARIO

— ¿Tenemos hambre de la Palabra de Dios?

— ¿Nos esforzamos por conocer y entender cada día mejor las Sagradas Escrituras, que son la palabra de Dios escrita?

— ¿Qué hacemos para aumentar nuestra formación religiosa?

6

«CRIATURAS TODAS DEL SEÑOR, ¡BENDECID AL SEÑOR!» (Dan 3,57)

Consciente de haber nacido para alabar al Señor, me sobrecoge la triste comprobación de mi absoluta incapacidad para ofrecer al Infinito una alabanza condigna.
Fui creado para eso, y descubro que no sirvo.
Se que el hombre, único ser inteligente de la Creación visible, ha sido puesto en el mundo para percibir y aplaudir los atributos de que ha hecho gala el Creador al sacar todas las cosas de la nada.
Me siento sacerdote de la Creación, destinado a ofrecer en la patena de mis pobres y manchadas manos los reflejos de la divina grandeza que descubro en los seres creados.
Y por eso me gusta, sentado a la sombra de un abeto en el monte o sobre la arena de una playa junto al mar, ir repasando, como quien pasa las cuentas de un Rosario, las cosas que veo, y felicitar a Dios porque las hizo bellas: las rocas y los montes, los árboles y las praderas, las fuentes y los ríos, las flores y los pájaros, las inmensidades del firmamento y del mar.
No me canso de contemplarlas una por una, y comentar con el Señor —como un eco de aquel estribillo del Génesis: «Y vio Dios que era bueno»— lo bien que le salieron.
Es hermoso ver a Dios detrás de todas ellas.
Y emociona y embriaga percibir en cada una, cual perfume recién vertido, el olor característico de las manos de Dios que todavía rezuman.
Dicen que las cosas todas hablan de Dios.
Se cuenta de San Ignacio que un día, viejecito y casi ciego, sentado sobre unas ruinas a las afueras de Roma, se echó de pronto a llorar y golpeaba con sus bastón a una humilde violeta que tenía a sus pies:
—¡Calla, hija mía, calla! —le oyeron decir—. Se lo que me estás gritando: que alabe al Creador.
Solamente los oídos de los santos perciben esos gritos silenciosos de las cosas invitando a los hombres a la alabanza de Dios.
Cura, Señor, mi sordera.

Y cura, sobre todo, mi mudez.

Porque a menudo me llega —¡es tan aguda su voz!— el fuerte griterío de las criaturas inanimadas, que hablan de Tú poderío y de Tú grandeza; pero la lengua se me traba y no acierto a entonar las laudes de tus maravillas.

Se me ocurre un recurso.

Tú «me hiciste señor de las obras de tus manos, y todo lo pusiste bajo mis pies» (Sal 8,7). Déjame, Señor, emplear a tus criaturas como altavoces que potencien mi pobre canto a Tu grandeza.

Déjame que las conjure como los compañeros de Daniel en el horno de fuego:

—Obras todas del Señor, ¡bendecid al Señor!

—Sol y luna, ¡bendecid al Señor!

—Lluvia y rocío, fuego y calor, fríos y heladas, rocíos y nevadas, témpanos y hielos, luz y tinieblas, rayos y nubes, montes y valles, fuentes y mares y ríos, cetáceos y peces, aves del cielo, fieras y ganados...¡bendecid al Señor!

Ayudadme a alabar al Señor.

Tengo encargo de hacerlo en nombre vuestro.

Y sólo no me basto.

Me consuela saber que lo que a mí me pasa, Señor, le debió pasar también a tu siervo San Francisco cuando, a la vista del bello paisaje de Asís, compuso el inspirado *Cántico de las criaturas*.

Como el Santo no tenía nada suyo, estoy seguro de que me lo presta:

«Loado seas por toda creatura, mi Señor,
y en especial loado por el hermano sol,
que alumbra, y abre el día, y es bello en su esplendor
y lleva por los cielos noticias de su autor.
Y por la hermana luna, de blanca luz menor,
y las estrellas claras que tu poder creó,
tan limpias, tan hermosas, tan vivas como son,
y brillan en los cielos: ¡Loado mi Señor!
Y por la hermana agua, preciosa en su candor,
que es útil, casta, humilde: ¡Loado mi Señor!
Por el hermano fuego, que alumbra al irse el sol,
y es fuerte, hermoso, alegre: ¡Loado mi Señor!
Y por la hermana tierra, que es todo bendición:

la hermana madre tierra que da en toda ocasión
las hierbas y los frutos y flores de color,
y nos sustenta y rige: ¡Loado mi Señor!»

Y para que valga más, y llegue a Ti mi canto:
—Por Jesucristo Nuestro Señor. Amén.

CUESTIONARIO

— ¿Estoy convencido de que fui creado para alabar a Dios?
— ¿Me siento orgulloso de ser el sacerdote nato de la creación visible?
— ¿Procuro ejercer?

COMO ORAR

*No vengo a la soledad
cuando vengo a la oración,
pues se que, estando contigo,
con mis hermanos estoy;
y se que, estando con ellos,
 Tú estás en medio, Señor.
 No he venido a refugiarme
 dentro de tu torreón,
 como quien huye a un exilio
 de aristocracia interior.
 Pues vine huyendo del ruido,
 pero de los hombres, no.
Allí donde va un cristiano
no hay soledad, sino amor;
pues lleva toda la Iglesia
dentro de su corazón.
Y dice siempre «nosotros»,
incluso si dice «yo».*

> (Liturgia de las Horas: Himno de Laudes del sábado de la II Semana del Tiempo durante el año)

«PEDID Y SE OS DARA...»
(Mt 7,7; Lc 11,9)

Nunca ponderaremos bastante la generosidad de la oferta del Señor al prometer favorable acogida a nuestras peticiones.

Sólo quien —como El— es infinitamente rico, puede comprometerse a dar cuanto se le pida, sin exigir devolución ni contraprestaciones.

En las finanzas humanas, los Bancos —fuera de algunas limosnas estatutarias— no dan dinero si el que lo pide no presenta títulos crediticios fiables: saldo favorable o volumen constante en su cuenta corriente, bienes hipotecables con qué responder, o aval debidamente controlado.

Pero la Banca inagotable de la Divina Providencia, contra la cual nadie puede presentar títulos que den derecho a nada, concede crédito ilimitado —sin respaldo humano de ningún género— a todo el que lo pida.

Es consolador oír al Señor decir:

—«Pedid y recibiréis, buscad y encontraréis, llamad y se os abrirá. Porque todo el que pide, recibe; el que busca, halla; y al que llama se le abrirá.»

Jesús repite lo mismo de tres maneras, y por si no ha quedado suficientemente claro, de tres maneras lo vuelve a recalcar. Y así reafirma hasta seis veces el propósito divino de atender nuestras peticiones, que es tanto como proclamar la eficacia infalible de las mismas.

La razón alegada por Jesús para hacer creíble semejante oferta no puede ser más consoladora: Dios nos quiere como padre. «Si, pues, vosotros —concluye—, siendo malos, sabéis dar cosas buenas a vuestros hijos, ¡cuánto más vuestro Padre que está en los cielos dará cosas buenas a los que se las piden!» (Mt 7,11).

Hay que tener presente que el Señor no prometió responder a la primera petición. Con claridad absoluta recomendó la necesidad de la perseverancia: en la doble parábola del *amigo inoportuno* (Lc 11,5-8) y del juez inicuo frente a *la viuda insistente* (Lc 18,1-7), y con su propio ejemplo en la Oración del Huerto repitiendo por tres veces las mismas palabras (Mt 26,44; Mc 14,39).

Tampoco aseguró el Señor que recibiríamos exactamente lo que pidiéramos. En la Oración del Huerto, según asegura el autor de la Carta a los Hebreos, Jesús «fue escuchado por su espíritu de sumisión» (Hb 5,7). Pero el Padre no le concedió exactamente lo que pedía: No le preservó de morir, sino que le hizo triunfar de la muerte en la Resurrección. Lo que Jesús nos asegura es que nunca quedará sin efecto nuestra oración. Y de antemano podemos estar seguros de que el cambio será para mejor: Mejor que prolongar la vida en carne mortal fue para Jesús resucitar y así nacer corporalmente a la vida inmortal.

Tu Apóstol Pablo escribió que Tú te hiciste *pobre*, siendo como eras rico, para que nosotros por tu pobreza *fuésemos ricos* (2 Cor 8,9).

Ricos es poco.

Multimillonarios seríamos todos, si supiéramos manejar el talonario de cheques en blanco contra la Banca inagotable de tu Providencia que nos ofrece en la oración.

Enséñame a rellenarlos debidamente y, haz que acierte a entregarlos en la ventanilla de Caja.

Te prometo no impacientarme aunque me retrases la entrega.

Y no revisaré las cantidades, si en alguna ocasión lo que me das no se corresponde con lo que pedí.

Y ¡gracias, Señor, muchas gracias!

CUESTIONARIO

— ¿Tengo absoluta fe en la eficacia absoluta de la oración bien hecha?

— ¿Desconfío cuando el Señor retrasa su respuesta favorable a mis ruegos?

— ¿Acepto agradecido —y en la seguridad de que es mejor— que me conceda cosa distinta de la que había pedido?

8

«ENTRA EN TU APOSENTO, Y... ORA A TU PADRE, QUE ESTA ALLI EN LO ESCONDIDO» (Mt 6,6)

¡La oración a solas!
Tú, Señor, nos recomendaste la oración en común (Mt 18,19s). Y la única fórmula de oración que nos entrañaste se expresa en plural: Padre *nuestro*... venga a *nosotros*... *danos* hoy... *perdónanos*... no *nos* dejes caer... *Líbranos* del mal.
Por ello, acertadamente, tu Iglesia nos convoca a orar en comunidad.

Temo, sin embargo, que cierto esnobismo liturgista ha exagerado en los últimos tiempos el valor de la oración comunitaria con merma de la estima que el cristiano debe tener por la oración individual, a solas con Dios.

Tú, Señor, asistías a las liturgias masivas en el Templo de Jerusalén, y tomabas parte semanalmente todos los sábados en la oración comunitaria con los asistentes a la sinagoga de tu pueblo.

Pero, a parte de eso, orabas muchas veces a solas, y fuera del bullicio de la muchedumbre (Mt 14,23; Mc 1,35; Lc 5,16; 6,12; 9,18).

Pienso que los cristianos deberían tener en cuenta ambas actitudes tuyas antes de pronunciarse exageradamente en favor de una y en contra de la otra.

Es cierto que tu prometiste, Señor, «donde estén dos o tres reunidos en mi nombre, allí estoy Yo en medio de ellos» (Mt 18,20). Pero también aseguraste que, si alguno entra en su aposento y allí, cerradas las puertas, ora al Padre, «el Padre, que ve en lo escondido le recompensará» (Mt 6,6).

Como decías a otro respecto: «Esto conviene hacer sin omitir aquello» (Mt 23,23; Lc 11,42).

Ambas formas de oración tienen su razón de ser y sus ventajas.

La oración comunitaria litúrgica, vivida reflejamente, fomenta en nosotros la obligada dimensión de Cuerpo Místico, nos enseña a dar cabida en nuestras peticiones a las necesidades de los demás, y nos recuerda que debemos tener presentes a los hermanos, incluso cuando practicamos la oración individual a solas. Pero ésta, a su vez, es necesaria para habituarnos a *personalizar* nuestra oración en común.

Oración personal no quiere decir oración egoísta.

Pero oración comunitaria tampoco quiere decir oración despersonalizada: Fuenteovejuna no es persona.

Es igualmente hermoso alabar a Dios en una celebración litúrgica, a pleno día, cuando en el templo, repleto de fieles, los rayos del sol inundan sus naves blanqueando el humo del incienso, y adorar al Señor recogidamente en el silencio de la noche, cuando la luna, entrando calladamente por los ventanales, se refleja en el pavimento del templo y deja centellear la luz de la lamparita del Sagrario apenas perceptible durante el día.

A esta luz veo muy claro, Señor, que debo saber «perderme», sin despersonalizarme, en la masa de la comunidad que te alaba y en la que estás presente Tú; pero que debo también, cuando estoy solo, hablar contigo en la intimidad, donde —Huésped Divino— Tú y tu Padre y el Espíritu habéis querido poner vuestra morada (Jn 14,23).

Sin despreciar las celebraciones comunitarias, quiero, Señor, darte culto en el Templo de mi alma.

Porque tenía razón Martín Descalzo en su soneto *la visita a la Catedral*:

> Recuerdo que mi madre... me decía:
> «Mira, aquí está Dios», y que tenía
> temblor su voz cuando lo mencionaba.
>   Y yo buscaba al Dios desconocido
> en los altares, sobre la vidriera
> en que jugaba el sol a ser fuego y cristal.
>   Y ella añadía: «No lo busques fuera;
> cierra los ojos, oye su latido.
> Tu eres, hijo, la mejor Catedral».

CUESTIONARIO

— ¿Procuro hacer «personal» mi participación en los actos litúrgicos comunitarios?

— ¿Doy a mi oración individual la obligada dimensión comunitaria, interesándome por las necesidades de los demás?

— ¿Qué atención presto a la presencia de la Santísima Trinidad en mi interior?

«TODO LO QUE PIDIEREIS AL PADRE EN MI NOMBRE OS LO DARA» (Jn 16,23; 15,1)

La eficacia infalible de la oración, prometida tantas veces por Jesús, no está vinculada a nuestros méritos, pero sí condicionada a la recomendación de Cristo.
Sin ese aval, no se admiten a trámite las instancias.
Sin esa firma, no se abonan los cheques en la Banca de Dios.
Es lo mínimo que el Señor puede exigir.
Pero el trámite es imprescindible.
¡En nombre de Jesús!
La Iglesia lo ha entendido muy bien, y jamás formula oración que no termine con las palabras: *Por Jesucristo, Nuestro Señor.*

Esta es la diferencia esencial entre la oración del Antiguo Testamento y la oración cristiana.

Frecuentemente los profetas, cuando exhortan a la penitencia, recomiendan al pueblo que en saco y ceniza pida perdón a Dios; y suelen terminar con la desoladora afirmación de que *quizá sean escuchados.* «¡Quién sabe si Yahvé volverá y se ablandará y dejará tras Sí una bendición!» —gritaba Joel 2,14—. «Quizá Yahvé Sebaot tenga piedad del resto de José" —esperaba tímidamente Amós 5,15—. «¡Quién sabe! —decía el rey de Nínive tras la conversión de su pueblo—. Quizás vuelva Dios y se arrepienta, y se vuelva atrás del ardor de su cólera, y no perezcamos» (Jonás 3,9).

Frente a esa inseguridad —que no parece simplemente retórica— resulta sorprendente la certeza de ser escuchados que a los orantes cristianos promete Jesús.

¿Qué ha pasado entre un tiempo y otro?
¿A qué se debe esta diferencia?
Evidentemente, a la mediación eficaz de Cristo que, conocida y debidamente empleada, nos proporcionaba el valioso aval que garantiza la infalible respuesta de Dios a nuestras peticiones. El mismo Jesús se lo dio a entender a sus Apóstoles cuando, tras vincular la eficacia de nuestras oraciones a que éstas fue-

ran hechas amparándonos en El, les dijo: «Hasta ahora nada habíais pedido en mi nombre» (Jn 16,24).

Hasta entonces los orantes no sabían que podían contar con la mediación de Cristo.
Desde entonces lo sabemos.
Si la falta involuntaria de este aval privaba de eficacia infalible a la oración de los tiempos anteriores a Cristo, sería lamentable que, sabedores de ello, los cristianos olvidásemos presentar nuestras demandas al Señor en el nombre de Jesús, bajo su amparo y recomendación.
Sin este requisito, algo no funcionaría bien en nuestra forma de orar.

Grábanos, Señor, muy dentro la eficacia de la oración hecha en tu nombre: «Todo lo que pidáis en mi nombre, Yo lo haré» (Jn 14,13). Y la necesidad de hacerlo así para que valga... «porque fuera de Mí no podéis hacer nada» (Jn 5,5).

Haznos comprender también cuánto le agrada a tu Padre que nos aprovechemos de tu valimiento, porque así aceptamos su plan salvífico. Ya nos lo hiciste saber cuando dijiste: «Aquel día pediréis en mi nombre, y no os digo que Yo rogaré al Padre por vosotros, pues el Padre mismo os quiere, *porque me queréis a Mí* y creéis que salí de Dios» (Jn 16,26ss).

Yo no quiero hablar al Padre con mis labios manchados.
Préstame Tú los tuyos, que son los de la Cabeza de cuyo Cuerpo soy miembro.

CUESTIONARIO

— ¿Tengo conciencia de que la eficacia de mi oración está condicionada a la recomendación de Jesús?

— ¿Me acuerdo de pedir a Dios las cosas en nombre de Jesús o soy propenso a hacerlo sin esa referencia?

— ¿Aprovecho en este aspecto mi real pertenencia al Cuerpo Místico cuya Cabeza es Cristo?

10
«SABE VUESTRO PADRE LO QUE NECESITAIS» (Mt 6,8.32)

Es un pensamiento que Jesús repite dos veces en el Evangelio de San Mateo.

Hablando de la manera como debemos orar, dice que «no empleemos muchas palabras, como los gentiles que se figuran que por su palabrería van a ser escuchados». Y la razón que da es que «sabe vuestro Padre lo que necesitáis antes de pedírselo» (Mt 6,7ss).

Pero un poco más adelante, en el mismo Sermón de la Montaña, al recomendar el abandono confiado en la Divina Providencia, Jesús nos dice: «No andéis, pues, preocupados diciendo: ¿qué vamos a comer? ¿qué vamos a beber? ¿con qué nos vamos a vestir? Que por todas esas cosas se afanan los gentiles: pues ya sabe vuestro Padre que tenéis necesidad de todo eso» (Mt 6,31ss).

Por dos motivos resulta consolador en extremo esta recomendación del Señor.

Ante todo, porque nos asegura que para hablar con el Señor no hace falta ser orador: basta con presentarse ante El con la humildad del que se sabe desnudo en su presencia. Si cuando seamos llevados a los tribunales por su causa, nos advierte Jesús que no necesitamos discurrir los términos de nuestra defensa, «porque el Espíritu de vuestro Padre hablará por vosotros» (Mt 10,20), de igual manera nos enseña Pablo que en la oración «el Espíritu viene en ayuda de nuestra flaqueza. Pues nosotros no sabemos cómo pedir para orar como conviene; mas el Espíritu mismo intercede por nosotros con gemidos inefables» (Rm 8,26). ¡Qué bien haremos en acomodar nuestra oración a la liturgia, que el Espíritu inspira a su Iglesia!

El otro motivo por el que la frase de Jesús que comentamos debe ser para nosotros consoladora y estimulante es saber que el conocimiento de Dios no es meramente intelectual, sino que realiza lo que piensa, y bíblicamente —según sea conocimiento favorable o desfavorable— va acompañado de bienandanzas o de desgracias. En nuestro caso, decir que el Padre conoce nuestras carencias y necesidades es decir que está dispuesto amorosa y generosamente a remediarlas.

Apetece repetir y rumiar la bella afirmación de Jesús:
—Sabe vuestro Padre lo que necesitáis.

Pero, ¿no habrá el peligro de que esta consoladora seguridad se convierta en pretexto para no rezar? Si el Padre sabe ya nuestras necesidades, ¿para qué se las vamos a decir?

Ante todo, orar no es necesariamente pedir el remedio de nuestras carencias. Hay también —no lo olvidemos— oración de alabanza y de acción de gracias, que por cierto debe ocupar —no como sucede a menudo— el primer lugar en nuestros rezos.

Pero hay más.

San Agustín se hace esa misma pregunta, y contesta: ¡Seguro que Dios sabe —lo sabe todo— cuántas son nuestras necesidades! Somos nosotros quienes necesitamos recordarlas, al rezar, para que no caigamos en la tentación de autosuficiencia.

Si no tuviéramos que repasarlas, para presentárselas al Señor, no tomaríamos conciencia de cuántas son. Se nos olvidaría nuestra condición de mendigos. Nos alejaríamos cada vez más de la verdad, y de la auténtica postura suplicante que debemos adoptar ante el único que todo lo tiene.

En una palabra: No necesitamos informar a Dios de nuestras necesidades, pero necesitamos saber nosotros hasta dónde llega nuestra indigencia y cuán profunda y total es nuestra necesidad de Dios.

Cada vez que pedimos algo a Dios, reconocemos que todo nos viene de El.

Y eso es bueno.

Y es provechoso.

Y le agrada al Señor.

CUESTIONARIO

— ¿Hasta qué punto me siento necesitado de Dios?
— ¿Pienso en ello cuando rezo?
— ¿Me da confianza saber que el Señor me conoce tal como soy?

11
«ROGAD AL SEÑOR DE LA MIES...»
(Lc 10,2)

La vocación al sacerdocio es asunto de Dios.
Y, como tal, tiene que ser objetivo preferente de nuestras peticiones.
El descenso de vocaciones sacerdotales es francamente alarmante en los últimos años, y nuestros Prelados lo recuerdan con ocasión de *El día del Seminario*.
Los sociólogos se sienten tentados a analizar las causas de ese descenso. Y lo hacen de tejas abajo, como si se tratara simplemente de explicar comportamientos colectivos de los hombres.
Hablan del creciente descrédito que en nuestras sociedades desacralizadas está afectando a la «profesión» sacerdotal, y atribuyen sociológicamente a esa falta de incentivo la disminución de aspirantes al sacerdocio.
Piensan en la ley eclesiástica del celibato, a la que consideran «insostenible», porque —en su opinión— el sacrificio que impone ahuyenta forzosamente a los candidatos.
Ponderan el hedonismo reinante, al que atribuyen la inexorable muerte de cualquier posible germen de vocación.
Y hablan del papel cada día más importante reconocido a los seglares en la Iglesia, y lo consideran factor sociológico que contribuye a valorar como menos necesario el papel eclesial del sacerdote.
Sin negar que estos condicionamientos sociológicos tengan algo que ver —quizá mucho— con *las respuestas humanas a la vocación de Dios*, ésta es absolutamente independiente de toda sociología, porque su autor es Dios que está por encima y al margen de los habituales comportamientos humanos.
La vocación sacerdotal es obra exclusiva de Dios.
El sacerdocio cristiano comporta el ejercicio de unos poderes —particularmente el de consagrar y el de perdonar los pecados— que sólo Dios puede conceder, y de hecho concede a quien quiere mediante el Sacramento del Orden.

Para acceder legítimamente a esos poderes es verdad revelada que «nadie se arroga tal dignidad, sino el llamado por Dios como Aarón» (Hb 5,4).

Este papel —determinante, necesario e imprescindible— de la llamada de Dios a los que van a ejercer el sacerdocio, se olvida frecuentemente a la hora de analizar las causas de la escasez de sacerdotes, y a la hora, sobre todo, de arbitrar soluciones al problema. Ello hace que los estudios realizados sobre esa base resulten inaceptables.

El Evangelio, que no se mueve en el ámbito de las encuestas y valoraciones sociológicas, coincide plenamente con la enseñanza del autor de la Carta de los Hebreos.

Expresamente afirma que Jesús «llamó a los que El quiso» (Mc 3,13). ¡Así de solemne, y así de bonito!

Ninguno de los que luego recibirían el poder de consagrar (Lc 22,19; 1 Cor 11,24ss) o el de perdonar los pecados (Jn 20,23) se había apuntado por propia iniciativa al grupo de los Doce.

Y porque la vocación al sacerdocio es asunto privativo de Dios, y don divino gratuito para el que lo recibe, quiere Jesús que la pidamos al Señor.

El pasaje es sorprendente: «La mies es mucha —dijo— y los obreros, pocos. Rogad, pues, al Dueño de la mies que envíe obreros a su mies» (Mt 9,37ss; Lc 10,2). Ante la falta de operarios para la siega, no les dice que se ofrezcan a trabajar o que busquen a los que quieran hacerlo, sino que pidan al Dueño de la mies... ¡Es El quien los tiene que enviar!

No puede estar más claro que las vocaciones sacerdotales deben ser objeto de las peticiones de los fieles. Haz, Señor, que cunda entre nosotros el convencimiento de que son necesarias a la Iglesia y de que sólo a Dios corresponde el darlas.

Con ello no se niega la necesidad de la cooperación humana.

Esa sí que depende en buena parte de los condicionamientos humanos, y por ellos es frecuentemente obstaculizada.

También esa correspondencia humana es obra de la gracia de Dios y requiere su ayuda. También debemos pedírsela como le pedimos las vocaciones.

Jesús, que «llamó a los que El quiso», pidió fervorosamente por ellos en la Oración Sacerdotal: «no que los retires del mundo, sino que los guardes del Maligno». Será bueno repetir con El todo el pasaje: Jn 17,6-19.

¡Qué oportuna resulta y qué bien configura esta obligación que sobre todos nosotros pesa, aquella recomendación de Juan Pablo II a los Adoradores Nocturnos en la Vigilia que con ellos celebró en Madrid el 31 de octubre de 1982:

—«Y en esas horas junto al Señor, os encargo que pidáis particularmente por los sacerdotes y religiosos, por las vocaciones sacerdotales y a la vida consagrada.»

CUESTIONARIO

— ¿Nos preocupa de manera responsable y comprometida la escasez de vocaciones sacerdotales?

— ¿Tenemos conciencia de que la solución está en que todos pidamos al Dueño de la mies obreros para su mies?

— ¿Nos acordamos alguna vez de pedir para los llamados la gracia de corresponder a esa llamada?

12
«YO HE ROGADO POR TI...»
(Lc 22,32)

Me imagino, Señor, la emoción de San Pedro al oírte decir en la noche de la Ultima Cena que habías rezado por él.

Dijiste: «¡Simón, Simón!, Satanás ha obtenido autorización para zarandearos como en la criba al trigo. Pero yo he rogado por ti, para que tu fe no desfallezca.»

¿Qué sentiste, Pedro, al oír que Jesús había rezado por ti? Siempre gusta saber que alguien nos encomienda en sus oraciones.

Y cuanto más santo es y mayor valimiento suponemos que tiene ante Dios el que reza por nosotros, más felices nos sentimos al saberlo.

¡Qué suerte la tuya, Pedro, que Jesús rezó personalmente por ti! Jesús, el Hijo de Dios vivo, el que dijo una vez al Padre para que lo oyerais vosotros: «Yo se que siempre me escuchas» (Jn 11,42).

Pero no te tengo envidia: ¡También rezó por mí!

Por mí rezó cuando dijo: «Padre, perdónalos, que no saben lo que hacen» (Lc 23,34). Por eso me siento sumergido como en agua de rosas en el perdón amoroso del Padre: porque la oración de Jesús es infalible, y entre los que le crucificaron, estaba yo.

Por mí rezó también en la Oración Sacerdotal de la Ultima Cena. Después de pedir muchas cosas para vosotros, los Once, pidió también por nosotros, diciéndole al Padre: «No sólo por éstos ruego, sino también por los que, mediante su palabra, van a creer en Mí. Que todos sean uno. Como Tú, Padre, en Mí, y Yo en Ti: que también ellos estén en nosotros, y así el mundo crea que Tú me enviaste... y que los has amado como me has amado a Mí» (Jn 17,20-23).

Sobrecoge pensar que entre los beneficiarios de esa oración estábamos cada uno de nosotros, los creyentes de hoy.

Y sobre todo saber que dentro estábamos cuando añadió: «Padre, quiero que donde voy a estar Yo, estén también conmigo, y contemplen mi gloria... para que el amor con que me has amado esté con ellos, como en ellos estoy también Yo» (Jn 17,24.26).

¡Cómo me gusta, Señor, saber que tu oración es infalible! ¡Y que pediste al Padre para mí —tus deseos son órdenes para El— que yo estuviera contigo donde Tú estás! Lo habías prometido a los Once: «No se turbe vuestro corazón: creéis en Dios, pues creed también en Mí. En la Casa de mi Padre hay muchas moradas: si no, ya os lo habría dicho. Pues voy a preparar un lugar para vosotros. Y cuando me haya ido y tenga ya preparado un lugar para vosotros, de nuevo vendré para tomaros conmigo: *para que donde* Yo estoy, *estéis también vosotros»* (Jn 14,1-3). Y lo pediste al Padre... para ellos y ¡para mí!

No tengo derecho a dudar: Tú pediste para mí la vida eterna. Por eso tengo motivos para ser feliz.

Oigo en el fondo de mi alma tu voz de terciopelo que me dice como a Pedro en la Ultima Cena: «Yo he rezado por ti.»

Y se que en el cielo lo sigues haciendo. El autor de la Carta a los Hebreos me asegura que «vives siempre intercediendo por nosotros» (Hb 7,25).

¡Gracias, Señor, gracias!

CUESTIONARIO

— ¿Pienso alguna vez que Jesús rezó por mí?
— ¿He parado mientes en lo que pidió para mí?
— ¿Me siento respaldado y protegido por su actual continua intervención como Mediador en el cielo?

13
«MERECE QUE LE HAGAS ESTE FAVOR...»
(Lc 7,4)

El relato que San Lucas nos hace de la curación del criado del Centurión (Lc 7,1-10) empieza diciendo que éste, sin duda porque no se consideraba digno de presentarse ante el Maestro, «le envió unos ancianos de los judíos, para rogarle que viniese a salvar a su criado. Al llegar éstos ante Jesús, le suplicaban con mucho interés diciéndole:
—Merece de verdad que le hagas este favor, porque ama a nuestro pueblo, y él nos ha edificado la sinagoga.»

Varias cosas notables hay en esta oración.

Tal como está, no la deberíamos rezar nosotros nunca, porque comienza suponiendo —con mentalidad farisaica— que el hombre por sí mismo es capaz de *merecer* algo de Dios. Y nadie merece nada, si no es por gracia de Dios.

Fuera de eso, la argumentación de los ancianos hubo de ser convincente para Jesús, que sin duda era muy sensible al amor hacia su pueblo y a la generosidad en proporcionarle, como en este caso, centros de oración.

Pero hay dos aspectos en la misma que la hacen teológicamente modélica para el cristiano: que se hace, no en provecho propio, sino en beneficio exclusivo de un tercero; y que es una clara profesión de fe en la intercesión mediadora.

Bien está pedir a Dios confiadamente el remedio de las propias necesidades. Pero nuestra petición le agrada más cuando se ocupa de las necesidades ajenas. La única oración de petición de la Virgen que los Evangelios nos han conservado ha sido su ruego en favor de los novios de Caná: «No tienen vino.»

Y es una muestra de humildad, grata al Señor, arropar nuestras peticiones, que no merecen ser escuchadas, con la intercesión de otros, mejores que nosotros.

El cristianismo —aunque pueda parecer cosa chocante— es una religión de «recomendaciones».

Gracias a la «recomendación» y Mediación de Cristo, el Padre nos ha reconciliado consigo. Y es de fe que nos ayuda la intercesión de los Santos ante Dios.

La institución de la Iglesia, como Cuerpo Místico de Cristo, hace que cada miembro de ella tengamos parte en los bienes de los demás, y que todos contribuyamos al bien de todos. Y como quiera que uno de los medios más eficaces que poseemos para aumentar esos bienes es la oración, el Señor quiere que lo empleemos unos en favor de otros.

Aunque sabemos que nadie merece nada por sí mismo ante Dios, sabemos también lo que al Señor le agrada en nuestros comportamientos. Si nos consta que aquel por quien intercedemos hace cosas agradables a Dios, hacemos bien en presentárselas al Señor. Como en el caso del Evangelio que nos ocupa, podemos estar seguros de que el Señor nos va a escuchar, si aquel por quien pedimos —vivo o difunto— ama o amó a su Iglesia, y se vuelca, o se volcó mientras vivía, en el servicio a los hermanos que con tanta insistencia nos recomendó El.

Haz, Señor, que nunca olvidemos en nuestras plegarias su obligada dimensión eclesial, interesándonos por las necesidades de los demás.

Aviva en nosotros la fe en la intercesión de los que por su santidad tienen valimiento ante Ti.

Y haz que los creyentes bautizados administremos bien los ricos fondos de intercesión que hay en las arcas de tu Iglesia.

CUESTIONARIO

— ¿Sabemos dar a nuestra oración dimensión eclesial?
— ¿Pedimos asiduamente por las necesidades de la Iglesia y del mundo?
— ¿Aprovechamos en bien propio y de la humanidad la Mediación de Jesús y la intercesión de los Santos?

14
«¡SEÑOR! ENSEÑANOS A ORAR»
(Lc 11,1)

Jesús, que había venido para darnos ejemplo de vida, y que tanto insistía en la necesidad e importancia de la oración, consumía largas horas y a veces noches enteras orando.

Me alegra saber que en mis ratos de oración estoy copiando —¡ojalá así fuera!— lo que el Señor hacía con frecuencia. Si mi santidad consiste en imitarle —«hacernos conformes con la imagen de su Hijo» (Rm 8,29)—, especialmente me santificaré si le imito en esto.

Los apóstoles no sabían qué hacer durante aquellas largas vigilias de Jesús, y probablemente —como en Getsemaní— se rendían al sueño. Hasta que un día alguno de ellos, interpretando el sentir de los demás, se atrevió a decirle: — Señor, enséñanos a orar. Y el Señor les enseñó el Padre Nuestro.

Hasta entonces Jesús no les había dado ninguna fórmula para rezar, aunque les había enseñado multitud de cosas sobre la oración.

Posiblemente los Apóstoles, como por lo general nosotros, daban mayor importancia a la fórmula concreta del rezo que a la práctica de la oración mental.

Y la fórmula tiene su importancia y su razón de ser.

Cuando oramos comunitariamente en la Iglesia y en su nombre, lo hacemos en buena parte con las fórmulas dadas del Misal o del Oficio de las Horas.

Esa forma de orar tiene muchas ventajas, que nos conviene valorar reflejamente: Oramos con palabras en su mayor parte inspiradas por el Espíritu Santo; lo hacemos en comunidad, como Jesús quería que lo hiciéramos asegurándonos que «allí estaría El en medio de nosotros» (Mt 18,20).

Pero hay que encontrar espacio para la oración mental.

Acaso no lo sabemos hacer. Y por ello es conveniente que le pidamos como los Apóstoles:

—Señor, enséñanos a orar.

Enséñanos a hablar con Dios con la confianza de un hijo para con su Padre. Enséñanos a preguntarle cuál es su voluntad sobre nosotros.

Enséñanos a presentarle nuestras necesidades, no porque El las desconozca («sabe vuestro Padre celestial lo que necesitáis antes de pedírselo»: Mt 6,8), sino para que nosotros tomemos conciencia de lo que necesitamos.

Enséñanos a orar con la fe de que «lo que pidiéramos al Padre en Tú nombre nos será concedido» (Jn 15,16).

Enséñanos a orar sin prisas y sin mirar al reloj.

Enséñanos a orar con la humildad del publicano (Lc 18,13), sin pasar factura, como el fariseo (Lc 18,11ss), por lo bueno —poco o mucho— que hubiéramos hecho.

Enséñanos a orar con perseverancia, sin empeñarnos en ser atendidos inmediatamente.

No hay cosa que no podamos pedir como no sean las cosas intrínsecamente malas. En las peticiones del Padrenuestro se nos enseña a encomendar a Dios nuestras necesidades tanto materiales como espirituales.

Lo importante es —porque así nos lo enseñó El de palabra y con el ejemplo— que demos prioridad a la alabanza y acción de gracias sobre la petición; que, al encomendar a Dios nuestra necesidades materiales, lo hagamos bajo la condición de «si nos conviene»; y que no nos absorban de tal modo nuestras preocupaciones personales que olvidemos la intercesión por los demás en nombre de la Iglesia.

Orar está al alcance de todos.

El hecho de que la Palabra de Dios se hiciera hombre y fijara su tienda entre nosotros muestra el interés divino en trabar conversación con los humanos.

Nada le agrada tanto como vernos interesados en hablar con El.

El sabe que no lo sabemos hacer.

Por ello le gusta oírnos pedir:

—Señor, enséñanos a orar.

Y si no lo sabemos hacer, recordemos al pastor analfabeto que, a falta de mejor discurso, siempre decía lo mismo: Señor, aquí está Juan. Y como no había aprendido más, a su muerte, cuando compareció ante el Señor, dicen que dijo lo mismo: Señor, aquí está Juan. Y se le abrieron de par en par las puertas del cielo.

CUESTIONARIO

— ¿Ponemos atención a lo que decimos cuando rezamos vocalmente?

— ¿Cómo aprovechamos los silencios litúrgicos y el tiempo de oración privada?

— Dado que no sabemos orar como conviene, ¿se nos ocurre pedirle al Señor que nos enseñe?

EL PADRE NUESTRO

Se cuenta que, siendo Fray Juan de la Cruz Prior de la recién fundada Casa de Carmelitas Descalzos de Baeza, entró novicio en la Comunidad un tal Juan de San Pablo «hombre ya hecho y versado en estudios de jurisprudencia, acostumbrado a revolver muchos libros».
Poco tardó en leer todos los que había en el Noviciado, y solicitó alguno de su especialidad para no aburrirse.
Enterado San Juan de la Cruz, entregó al Maestro de Novicios un catecismo de niños, que entonces se llamaban cartillas, y le dijo:
—«Déle esta cartilla y un puntero al novicio, y que lea en este capítulo del Paternoster, sin pasar a otra cosa, todos los días hasta que yo determine algo diverso.»
Así lo hizo Juan de San Pablo.
Y terminó siendo un gran maestro en la vida espiritual, Rector de la Casa de Estudios de Salamanca y Provincial de los Carmelitas de Castilla.

«PADRE NUESTRO, QUE ESTAS EN LOS CIELOS» (Mt 6,9)

La oración que Jesús nos enseñó a petición de los Apóstoles (Lc 11,1) tiene en la formulación que transmite San Mateo (Mt 6,9-13) esta preciosa invocación inicial:
—Padre nuestro, que estás en los cielos.

Es la fórmula para introducirnos en conversación con Dios. Nos atrevemos a hablar con El, porque es nuestro Padre.

No se trata ya de una paternidad metafórica, como en los textos que presentan a Dios bajo la imagen de padre en el Antiguo Testamento. No es que Dios nos quiera y se ocupe de nosotros *como si* fuéramos hijos; es que, por nuestra incorporación a Cristo en el Bautismo, hemos recibido una participación en la vida divina que nos hace en realidad hijos de Dios: «Ved que amor —escribe San Juan— nos ha tenido el Padre, que nos llamamos y somos hijos de Dios» (1 Jn 3,1).

Paternidad en sentido biológico supone transmisión de la propia naturaleza. La mesa es hechura y no hija del carpintero, porque éste la ha hecho pero no le ha transmitido su ser humano. Por la Creación nosotros, como todas las demás creaturas, éramos simple hechura de Dios. Por la gracia, en cambio, nos hace «partícipes de la naturaleza divina» (2 Pe 1,4) e hijos suyos por adopción.

Esta conciencia de haber sido elevados a la categoría de hijos de Dios por pura dignación suya debe ser el fundamento de nuestra confianza en la oración.

Jesús quiere que llamemos a Dios «Padre Nuestro—. Así, en plural.

Y ello por dos motivos: porque Dios es padre de todos los que gratuitamente han adquirido la filiación divina. Y porque es Padre de Cristo y de nosotros.

La primera consideración debe hacernos concebir un profundo sentimiento de *hermandad hacia todos los hijos de Dios*. No se puede —como el que se consideraba «bueno» en la parábola del Hijo Pródigo— hablar despectivamente de «ese hijo tuyo que ha malbaratado tus bienes». Nos exponemos a que el Padre tenga que recordarnos que se trata de un *hermano tuyo* (releer Lc 15,29-32). Y sentirnos hermanos todos significa interesarnos por las necesidades de todos. Si empezamos bien el «Padre Nuestro», aseguraremos el carácter comunitario y eclesial de nuestra oración.

La segunda dimensión del plural «nuestro» acrecentará, sin duda, nuestra confianza en la oración que vamos a rezar.

Si nos dirigimos al Padre en nombre de todos sus hijos, no podemos olvidar que entre ellos se encuentra el Hijo con mayúscula que comparte con nosotros el mismo Padre: «Subo a mi Padre y vuestro Padre» en expresión del Resucitado a María Magdalena (Jn 20,17).

Y siendo esto así, lo que los pobres hombres no merecemos, lo merece con creces nuestro Hermano Mayor al que San Pablo llama «Primogénito entre muchos hermanos» (Rm 8,29; Col 1,15.18).

Orando con plena conciencia de esa comunidad fraternal con Cristo estamos orando «en nombre de Jesús», y cumplimos así la condición a la que el mismo Cristo vinculó la seguridad de ser escuchados por el Padre (Jn 16,23; 15,16).

La frase final «que estás en los cielos» no habla de un lugar concreto: afirma la infinita majestad y transcendencia de Dios.

Dios es, de suyo, inaccesible al hombre.

Y ello es un motivo más para agradecerle la dignación de haberse acercado a nosotros elevándonos a la categoría de hijos suyos e invitándonos a conversar con El.

CUESTIONARIO

— ¿Pensamos a menudo en lo que supone haber sido elevados a la categoría de verdaderos hijos de Dios?

— ¿Tratamos de sentir y vivir la hermandad de todos los hijos de Dios?

— ¿Vivimos reflejamente nuestra unión con Cristo cuando oramos, conscientes de que El ora con nosotros y da valor a nuestra oración?

16
«SANTIFICADO SEA TU NOMBRE»
(Mt 6,9; Lc 11,2)

Esta primera petición del Padre Nuestro expresa lo que debe ser la primera actitud religiosa del hombre: el reconocimiento de la infinita grandeza de Dios y el obligado cántico de agradecimiento a la infinita bondad y generosidad del Infinito para con nosotros.

Maravillosamente lo expresó el autor del Salmo 8:

> «¡Señor, Dios nuestro,
> cuán admirable es tu nombre
> en toda la tierra!...
> ... Lo hiciste (al hombre)
> poco inferior a los ángeles,
> lo coronaste de gloria y dignidad:
> le diste el mando sobre las obras
> de tus manos,
> todo lo sometiste bajo sus pies:
> Rebaños de ovejas y toros,
> y hasta las bestias del campo,
> las aves del cielo, los peces del mar
> que trazan sendas por el mar.
> ¡Señor, Dueño nuestro,
> qué admirable es tu nombre
> en toda la tierra!

La inconmensurable grandeza del mundo en que vivimos nos muestra la infinitud de su Creador. Y la comprobación del papel que en la Creación Dios ha asignado al hombre nos hace comprender su infinita bondad hacia nosotros.

El salmista lo deduce de los beneficios que Dios nos ha concedido en el orden natural: que nos ha hecho señores de las obras de sus manos en el mundo visible y las ha puesto bajo nuestros pies. Pero todo es nada en comparación con los beneficios de orden sobrenatural que ha derramado sobre nosotros.

Por todo ello... ¡Señor, Dios nuestro, qué admirable es tu Nombre en toda la tierra!

Y eso es lo que pedimos en la primera petición del Padre Nuestro. Antes de presentarle nuestras necesidades, alabamos su infinita largueza y deseamos que sea reconocida por todos. La petición se expresa con doble metáfora bíblica: «nombre» y «santificar». No se trata del nombre de Dios, sino de Dios mismo. Y no es que tengamos que —o nos hayamos de esforzar por— «hacerle santo»; que ya lo es en grado infinito. Santo en lenguaje bíblico no indica —como en el nuestro— cualidad moral. «Santo» bíblicamente equivale a «separado», «distinto», «transcendente», «lo Otro». Dios está absolutamente fuera de y por encima de todo lo creado, y por eso los serafines que vio Isaías (6,1-3) se gritaban el uno al otro: «Santo, Santo, Yahvé Sebaot; llena está la tierra de tu gloria.»

Pedir que el nombre de Dios (= Dios mismo) sea «santificado» es desear y pedir que sean reconocidas por todos su infinitud, su grandeza y su transcendencia por encima de todo lo creado.

Si nos dejáramos invadir de este sentimiento sobrecogedor, estimaríamos más el hecho de que el Infinito se ocupe de nosotros:

«Cuando contemplo el cielo,
obra de tus dedos,
la luna y las estrellas que has creado,
¿qué es el hombre para que te acuerdes de él...?» (Sal 8,4ss).

A la admiración por la grandeza de Dios Creador, que nos invita a adorarle, sigue obligadamente el incontenible agradecimiento por su bondad. Toda la vida deberíamos estar gritando: ¡Santificado sea tu Nombre! Lo gritaremos con los serafines en el cielo por toda la eternidad.

CUESTIONARIO

— ¿Pensamos a menudo en la infinita grandeza de Dios? (Hay el peligro de que su acercamiento a nosotros al hacerse hombre nos haga olvidar la infinita distancia que nos separa de El).

— ¿Ahondamos en esa dimensión cuando le adoramos?

— ¿Rezamos conscientemente el Padre Nuestro?

17
«VENGA A NOSOTROS TU REINO»
(Mt 6,10 ; Lc 11,2)

Esta segunda petición del Padre Nuestro, que pronunciamos cada día y en la que pedimos el establecimiento del Reino de Dios en el mundo, debe ser nuestra jaculatoria predilecta durante el tiempo litúrgico de Adviento y Navidad.

La Iglesia nos hace recordar en la cuatro semanas de Adviento la esperanza y los deseos de los fieles israelitas que vivieron antes de Cristo y que manifestaron sus sentimientos a través de los Patriarcas y Profetas.

La gracia inmensa de vivir a la parte acá de Cristo fue subrayada por el mismo Jesús, cuando dijo: «¡Dichosos los ojos que ven lo que vosotros estáis viendo! Porque os digo que muchos profetas y reyes quisieron ver lo vosotros estáis viendo y no lo vieron, y oír lo que vosotros estáis oyendo y no lo oyeron» (Lc 10, 23ss).

Y de hecho, vivir después de Cristo es una suerte grande.

Pero tiene el inconveniente de que fácilmente nos acostumbramos a lo que ya ha sucedido, y ni vivimos la ilusión amorosa de su espera, ni sentimos necesidad de pedir lo que sólo como regalo gratuito de Dios podía ser nuestra salvación.

Hay que pensar que pudo no haber habido salvación.

Es aterrador imaginar la hipótesis trágica de que así hubiera sido.

Nos conviene situarnos en cualquier tiempo anterior a la venida del Redentor, cuando lo que ahora es ya certeza histórica, no pasaba de ser una vaga esperanza, imprecisa y borrosa, que la realidad ha superado con creces.

Nos viene bien agradecer debidamente el regalo de la Navidad y lo que sabemos que ha traído consigo, retrotraernos a los tiempos del Antiguo Testamento, y hacer nuestros los sentimientos y deseos de los buenos israelitas que anhelaban la venida y vivían a la espera del futuro Mesías.

Cuanto más fomentemos, desde esta óptica, el deseo de su llegada salvífica como si todavía no hubiera sucedido, más y mejor nos aprovecharemos de ella: más y mejor celebraremos el recuerdo aniversario de la auténtica Navidad acaecida hace dos mil años.

Es en ese contexto donde resuena con todo su vigor la segunda petición del Padre Nuestro: «Venga a nosotros tu Reino, Señor.»

Venga el que, al nacer, será buscado por los Magos como Rey de los judíos (Mt 2,2).

Venga el que los ángeles anunciaron a los pastores como «el Salvador, el Mesías, el Señor» (Lc 2,11).

Venga el Niño cuyo nacimiento anunció Isaías («un Niño nos ha nacido, un hijo se nos ha dado»), del cual afirmó que «lleva al hombro el principado, y es su nombre: Príncipe de la Paz... para dilatar el principado con una paz sin límites sobre el trono de David y sobre su reino» (Is 9,5-6).

El Reino de Dios ha venido ya: «Convertíos —decía el Bautista— porque ha llegado el Reino de los Cielos» (Mt 3,2), y con las misma palabras lo repetía Jesús (Mt 4,17), y más expresamente al decir: «El Reino de Dios ya está entre vosotros» (Lc 17,21).

Al mandarnos el Señor que hagamos esta petición, lo que quiere que pidamos es hambre y deseo de ese Reino: que lo deseemos y pidamos como si todavía no hubiera venido. Las cosas alimentan más, cuando se comen con apetito.

¡Venga, Señor, el Mesías a instaurar tu Reino!

¡Venga con El la salvación que nos haga a nosotros ciudadanos de ese Reino!

CUESTIONARIO

— ¿Damos gracias a Dios alguna vez por haber nacido después de Cristo?

— ¿Vivimos el Adviento y la Navidad en el clima de ardiente deseo en que vivieron los justos del Antiguo Testamento?

— ¿Celebramos gozosos —en ese tiempo litúrgico y siempre— la venida del Reino de Dios sobre el mundo?

18

«HÁGASE TU VOLUNTAD EN LA TIERRA COMO EN EL CIELO» (Mt 6,10)

Más que una petición es un deseo.
Un deseo absolutamente razonable.
Los hombres estamos sobre la tierra en un período de prueba, en el que —afortunadamente, pero trágicamente— gozamos de libertad. Gracias a ello tenemos, sobre los demás seres de la creación visible, el feliz privilegio de servir meritoriamente al Señor, y la triste suerte de poder contravenir en nuestros actos la voluntad de Dios.

Es evidente que, siendo Dios infinitamente Poderoso, no le tiene cuenta al hombre desobedecer sus mandatos; y siendo infinitamente Bueno, la disconformidad con su Divino Querer es la mayor locura que podemos cometer y la mayor desgracia que podemos acarrear sobre nosotros.

La libertad no es —como quieren sus locos panegiristas sin cortapisas— el supremo bien del hombre.

Es un arma peligrosa, cuyo buen uso nos hace merecedores ante Dios, pero cuyo mal empleo nos puede ocasionar la desdicha eterna. Es un don que debemos agradecer a Dios —y usarlo bien es la mejor manera de agradecerlo—; pero es o puede ser, un arma suicida.

Los hombres, como niños pequeños, disfrutan con ese maravilloso juguete que Dios les regaló. Y es sin duda alguna la libertad un maravilloso juguete; pero juguete peligroso, si no se juega bien con él. Decía el Eclesiástico:

> «El te ha puesto delante fuego y agua;
> a donde quieras puedes llevar tu mano.
> Ante los hombres la vida está y la muerte;
> lo que prefiera cada cual se le dará»
>
> (Ecles 15,16s)

Jesús, en la tercera petición del Padrenuestro, nos llama la atención sobre el peligro, y orienta nuestra voluntad hacia la libre elección de la vida que ciertamente consiste en el cumplimiento del Divino Querer. Manifestamos en ella nuestro deseo de aceptar amorosamente la voluntad de Dios, en la doble dimensión que establecen los teólogos: voluntad *expresada* en sus mandamientos, y voluntad que se nos *manifiesta* equivalentemente en el acontecer de cada día.

Las dos manifestaciones del Divino Querer nos resultan a menudo desagradables, porque contradicen los caprichos y apetencias de nuestra pobre y desviada voluntad humana, inclinada de suyo a los gustos sensibles y fuertemente resabiada por el pecado.

Jesús mismo quiso sentir, como nosotros, la repugnancia natural ante el sufrimiento en su Pasión, decretado por el Padre, y así oró en el Huerto: «¡Padre! si es posible, pase de mí este cáliz.»

¡Cómo me consuela, Señor, saber que a Ti también te pasó lo que me pasa a mí!

Ya sé que no son pecado mis resistencias, porque, si lo fueran, no las habrías sentido Tú.

Pero tu reacción me sobrecoge:

—Con todo, no se haga mi voluntad sino la tuya.

Esa tiene que ser mi actitud al final y a pesar de todo.

Para que me fuera acostumbrando, quisiste que la repitiera cuantas veces rezara el Padrenuestro:

—«¡Hágase tu voluntad así en la tierra como en el cielo!»

Y para más animarme, quisiste que tu Madre hiciera también de su vida, como Tú, un continuo ¡Hágase en mí según tu palabra!

Porque quieres que yo, cogido de su mano como niño chico, aprenda de Ella a imitar tu conformidad absoluta con la voluntad del Padre.

Así quiero que sea.

Por eso diariamente —y varias veces cada día— manifiesto este mi deseo al pronunciar devotamente la tercera petición del Padrenuestro: ¡Hágase tu voluntad en la tierra como en el cielo!

Aunque en mi caso no es solamente un deseo.

Es petición de ayuda para vencer mis resistencias.

Porque «el espíritu está pronto, pero la carne es flaca» (Mt 26,41).

CUESTIONARIO

— ¿Tengo conciencia de los peligros que encierra el uso de la libertad?

— ¿En qué medida acepto la voluntad de Dios manifestada no solo en los mandamientos, sino además en los acontecimientos?

— ¿Pido al Señor la fuerza para vencer mis resistencias a aceptarla?

19
«DANOS HOY NUESTRO PAN DE CADA DIA»
(Mt 6,11; Lc 11,3)

Cuando en la sinagoga de Cafarnaúm Jesús habló a las turbas por primera vez del Pan del cielo que el Padre les iba a dar, ellos recordaron los panes y los peces que el día anterior había multiplicado y, sin saber exactamente si hablaba de eso mismo o de otra cosa, le pidieron: «¡Señor! danos siempre de ese pan» (Jn 6,34).

Da la impresión de que a los Apóstoles les ocurrió algo parecido, cuando oyeron a Jesús formular esta cuarta petición del Padre Nuestro. Porque, de hecho, la redacción griega original de los Evangelios nos la ha conservado en una forma ambigua. El pan que pedimos al Padre es calificado con un adjetivo griego que puede significar dos cosas: «Sobresustancial», o simplemente «cotidiano», o, mejor aún, «de mañana». Según que se tome en una aceptación o en otra, estaremos pidiendo a Dios la Eucaristía o el simple alimento material. Pan, en el lenguaje semita en que hablaba Jesús, significa cualquier clase de alimento.

Acaso el Señor ha querido que la cosa quedara así para que nosotros juntáramos en nuestra petición los dos panes o alimentos: el natural para la vida del cuerpo, y el eucarístico para la vida sobrenatural. Porque Dios es dador de una y otra. Ambas vidas —corporal y sobrenatural— son regalo de Dios. Y ambas son alimentadas generosamente por Dios.

Ocurre, sin embargo, que nuestra naturaleza tiende a afanarse casi exclusivamente por el alimento corporal. Necesitamos que el Señor nos diga muy a menudo aquello que le dijo al Tentador: «No solo de pan vive el hombre» (Mt 4,4; Lc 4,4). Nos viene muy bien que nos recomiende lo que recomendaba a las turbas de Cafarnaúm: «Trabajad por conseguir, no el alimento perecedero, sino el que permanece para la vida eterna» (Jn 6,27).

Pero tampoco sería razonable que, justamente preocupados por las cosas espirituales, quisiéramos prescindir de las necesidades materiales. El Señor se compadeció de la muchedumbre que pasaba hambre: «Me da compasión esta gente, porque llevan ya tres días conmigo y no tienen qué comer; y si los mando a su casa sin tomar nada, desfallecerán por el camino, pues algunos vienen de muy lejos» (Mc 8,2-3).

Lo cristiano es equilibrar ambas preocupaciones y, atender a ambas necesidades. Malo es el materialismo que solo se afana por el alimento corporal; pero malo sería también despreocuparse de las necesidades corporales. Ni preocupación excesivamente terrena con descuido de lo sobrenatural, ni angelismo soberbio que quiera prescindir de la humilde condición corporal. Dios nos ha hecho con alma y cuerpo; más aún, nos ha dado una vida natural hoy por hoy estrechamente vinculada al cuerpo, y otra vida sobrenatural que es participación de la suya propia. Ambas vidas necesitan cada día su alimento.

El cristiano debe esforzarse en procurárselo.

Y Jesús quiere que se lo pidamos confiadamente al Padre.

Ese es el contenido doble de la cuarta petición del Padre Nuestro: «Danos hoy —cada día— el pan corporal que necesitamos para sostenernos en esta vida terrena hasta mañana. Y danos hoy —cada día ¿por qué no?— ese otro Pan supersustancial que da y sustenta la vida eterna.»

—«¡Señor! Danos siempre de ese Pan.»

CUESTIONARIO

— ¿Suelo tomar conciencia, cuando rezo el Padre Nuestro, de su contenido eucarístico?

— ¿Compagino y equilibro en mi oración el interés por las dos vidas —corporal y sobrenatural— que Dios me ha dado?

— ¿Cómo rezó el Padre Nuestro?

20

«PERDONA NUESTRAS OFENSAS, COMO TAMBIEN NOSOTROS PERDONAMOS A LOS QUE NOS OFENDEN» (Mt 6,12; Lc 11,4)

La Cuaresma, como preparación al recuerdo aniversario de la Muerte redentora de Cristo, es tradicionalmente un tiempo litúrgico propicio al arrepentimiento y petición de perdón a Dios por nuestras culpas.

Y la mejor manera de hacerlo es empleando la fórmula que el mismo Señor nos ofreció al enseñarnos el Padre Nuestro.

Recientemente la Conferencia Episcopal Española y el CELAM (Conferencia Episcopal Latino Americana), para unificar la Liturgia en castellano que se usa en toda Hispanoamérica han cambiado la fórmula clásica («Perdónanos *nuestras deudas*, así como nosotros perdonamos a nuestros *deudores*—) por la usada en América, que sustituye *deudas* por *ofensas*.

El cambio se ha hecho por razones matemáticas: Frente a los 40 millones de españoles que hemos tenido que cambiar, pasan de 130 millones los que hubieran tenido que hacerlo en América.

Pero ni exegética ni teológicamente es preferible la fórmula americana introducida, cuyo origen se debe a una solución coyuntural ideada por los misioneros españoles ante la ingenua pretensión de los indios que se amparaban en el Padre Nuestro para no pagar sus deudas.

En la fórmula del texto griego original de San Lucas se trata ciertamente de deudas. Y en clave de deudas la comenta Jesús en la parábola del siervo cruel que recoge San Mateo (Mt 18,21-35).

De hecho el concepto de deuda es más amplio que el de ofensa.

Aparte de las *ofensas* a Dios —y aun en el caso de que éstas no se dieran— todo ser creado tiene que pedir a Dios que le condone la *deuda inmensa* que tiene con El y que nunca le podrá pagar.

La Virgen Santísima solo así podría rezar el Padre Nuestro: Inmune de todo pecado, tenía sin embargo una deuda inmensa con Dios.

Nosotros tenemos que hacerlo por partida doble: Necesitamos que Dios perdone nuestras *ofensas* a su Infinita Majestad, y que condone la *deuda* que todos tenemos con El por los beneficios recibidos de su mano.

En todo caso, y partiendo de la necesidad del perdón divino que debemos sentir, lo importante es que tomemos nota de la contraprestación que el Señor nos exige, y en la que, al rezar el Padre Nuestro, fundamos nuestra confianza de ser perdonados: «Perdona... *como también nosotros* perdonamos...»

Jesús no pudo se más tajante:

—«Porque si perdonarais a los hombres sus ofensas, os perdonará también a vosotros vuestro Padre eclesial; mas si no perdonarais a los hombres sus ofensas, tampoco vuestro Padre os perdonará las vuestras» (Mt 6,14ss).

Repasemos de cuando en cuando esa estúpida y nutrida lista de pretendidas ofensas a nuestra insignificante persona que tanto nos cuesta perdonar. Y pidamos al Señor la fuerza para hacerlo con generosidad, como premisa indispensable que es —sabemos que lo es— para confiar en que Dios perdonará las nuestras.

Y eso todos los días.

Pedro se acercó y le dijo:

—Señor, ¿cuántas veces tengo que perdonar las ofensas que me haga mi hermano? ¿Hasta siete veces?

Dícele Jesús:

—No te digo hasta siete veces, sino hasta setenta veces siete» (Mt 18,21ss).

Así lo hace Dios con nosotros.

Perdona... olvida... ¡y no lleva la cuenta!

CUESTIONARIO

— ¿Pedimos a Dios perdón, o vivimos tranquilamente como si no tuviéramos necesidad de ello?

— ¿Perdonamos de corazón a nuestros prójimos?

— ¿Tenemos conciencia de las posibles zonas de rencor que acaso hay en nosotros?

«NO NOS DEJES CAER EN LA TENTACION»
(Mt 6,13; Lc 11,4)

La tentación —esa solapada invitación a hacer el mal o a dejar de hacer el bien— está ahí, a nuestro lado, frente a nosotros. Así se lo dijo Dios a Caín: «A la puerta está el pecado acechando como fiera que te codicia, y a quien tienes que dominar» (Gn 4,7).

Para enseñarnos a vencerla, el Señor quiso ser tentado (Mt 4,1-11; Mc 1,13; Lc 4,1-13). Y se sometió a la triple tentación con que somos tentados nosotros: la del demonio, que descaradamente le pidió que le adorase; la del mundo, que le prometió aplaudirle si aparatosamente saltaba desde el pináculo del Templo; y la de la carne, cuyos apetitos el demonio le invitaba a saciar convirtiendo en pan las piedras.

El las venció —todas tres— recurriendo a la Palabra de Dios, para enseñarnos a nosotros que en la Revelación divina tenemos las fórmulas necesarias para no caer en la tentación. Para que no hagan mella en nosotros los engaños del padre de la mentira, el mejor remedio será la solidez de criterios adquirida mediante el contacto asiduo con la enseñanza revelada por Dios.

Dios no tienta a nadie.

Escribe Santiago: «Nadie, al sentirse tentado, diga: Soy tentado por Dios. Porque Dios ni es tentado por los males, ni tienta El a nadie. Cada uno es tentado por su propia concupiscencia, arrastrado y seducido por ésta» (St 1,13ss). No le podemos echar la culpa a Dios, si caemos en la tentación.

Pero si Dios no tienta, sí aprovecha para probarnos las tentaciones que vienen y que El permite. Así nosotros, ejercitando bien nuestro libre albedrío, nos hacemos merecedores de su aplauso:

«El te ha puesto delante fuego y agua:
a donde quieras puedes llevar tu mano.
Ante los hombres la vida está y la muerte:
lo que prefiera cada cual se le dará.»

(Eclesiástico 15,15-17)

Para acertar contamos siempre con su ayuda: «Fiel es Dios que no permitirá que seáis tentados más allá de lo que podéis (resistir), sino que junto con la tentación os dará también la ayuda para poderla vencer» (1 Cor 10,13).
Solo que hay que pedirla.

Jesús nos lo recomendó en el Padre Nuestro al formular esta petición, y en el Huerto de Getsemaní al decir a los Apóstoles: «Velad y orad, para que no caigáis en tentación; que el espíritu está pronto, pero la carne es flaca» (Mt 26,41; Mc 14,38; Lc 22,40).

Si tan frecuentes son las tentaciones, y tanto podemos agradar a Dios venciéndolas, no debemos dejar pasar estas frecuentes ocasiones de merecer.

Y si contamos de antemano con la ayuda necesaria, según promesa infalible del Señor, es cuestión de pedirla insistentemente. Muchas veces al día le decimos al Señor: «No nos dejes caer en la tentación.»
¡Ojo a la rutina!
Hay que poner los cinco sentidos al decirlo.
Es muy importante lo que pedimos.
Y lo necesitamos mucho.

CUESTIONARIO

— ¿Acepto humildemente las tentaciones como prueba de mi debilidad y torcida inclinación?

— ¿Veo en ellas la ocasión de hacer patente mi fidelidad a Dios?

— ¿Procuro armarme contra ellas mediante el conocimiento de la Palabra de Dios y la oración asidua?

22
«LIBRANOS DEL MAL»
(Mt 6,13; Lc 11,4)

La última petición del Padrenuestro es genérica y universal. Es como si dijera: «Líbranos, Señor, de todo mal.»

Algunos piensan que el Señor nos invita a pedir al Padre que nos libre del Maligno. Y en efecto, el mismo término designa en Mt 13,19 al Maligno, cuando, en la explicación de la parábola de la cizaña, dice Jesús que vino el Malo y la sembró.

¡Buena falta nos hace la ayuda de Dios «para poder resistir a la asechanzas del Diablo!» (Ef 6,11). San Pedro asegura: «Vuestro adversario, el Diablo, ronda como león rugiente buscando a quién devorar» (1 Pe 5,8). Y San Juan felicita a los jóvenes por haber vencido al Maligno (1 Jn 2,14).

Haremos bien en aprovechar esta petición del Padrenuestro para solicitar la ayuda del que todo lo puede contra el causante de todo mal en el mundo. Jesús pidió eso mismo para nosotros en la Oración Sacerdotal: «No te pido que los saques del mundo, sino que los guardes del Maligno» (Jn 17,15). Y San Pablo nos asegura: «Fiel es el Señor: El os afianzará y os guardará del Maligno» (2 Tes 3,3).

Pero en su forma genérica, la petición incluye la liberación de todos los males.

Hay males físicos —corporales o espirituales, como la enfermedad y la tristeza—, y hay, sobre todo, el mal moral: el pecado que nos aparta de Dios.

Por mal entendemos cualquier carencia de bien.

La categoría de los males está, por tanto, en proporción directa con los bienes de que nos privan.

Por ello es evidente que todos los males físicos —corporales y espirituales—, que nos privan de bienes creados, no se pueden comparar con el mal del pecado, que nos priva y nos aparta del Sumo Bien, Dios.

La petición del Padrenuestro los engloba a todos.

Jesús sabía que para nosotros *también* resultan penosos —aunque sean menores— los males temporales. Por eso nos enseñó a pedir su liberación en forma genérica: Pedimos a Dios que nos libre de todos los males.

En nosotros está —y debemos esforzarnos por ello— establecer la debida jerarquía en los males que posiblemente nos aquejen, y poner el acento en recabar la ayuda de Dios contra los más importantes.

Los que llamamos males temporales —las carencias y sufrimientos físicos y espirituales— entraron en el mundo como castigo del pecado. Tienen carácter medicinal y en calidad de tales debemos asumirlos, como venidos de la mano de Dios. El único mal verdadero es el pecado.

El mejor comentario a la última petición del Padrenuestro es el que hace la Liturgia, cuando, tras el canto de la oración dominical en la Santa Misa, pone en boca del celebrante la conocida recapitulación: «Líbranos de todos los males, Señor... para que, ayudados por tu misericordia, vivamos siempre libres de pecado y protegidos de toda perturbación.» El alcance de la petición es universal, pero prima el deseo de verse libres del mal supremo que es el pecado. Lo mismo ocurre en las Letanías de los Santos, donde se comienza pidiendo: «De todo pecado... de la muerte eterna, ¡líbranos, Señor!», para seguir luego pidiendo que nos libre de la peste... del hambre... de la guerra...

En Ti confío, Señor.
Me gusta escuchar al Salmista inspirado cuando me dice:

«Yahvé es tu Guardián,
tu sombra es Yahvé a tu diestra.
De día el sol no te hará daño,
ni la luna de noche.
Te guarda Yahvé de todo mal»

(Sal 121,5-7)

Y me gusta oírte a Ti cuando me dices:

«Tu invócame en el día de la angustia:
te libraré y tú me darás gloria»

(Sal 50,15)

Déjame que Te cante:

«Guárdame como la pupila de tus ojos,
escóndeme a la sombra de tus alas»

(Salmo 17,8)

«A la sombra de tus alas me cobijo
hasta que pase el infortunio»

(Sal 57,2)

CUESTIONARIO

— ¿Tengo clara la idea de que el pecado es el mal mayor que me puede sobrevenir?
— ¿Le pido al Señor que me libre de caer en él?
— ¿Confío en que Dios me puede librar de los otros males, sin dejar de aceptarlos cuando entran en los planes de Dios sobre mí?

APOSTOLADO

*Al romper el día
nos apalabraste.
Cuidamos tu viña
del alba a la tarde.
   Ahora que nos pagas
   nos lo das de balde,
   que a jornal de gloria
   no hay trabajo grande.
Das al vespertino
lo que al mañanero.
Son tuyas las horas
y tuyo el viñedo.
   A lo que sembramos
   dale el crecimiento.
   Tú que eres la cepa
   cuida los sarmientos.*

(Liturgia de las Horas: Himno de Vísperas del lunes de la I Semana del Tiempo durante el año).

«... Sabed que uno que convierte al pecador de su extravío se salvará de la muerte, y sepultará un sinfín de pecados»

(Sant 5,20)

«VOSOTROS SOIS LA LUZ DEL MUNDO»
(Mt 5,14)

Que Jesús sea la Luz del mundo nos parece a sus seguidores cosa evidente. Pero que lo seamos nosotros resulta inconcebible.

Ello no obstante, el mismo Jesús que dijo que El era la luz del mundo, dijo en el Sermón de la Montaña que sus discípulos somos la luz del mundo. Por supuesto, no de la misma manera, pero sí en el mismo sentido. Lo somos en la medida en que, iluminados por El, hacemos partícipes a los demás de la luz que de El recibimos.

Del Precursor de Jesús escribe el Evangelista: «No era él la luz, sino que debía dar testimonio de la Luz» (Jn 1,8). Y en esa línea Jesús dijo de él que era «lámpara que arde y alumbra» (Jn 5,35).

Igual nosotros: ¡Somos testigos de la Luz!

Les decía San Pablo a los Efesios: «En otro tiempo fuisteis tinieblas, mas ahora sois luz en el Señor. Vivid como hijos de la luz» (Ef 5,8).

Como el espejo reproduce las imágenes, como la luna refleja la luz del sol, nosotros tenemos que difundir a nuestro alrededor la revelación que de Sí mismo nos ha hecho el Señor.

Eso significa la vela que en nuestras manos —o en manos de nuestro padrino— colocó el sacerdote en la ceremonia de nuestro Bautismo. Y más gráficamente eso nos recuerda el rito del Sábado de Gloria, cuando en el Cirio Pascual —que simboliza a Cristo Resucitado— encendemos la llama de los nuestros para pasárnosla unos a otros devotamente, ministros y pueblo.

¡Señor!, haz que me sienta siempre responsable de traspasar a otros —enhiesta y lúcida— tu llama olímpica. Porque Tú, que encendiste gratuitamente mi lámpara, no quieres que yo la ponga «bajo la cama o debajo del arca, sino sobre el candelero para que alumbre a todos los que andan por las cosas» (Mt 5,15).

Quiero, Señor, como me mandas Tú, que mi luz —mejor diría tu luz, porque Tú la has encendido en mí —«brille delante de los hombres, para que éstos, viendo mis buenas obras, glorifiquen a mi Padre que está en el cielo» (Mt 5,16).

Si la luz del mundo es Cristo presente en la Eucaristía, propagar la devoción al Sacramento es acercar a los hombres esa Luz.

Procesión del Corpus por el mundo de la paganía es el desfile de los misioneros por los pueblos que no conocen a Cristo. Donde quiera que llegan, plantan un Sagrario. Y sembrar de Sagrarios las tierras paganas es multiplicar antorchas luminosas en la oscuridad de esos pueblos.

Así lo entendía Felipe II, según consta en un documento del Archivo de Simancas. Al Gobernador de Filipinas, que le escribía proponiéndole abandonar las islas por su escasez de recursos naturales, contestaba el Rey: «No me dio Nuestro Señor esas islas para que yo recabara riquezas de ellas, sino para que llevara a ellas el tesoro de la fe.» Y daba orden para que, de su peculio personal, se enviara al Gobernador *aceite para alimentar las lámparas de todos los Sagrarios de las islas.*

Nuestra gozosa participación en la luz de Cristo tiene que ser en nosotros fuego que nos queme si no la reflejamos a nuestro alrededor.

Paul Claudel le hace decir a un ciego hablando con un vidente:

—Vosotros, los que veis, ¿qué habéis hecho de la luz?

Que nunca, Señor, un hermano ciego, de esos que todavía no han visto tu luz, pueda decirme a mí cosa parecida.

Porque Tú eres la Luz, y yo —que Te he visto— tengo que ser para otros, como Juan el Bautista... ¡testigo de la Luz!

CUESTIONARIO

— ¿Me siento acuciado a compartir con los que me rodean la gracia de la fe que he recibido?

— ¿Es mi vida entera testimonio de esa fe?

— ¿Hay algo en mi comportamiento que pueda ensombrecer esa luz que yo debo difundir?

24
«VOSOTROS SOIS EL CUERPO DE CRISTO»
(1 Cor 12,27)

La metáfora del Cuerpo de Cristo, tan frecuente en San Pablo, es paralela a la de la Vid que propuso el mismo Jesús según el cap. 15 de San Juan. La relación entre los sarmientos y la Cepa es idéntica a la de los miembros del cuerpo con su Cabeza.

Ambas metáforas expresan de igual manera el *influjo vertical* de Cristo en los bautizados: influjo capital, sin el cual no se daría en nosotros la vida divina; y necesario injerto, sin el cual no pasaría a nosotros la savia de la Cepa-Cristo, que nos hace —como Él— hijos de Dios.

Frecuentemente lo afirma San Pablo.

Así, exhorta a los Colosenses a «mantenerse unidos a la Cabeza, de la cual todo el Cuerpo, por medio de junturas y ligamentos, recibe *nutrición* y *cohesión*, para realizar su *crecimiento* en Dios» (Col 2,19).

Y en perfecto paralelismo habla a los Efesios de «Aquél que es la Cabeza, Cristo, de quien todo el Cuerpo recibe *trabazón y cohesión*, por medio de toda clase de junturas, que llevan la *nutrición* según la actividad propia de cada una de las partes, recibiendo así el *crecimiento* del Cuerpo para su edificación en el amor» (Ef 4,15ss).

Pero en la imagen del Cuerpo descubre y subraya Pablo una *dimensión horizontal* que no expresaba tan claramente la imagen de la Cepa. En virtud de la común incorporación a Cristo-Cabeza, los bautizos no solo dependemos vitalmente de la Cabeza que es Cristo sino que «somos miembros los unos de los otros» (Ef 4,25).

Ello hace que todos necesitemos unos de otros, y que todos debamos contribuir al bien común del Cuerpo que todos formamos:

«No puede el ojo decir a la mano: ¡No te necesito!» Ni la cabeza a los pies: «¡No os necesito!» (1 Cor 12,21). «A cada uno se le otorga la manifestación del Espíritu para provecho común» (1 Cor 21,7).

«Los miembros del cuerpo que tenemos por más débiles, son (los más) necesarios, y los que nos parecen más viles los rodeamos de mayor honor» (1 Cor 12,22ss).

«Si un miembro padece, todos los miembros sufren con él, y si un miembro es honrado, se congratulan con él todos los demás» (1 Cor 12,26). «Alegraos con los que se alegran, y llorad con los que lloran» (Rom 12,15).

Estas afirmaciones de Pablo encierran para mí todo un programa de comportamiento obligado:

—Yo necesito de mis hermanos. Líbrame, Señor, de caer en la tentación de la autosuficiencia. Que no me basto solo, no. Necesito arroparme en los demás. ¡Me siento tan respaldado cuando rezo, al pensar que rezan conmigo todos los santos!

—Mis hermanos necesitan de mí. Líbrame, Señor, de caer en la tentación del egoísmo. No permitas que se cierre mi mano. Haz que yo sepa dársela siempre al hermano que me tienda la suya... ¡y aunque no me la tienda!

—No hay miembros inútiles en mi Iglesia. Líbrame, Señor, de la tentación de infravalorar a nadie. Enséñame a descubrir el valor de lo que el mundo considera despreciable, pero a tus ojos no es.

—No debe haber en el mundo sufrimiento ni carencia humana que yo no sienta en mi carne. Líbrame, Señor, de la tentación de volver la espalda a las necesidades de los que me rodean. Haz que, recordando la bienaventuranza de los que lloran, sepa yo unir mis lágrimas a las de todos los que sufren.

—Y si un hermano es honrado, yo me tengo que alegrar. Líbrame, Señor, de la tentación de la envidia o pesar del bien ajeno. Que si al que sufre le consuela ver que sufro con él, también le agrada al que goza ver que yo me alegro de su felicidad.

Porque soy miembro del Cuerpo cuya Cabeza eres Tú, Señor, quiero ser miembro fraterno de los que, como yo, te tienen por Cabeza a Ti.

CUESTIONARIO

— ¿Calibro el inmenso honor que Jesús me ha dispensado al injertarme en Sí como sarmiento en la Cepa, o al incorporarme a Sí como miembro de un cuerpo a su Cabeza?
— ¿Pienso en las obligaciones que de ahí se derivan?
— ¿Las repaso con frecuencia?

25
«ID POR TODO EL MUNDO Y PROCLAMAD EL EVANGELIO» (Mc 16,15)

Así formula San Marcos la misión universal que Jesús Resucitado encargó a los Apóstoles.

La formulación de San Mateo es parecida: «Id y haced discípulos a todas las gentes» (Mt 28,19); aunque a continuación, en el relato del Primer Evangelista, Jesús precisa más el contenido de esa misión o evangelización: *«Bautizándolos* en nombre del Padre y del Hijo y del Espíritu Santo, y *enseñándolos* a guardar todo lo que yo os he mandado.»

Está claro que en la mente de Jesús el quehacer evangelizador de la Iglesia no es solo repetir sus enseñanzas recabando la adhesión intelectual de los oyentes, sino incorporarlos a Cristo por el Bautismo y hacerlos partícipes de los bienes mesiánicos que El nos mereció y cuya consecución canalizó a través de los Sacramentos. Es algo que no debemos olvidar nunca, ni a nivel de vivencia personal, ni a la hora de concretar nuestro obligado quehacer en la nueva evangelización.

No somos buenos cristianos por la simple aceptación, rigurosamente ortodoxa, de los artículos de la fe; sino en la medida en que vivimos nuestra inserción en Cristo y nuestra participación en la vida divina por los Sacramentos. Y siendo esto así, no ayudaremos a nuestros hermanos a ser cristianos auténticos, si no es promoviendo en ellos, junto a la ortodoxia de la fe, la vida sacramental.

Por lo dicho se comprende que promover la devoción eucarística, con la participación frecuente y provechosa en la Santa Misa y en la Comunión, es una manera eficaz y práctica de contribuir a la nueva evangelización. Esa fue la consigna que Su Santidad Juan Pablo II dio a la Adoración Nocturna Española en la Vigilia que con nosotros celebró en la Basílica de San Pedro de Roma el 31 de octubre de 1983.

Pero el encargo de Cristo es universal: «Id por todo el mundo.»

Supera las fronteras de raza y color, y no se limita al horizonte recortado de las pequeñas comunidades en las que nos movemos y actuamos.

Y es, además, un encargo que pesa sobre toda la Iglesia: sobre todos los bautizados, desde el Papa hasta el último cristiano de a pie. Todos juntos formamos esa Comunidad Salvadora, responsable de la misión evangelizadora confiada por Cristo y depositaria de los medios de salvación conseguidos por El y de El recibidos para el mundo entero. No todos tenemos en la Iglesia la misma función, pero sobre todos pesa el mandato de evangelizar.

La misión entre gentiles, que en las vanguardias de la Iglesia realizan esos hombres y mujeres a los que llamamos por antonomasia *misioneros*, es un quehacer obligatorio de la Iglesia entera, en el que todos tenemos que sentirnos solidarios. Ellos no son francotiradores o aventureros que eligieron esa «profesión» a capricho o por propia iniciativa. Son las vanguardias del auténtico Ejército de Salvación que es la Iglesia. Los ha enviado la Comunidad y en nombre de la Comunidad actúan. Es normal que se sientan respaldados por la Comunidad.

Cuando uno anda, son los pies los que recorren con sus pisadas el camino. Pero es el hombre entero el que se mueve. Y todos los miembros del organismo, *desde sus distintas funciones* (respiración, alimentación, fuerza motriz), ayudan a los pies.

Así en la Iglesia.

Toda mi vida —la vida de todo cristiano en misiones o en la retaguardia— tiene que contribuir a la expansión del Reino de Dios en el mundo, para responder al mandato —honroso, pero apremiante— del Señor Jesús.

CUESTIONARIO

— ¿Tengo conciencia de mi deber misionero?

— ¿En qué medida mi oración y mis ayudas materiales respaldan el quehacer evangelizador de los misioneros?

— ¿Me acuerdo de pedir al Señor de la mies que envíe obreros a su mies?

26

«LO QUE GRATIS HABEIS RECIBIDO, DADLO GRATIS» (Mt 10,8)

La frase sigue inmediatamente, en el episodio de la primera misión de los Apóstoles, al encargo de practicar curaciones preternaturales para las que sin duda Jesús había concedido los oportunos poderes.

Pero se refiere seguramente a todo el contenido de la misión. Su tenor de proposición universal es evidente.

Tiene, por tanto, vigencia para todos nosotros que, sin haber recibido tal vez el carisma preternatural de curaciones, somos multimillonarios de otros dones gratuitamente concedidos por el Señor.

Sobre nosotros pesa también —¡y con qué fuerza!— la orden tajante de Jesús: Dad gratis lo que gratis habéis recibido.

Nada de lo que en el orden sobrenatural se nos otorga tiene como exclusivo destinatario al que lo recibe.

Cuando los teólogos distinguen entre gracias *santificantes (gratum facientes)*, que miran a la santificación del que las recibe, y gracias *carismáticas (gratis datas)*, que se dan para utilidad de los demás, quieren decir que el efecto de las mismas *beneficia primariamente* al que las tiene o a la comunidad en cuya utilidad se ejercen. La gracia de la absolución sacramental perdona los pecados —es santificante— para el que la recibe; pero es carismática en el sacerdote que la administra: perdona los pecados a los demás, y no a sí mismo.

En todo caso, aun las gracias más personales repercuten de por sí en la comunidad eclesial en virtud de esa red de vasos comunicantes que el Cuerpo Místico de Cristo establece entre todos sus miembros. Más aún, deben ser comunicadas a los demás para bien de todos. El salmista, que se sabe perdonado, siente la necesidad de hacer partícipes a otros de esa misma gracia del perdón divino:

—Enseñaré a los rebeldes tus caminos,
y los pecadores volverán a Ti»

(Sal 51,15)

Y Pablo capitaliza en beneficio de sus hermanos los consuelos que recibe de Dios «que nos consuela en toda tribulación nuestra, para poder nosotros consolar a los que están en toda tribulación... Si somos atribulados, lo somos para consuelo y salvación vuestra; si somos consolados, lo somos para consuelo vuestro» (2 Cor 1,4.6).

La obligación que Cristo impone de dar gratis lo que gratis hemos recibido recae preferentemente sobre el don gratuito de la fe, que los Apóstoles —fieles al mandato del Maestro— propagaron hasta el derramamiento de su sangre, y que nosotros, por la misma razón, debemos transmitir a los demás en un obligado y apremiante quehacer evangelizador.

He pensado muchas veces, Señor, con estremecimiento en aquella otra frase tuya: «A quien mucho se le dio, mucho se le pedirá» (Lc 12,48).

Y me da miedo encontrarme sin fondos para pagar... ¡Es tanto lo que Te debo!

Y aquí no vale recurrir a una falsa humildad que pretendiera encubrir las infinitas riquezas que tu gracia ha puesto en mí bajo hipotéticos pretextos de pequeñez y poca cosa. Sería una forma cómoda, pero no válida, de eludir responsabilidades a la hora de tener que devolver duplicados los talentos.

Es mucho lo que Tú gratuitamente has puesto en mí.

Como tu Madre —y no será vanidad en Ella ni en mí— tengo que confesar abiertamente: «Ha hecho cosas grandes en mi favor el Todopoderoso» (Lc 1,49).

Señor, yo quiero pagar.

Insolvente soy; pero tramposo, no.

Tengo muy clara la forma en que Te puedo pagar.

—¿Qué voy a dar al Señor por todo el bien que me ha hecho» (Sal 116, 12).

—«Cuanto hicisteis a uno de estos hermanos míos más pequeños, a mi me lo hicisteis» (Mt 25,40).

Así lo haré, Señor.

Y... ¡gracias! ¡Muchas gracias!

CUESTIONARIO

— ¿Me siento *sinceramente* obligado a hacer partícipes a los demás de lo que gratuitamente, en todos los órdenes, me concede el Señor?

— ¿Con qué frecuencia repaso la lista de mis deudas para con Dios?

— ¿Aprovecho la fórmula de pago que el Señor mismo me ofrece?

«¿QUE HACEIS AHI TODO EL DIA PARADOS?» (Mt 20,6)

La ociosidad —o actitud habitual que rehuye el trabajo— es un vicio que frecuentemente condenan los Libros Sapienciales del Antiguo Testamento. San Pablo es especialmente duro con los holgazanes de Tesalónica «muy ocupados en no hacer nada», a los que recuerda su consigna: «El que no trabaje que no coma» (2 Tes 3,10ss).

Pero la ociosidad es mucho más condenable e inconcebible en el orden espiritual y a nivel eclesial: «El Reino de los Cielos es semejante a un propietario que salió a primera hora de la mañana a contratar obreros para su viña» (Mt 20,1). Y cuando salió con el mismo propósito a la hora undécima, dijo a los que seguían mano sobre mano: «¿Qué hacéis ahí todo el día parados?» En la misma línea —pues parece un eco— habría que situar la reprimenda de los Angeles a los Apóstoles pasmados en el Olivete ante la nube que acababa de ocultarles al Señor: «¿Qué hacéis ahí plantados mirando al cielo?» (Hch 1,11).

Siempre recordaré la sorpresa, ribeteada de cierto escándalo, con que en mis años de estudiante le oí decir en clase de Dogma a un profesor holandés —campechano y simpático él— algo que entonces me pareció demasiado vulgar y que rondaba la irreverencia: «El Cuerpo Místico de Cristo no tiene piojos.» Pero luego me tranquilizó y convenció plenamente la exégesis que a continuación nos hizo de la discutible frase.

En el Cuerpo Místico que formamos los bautizados con Cristo como Cabeza, «todos somos miembros los unos de los otros» (Rm 12,5), y «debemos preocuparnos por igual los unos de los otros» (1 Cor 12,25). Como en el cuerpo físico todos los miembros contribuyen, cada cual ejerciendo su función, al bien del cuerpo entero, y no hay ninguno inútil o sin cometido propio, de igual manera en la Iglesia. No puede haber en Ella miembros parásitos, que se limiten a recibir sin dar nada.

Estaba en lo cierto mi gran profesor.

Y lo que dijo con extraordinario grafismo era profundamente teológico. Habría que repetirlo a voces para que se dieran por enterados —nos diéramos por enterados todos— cuando olvidamos que a la Iglesia no hemos venido sólo a recibir. Haremos muy bien en aprovecharnos —avaramente incluso, que no es pecado— de los bienes que nuestra inserción en el Cuerpo Místico de Cristo nos proporciona. Pero a sabiendas de que no podemos ni debemos limitarnos a eso.

Pertenecer a la Iglesia no es simplemente haber tenido la suerte de entrar en el nuevo Arca de Noé, fuera del cual no hay salvación, y sentirnos por tanto en vías de ser salvados.

Es mucho más.

Es formar parte de un cuerpo en el que los miembros todos tenemos que trabajar unos por otros, y donde juntos formamos una Comunidad Salvadora, que debe esforzarse por llevar a todos los hombres una salvación que para todos mereció Cristo y que de la Iglesia y en Ella recibimos nosotros.

Alguna vez tenemos que convencernos de esto.

Más vale tarde que nunca.

Aunque sea a la hora undécima, habrá que oír como dicho a cada uno de nosotros lo que el Dueño de la viña dijo a los que estaban sin trabajar:

—«¿Qué hacéis ahí todo el día parados?»

Porque, eso sí. Una cosa está muy clara: en el Reino de Dios no hay subsidio del paro.

Y no lo hay, porque el paro no debe existir.

Nadie puede ampararse en la picaresca del desempleo.

Hay trabajo para todos.

El que no trabaja es que ha sentado plaza de parásito.

Mi oración de hoy tiene que ser una visita a la Oficina de Empleo del Dueño de la Viña.

En ella oiré al cardenal Merry del Val, que me dice: «No todo lo que hay que hacer alrededor de ti lo tienes que hacer tú; pero hay a tu alrededor un quehacer que, si no lo haces tú, se queda sin hacer.»

Dime, Señor, cuál es ese quehacer.

Con San Pablo te digo: «Señor, ¿qué quieres que haga?» (Hch 22,10).

CUESTIONARIO

— ¿Me siento miembro inactivo en la Iglesia de Cristo?
— ¿Me he planteado alguna vez cuál puede ser mi contribución al bien del Cuerpo Místico de Cristo?
— ¿Qué voy a hacer en adelante?

VIDA CONTEMPLATIVA
Y
VIDA ACTIVA

Olvido de lo criado
memoria del Criador,
atención a lo interior
y estarse amando al Amado.

        San Juan de la Cruz

(Y eso)...porque ya me canso
de serle a la Iglesia inútil.
Recé mucho...¡he de hacer algo!
Oración de obras importa
que recemos los cristianos;
para juntarlas viviendo,
como se suele debajo
del techo del ataúd,
¡Dios no nos diera esas manos!

        Eduardo Marquina: Teresa de
        Jesús: *Estampas Carmelitas*

Quédeme y olvídeme,
el rostro recliné sobre el Amado.
Cesó todo, y déjeme,
dejando mi cuidado
entre las azucenas olvidado.

        San Juan de la Cruz

28

«MARIA, SENTADA A LOS PIES DEL SEÑOR, ESCUCHABA SU PALABRA» (Lc 10,39)

Esta hermana de Lázaro supo hacer las cosas bien.
Adivinó que en la oración hay que dar la primacía a la escucha de lo que Dios nos quiera decir. Porque oración —según Santa Teresa— es «todo modo de conversación con Dios». Pero la conversación con Dios es tanto más sabrosa y tanto más enriquecedora cuanto menos hablamos nosotros y más El.
María, la hermana de Lázaro y de Marta, se sentó en el suelo y se puso a escuchar.
Sentada, es decir, sin prisas, como el que no tiene otra cosa que hacer.
Y a los pies del Señor, no simplemente ante el atril que sostiene un libro en el que fuera a estudiar el mensaje de Dios. Porque para nosotros, desde que Dios en Jesús se hizo portador de la Palabra, escucharla no es leer letra muerta, sino escuchar al Mensajero que nos habla de viva voz, presente, como está, en nuestros Sagrarios.
María acaba de lavar con agua tibia los pies del Maestro, que había llegado a su casa cansino y polvoriento. Y se quedó allí, en el suelo, con la jofaina en una mano, y la toalla —a medio doblar— en la otra.
¡Como en éxtasis, Señor, colgada de tus labios!
¡Qué bien suena tu voz en medio de los trajines de la vida para el que sabe escucharte!
Quiero, Señor, como María, estar contigo sin prisas.
En el mundo dicen que es falta de educación mirar al reloj cuando alguien está hablando con nosotros. Y yo ¡lo miro tantas veces cuando estoy contigo!
Es verdad que hay mucho que hacer...en la cocina y en el comedor, donde se afana Marta.
Y es una forma de servirte hacer lo que ella hace.
Y Tú se lo agradeces.
Pero María ha descubierto que a Ti, Señor, te agrada, tanto como el trabajo que se desvive por agasajarte, la quietud que no se quiere perder ni una sola sílaba de tus enseñanzas. Que más

que alimentarte a Ti es dejarse alimentar por Ti... ¡y alimentarse de Ti! Porque Tú tienes hambre y sed de darte —¡Tú lo eres todo!—, y no de que te den —¿qué te van a dar que Tú no tengas?

Hay dos formas de sed: la sed del campo reseco por beber el agua de la fuente, y la sed de la fuente por empapar los terrones del campo reseco. Tu sed es de esta última clase.

Más que la comida que prepara Marta te alimenta la siembra de la Palabra de Dios que está sorbiendo María. Más que el sorbo de agua fresca junto al Pozo de Jacob te apetece el diálogo saludable con la Samaritana.

¡Cuándo me convenceré de que mi oración tiene que ser escucha de lo que Tú me digas y no parlamento mío!

¡Cuándo acabaré de entender que mi conversación no te enriquece a Ti, y a mí la Tuya sí!

¡Habla, Señor. que tu siervo escucha!

Sé que tienes cosas que decirme.

¡Maestro di!

CUESTIONARIO

— ¿Tengo de la vida contemplativa el concepto que se merece?

— ¿Sabría explicar por qué Jesús dice de ella que es «la mejor parte»?

— ¿Qué lugar y tiempo doy en mi vida a la escucha del Señor?

«MARTA, MARTA, TE PREOCUPAS Y TE ANGUSTIAS POR MUCHAS COSAS»
(Lc 10,41)

No estoy de acuerdo en que sean un reproche estas palabras de Jesús a su amable hospedera Marta.
No me suenan así.
Son en el fondo un elogio. Porque Marta se angustiaba y preocupaba por servirle a El y a sus Apóstoles.
Lo que rechaza Jesús en la actitud de Marta es que se quejara de María y no supiera apreciar la conducta contemplativa de su hermana.
Pero lo que ella hacía le agradaba al Señor.
¿No había dicho El que ni un vaso de agua dado por su amor quedaría sin recompensa? (Mt 10,42) ¿Y no eran hijos del amor a El los afanes de Marta por obsequiarle?
Me imagino el encuentro definitivo del Maestro con Marta el día en que ésta murió. ¡Cómo resonarían en sus oídos las palabras de Jesús-Juez: «Ven, bendita de mi Padre, a poseer el Reino..., porque tuve hambre y me diste de comer; tuve sed y me diste de beber; tuve los pies sucios del polvo del camino y me los lavaste muchas veces; acudí a tu casa cansado, y me ofreciste mullido lecho; me presenté frecuentemente triste, y me consolaste con tu sonrisa acogedora... Ya que tantas veces me acogiste en tu casa, entra ¡bendita de Dios! en la Casa de tu Señor... ¡Gracias por todo, Marta! Y ahora descansa... Como hacía anticipadamente tu hermana ¿te acuerdas? Ahora comprenderás que lo que ella hacía era lo mejor.»
Se me antoja que Marta no tuvo que limpiar en el Purgatorio el polvo del camino que ensucia los pies de todos lo caminantes por la tierra: Se los lavaría el Señor a cambio de tantas veces como ella hizo lo mismo con El cuando venía a su casa.
Me da mucha envidia Marta.
Aunque acaso no debería darme.
No ya de cuando en cuando, sino diariamente, el Señor se hospeda en mi casa por la comunión. La verdad es que yo po-

dría atenderle más y mejor de lo que le atiendo. Pero ocasión no me falta.

A mí sí tendría que reprocharme el Señor lo pronto que le dejo solo en el recibidor para enfrascarme en los quehaceres. ¡Y si fueran por El y para El, menos mal! Así quiero que sea, por lo menos.

Todavía me queda algo de envidia.

Cuando el Señor viene a mí, no está —como cuando Marta lo acogía— cansado, sudoroso, triste, sediento o necesitado de sentarse a una mesa y comer caliente....

O quizá sí.

Porque no es una metáfora aquello de «Lo que hicierais a uno de estos pequeñuelo, me hacéis a Mí» (Mt 25,40).

Ya no me das envidia, Marta.

Pienso, como tú, preocuparme y angustiarme por muchas cosas, pero siempre en bien de mis hermanos, es decir, para El. Y voy a verle siempre a El en todos los peregrinos cansados que mi caridad hospede.

Y ya me estoy imaginando mi encuentro definitivo con el Maestro.

¡Como el tuyo, Marta, como el tuyo!

CUESTIONARIO

— ¿Atiendo debidamente al Señor cuando le hospedo en mi alma por la Comunión?

— ¿Trabajo por su gloria sin quejarme de los que eligieron vida contemplativa?

— ¿Tengo conciencia clara y viva de que, acogiendo a mis hermanos necesitados, le sirvo a El?

«MARIA HA ESCOGIDO LA MEJOR PARTE»
(Lc 10,42)

No es buena exégesis de este pasaje entenderlo como si fuera contraposición entre lo que ha dado en llamarse *vida contemplativa* y *vida activa* dentro de la Iglesia.

Jesús no solía hacer *contraposiciones excluyentes,* sino equilibradas *yuxtaposiciones completivas.* Y así, no deja de ser bienaventurada María por haber llevado en su seno y haber alimentado a sus pechos al Hijo de Dios hecho Hombre; pero lo es más aún porque oyó la palabra de Dios y la puso en práctica (Lc 11,27; cf. Lc 8,21 y par.). Contra la postura farisaica que daba la primacía a las tradiciones acerca de el diezmo de la menta y pasaba por alto la justicia y el amor de Dios, Jesús afirma: «Esto es lo que había que practicar, *aun sin omitir* aquello» (Lc 11,42).

En el caso de Marta y María no hay aprobación de la postura de ésta con rechazo de la de aquélla.

Es evidente que Jesús acepta agradecido el afán hospedero de Marta, puesto que suya es la frase de que ni un vaso de agua dado por su amor quedará sin recompensa (Mt 10,42). Lo que el Maestro recrimina en Marta es que considere egoísta a su hermana, y pida a Jesús que la reprenda porque, sentada a sus pies, le escucha embebida y no se ocupa de las cosas de casa.

La primera intención de Jesús en este episodio es sancionar la validez de ambas posturas: No está todo, como piensa Marta, en el legítimo afán material por preparar las viandas a los huéspedes. Lo que hace María está bien, y le agrada al Señor. Lo único que desagrada a Jesús es la exageración de Marta.

Más aún: con agradarle mucho la amorosa laboriosidad de ésta, le agrada más la escucha no menos amorosa de María. El no ha venido a ser servido, sino a servir (Mt 20,28). Agradece que intentemos servirle, y paladea satisfecho nuestras pobres viandas; pero le gusta sobremanera que nos dejemos servir de El y saboreemos agradecidamente los manjares suculentos de su mesa.

Si nos decidiéramos, como es costumbre, a representar en María la vida contemplativa y en Marta la vida activa, comprenderíamos que Jesús estima y aprecia las dos, a condición de que ninguna tenga en menos o considere inútil a la otra.

Ello no obstante, la ventaja entre una y otra está a favor de la contemplación, porque no ha de acabar con la muerte —como forzosamente acabará la vida activa—, sino que será nuestra ocupación por toda la eternidad, cuando ya no tengamos —dice San Agustín— pobres y necesitados en los que servir a Cristo. Allí —sigue diciendo el Santo de Hipona— ya no alimentaremos a nadie; seremos alimentados en la posesión de Dios. Es la imagen del cielo que el mismo Jesús nos pintó, cuando dijo de los siervos vigilantes que el Señor «se ceñirá, los hará ponerse a la mesa y, yendo de uno a otro, les servirá» (Lc 12,37).

Tampoco está mal que Marta trate de hacer con el Señor en la tierra lo que el Señor va a hacer con ella en el cielo. Pero María no tendrá que cambiar de postura, al pasar a la vida verdadera: «Ha escogido la mejor parte, que no le será quitada.»

Haz, Señor, que yo sepa agradecer y vivir, como a Ti te agrada, la vocación que me diste.

Haz que nunca considere estéril la vida de los contemplativos. Que me sienta estimulado a vivir, cómo ellos, sentado siempre a tus pies, y alimentándome a lo menos de las migajas que caen de tu mesa (Mt 15,27; Mc 7,28).

Haz que los contemplativos aprovechen su valimiento ante Ti para interceder por los que trabajan en la viña del Señor. Que unos y otros se estimulen mutuamente, y se consideren mutuamente necesarios. El ejemplo de María, resaltado por Jesús, fue sin duda lección provechosa para Marta. Pero también el servicio de Marta a María al decirle: «El Maestro está ahí y te llama» (Jn 11,28) fue, como deber ser el ejemplo de los esforzados viñadores para los contemplativos, una llamada al ejercicio cada vez más responsable del propio carisma.

¡Qué visión tan completa nos dan Marta y María —yuxtapuestas, que no contrapuestas— de la vivencia auténtica del cristianismo!

¡Ojalá nosotros —activos y contemplativos en la Iglesia— sepamos vivirlo así, cogidos de la mano!

CUESTIONARIO

— ¿Estoy convencido de que la auténtica vida cristiana exige simultáneamente contemplación y acción o, en otros términos, oración y apostolado?

— ¿Tengo el mismo aprecio y estima por la vida contemplativa y la vida activa en la Iglesia?

— ¿Me dejo influir benéficamente por el ejemplo de unos y de otros?

31
«¿QUE HACEIS AHI PLANTADOS MIRANDO AL CIELO?» (Hch 1,11)

Es frecuente encontrar en la Biblia pasajes o expresiones que aparentemente se contradicen. Los exegetas y los teólogos, a la luz de las enseñanzas de los Santos Padres, descubren sin grande esfuerzo que tales contradicciones no existen. Y es natural que así sea, porque Dios, inspirador de la Biblia, no puede contradecirse a Sí mismo.

San Pablo escribía a los Colosenses —y nos lo recuerda insistentemente la Liturgia de Pascua—: «Si habéis resucitado con Cristo, buscad las cosas de arriba donde está Cristo sentado a la derecha de Dios. Aspirad a las cosas de arriba, no a las de la tierra. Porque habéis muerto, y vuestra vida está oculta con Cristo en Dios» (Col 3,1-3).

Pero resulta que el día de la Ascensión del Señor, cuando los Apóstoles «estaban mirando fijamente al cielo mientras se iba», los ángeles se lo reprochan diciéndoles: «Galileos, ¿qué hacéis ahí plantados mirando al cielo?»

¿En qué quedamos? ¿Tenemos que mirar al cielo o no?

Es procedimiento literario habitual en la Biblia —que Jesús emplea también con frecuencia— el de presentar, como si fueran actitudes contrapuestas, lo que en realidad son actitudes complementarias. Así sucede en el caso del piropo aquél de la mujer de la turba que llamó bienaventurada a la Madre de Jesús por haberle llevado en su seno y por haberle alimentado a sus pechos, y a la que Jesús contestó que más bienaventurado es el que oye la palabra de Dios y la cumple. Lo mismo ocurre en el episodio de Marta y María. Si Jesús en ambos casos contrapone una actitud a otra, no es porque se contradigan o excluyan, sino porque una y otra se complementan mutuamente: la Madre de Jesús es bienaventurada por ambas cosas; el estimable ajetreo de Marta sería más perfecto si fuera acompañado del afán contemplativo de María.

Así tenemos que entender el contraste aparente entre la recomendación de San Pablo a los Colosenses y el reproche de los ángeles a los Apóstoles el día de la Ascensión.

Si Jesús, al subir a los cielos, «no se ha ido para desentenderse de este mundo—, como canta el Prefacio de la Solemnidad de la Ascensión, tampoco nosotros —¡ni siquiera las almas contemplativas en sus monasterios!— podemos vivir ensimismados mirando al cielo, como si no tuviéramos un urgente quehacer aquí: «Seréis mis testigos en Jerusalén, en toda Judea y Samaria, y hasta los confines de la tierra» (Hch 1,8).

Ser testigos de Cristo es serlo de su amor a los hombres: amor —como pedía San Juan (1 Jn 3,18)— «no de palabra ni de boquilla, sino con obras y de verdad».

Todos, como miembros de la Iglesia, estamos implicados en el gran quehacer de aplicar al mundo entero la salvación de Cristo.

Lo había dicho El: «No me habéis elegido vosotros a Mí, sino que Yo os he elegido a vosotros, y os he destinado para que vayáis y deis fruto, y vuestro fruto permanezca» (Jn 15,16).

Y en otra ocasión: «Dad gratis lo que gratis habéis recibido» (Mt 10,8).

Y en una de las últimas apariciones después de Resucitado: «Id por todo el mundo y predicad el Evangelio a toda la creación» (Mc 16,15).

Eso, sí. Antes —y como condición indispensable— «permaneced en la Ciudad hasta que seáis revestidos de poder desde lo alto» (Lc 24,49). «Aguardad la Promesa del Padre que oísteis de Mí (Hch 1,4). «Recibiréis la fuerza del Espíritu Santo que vendrá sobre vosotros» (Hch 1,8).

¡Señor!

—Que mi contemplación de la nube gozosa de tus cielos provoque la descarga de lluvia benéfica sobre los campos de la tierra; y que mis trabajos de siembra en tu heredad lo esperen todo del rocío de tus nubes.

—Que, como tus Apóstoles, sepa yo ser testigo tuyo hasta los confines de la tierra, y que, como ellos, trate siempre de «perseverar con María en la oración», a la espera del Espíritu.

CUESTIONARIO

— ¿Cómo vivo el obligado equilibrio cristiano entre contemplación y acción?

— ¿Estoy convencido, por una parte, de que el alma de todo apostolado es la oración?

— ¿Y siento, de otra, la ineludible urgencia de traducir mi amor a Dios en servicio a los hermanos?

ADVIENTO

*«Aguardamos la manifestación
de Nuestro Señor Jesucristo»*

(1 Cor 1,7)

*El rocío de los cielos
sobre el mundo va a caer:
el Mesías prometido,
hecho niño, va a nacer.*

(Liturgia de las Horas: Himno de Laudes de Adviento)

*«Concédenos, Señor Dios
nuestro, permanecer alertas
a la venida de tu Hijo,
para que, cuando llegue y
llame a la puerta, nos encuentre
velando en oración y cantando su
alabanza»*

(Liturgia de las Horas: Oración del lunes de la I Semana de Adviento)

32
«¡SEÑOR, SALVANOS, QUE PERECEMOS!»
(Mt 8,25)

Esta petición de los Apóstoles en la barca, zarandeada por la tempestad de Tiberíades, fue considerada por Jesús defectuosa, como consecuencia de la poca fe de los que se angustiaban estando El presente.

Y poca fe en nosotros sería repetirla por miedo a que sucumbiera a los embates del mal la Iglesia, en la que Cristo navega y cuya indefectibilidad ha prometido.

Puede ser, sin embargo, una feliz expresión de los sentimientos cristianos, cuando en Adviento recordamos los ardientes deseos de salvación que animaron —o hubieran animado si hubieran sabido lo que nosotros hoy— a los fieles del Antiguo Testamento, antes de la venida del Redentor.

Comúnmente, los que vivimos de la parte de acá de Cristo y saboreamos los beneficios de su obra salvadora no solemos pararnos a pensar lo que hubiera sido de nosotros sin la Redención, y no nos ponemos en la situación de espíritu que nos hubiera debido embargar si hubiéramos vivido antes de la venida de Jesús.

El tiempo litúrgico de Adviento nos sitúa espiritualmente en el estadio previo a la Redención de Cristo, para que la estimemos en su justo valor, agradezcamos la aparición del ansiado y necesario Salvador que nos disponemos a conmemorar en la Navidad.

La Humanidad estaba irremisiblemente perdida y justamente condenada por el pecado original y por los pecados actuales de cada hijo de Adán.

Estábamos *justamente condenados,* porque el pecado es ofensa y desacato a Dios y tiene por ello cierta dimensión infinita, ya que la ofensa se mide por la dignidad de la persona ofendida.

Y estábamos *irremisiblemente perdidos,* porque en estricta justicia no hay reparación humana capaz de saldar la deuda contraída, puesto que la reparación humana se mide no por la persona a quien se presta, sino por la persona que la hace. Autores los hombres de un delito con dimensión infinita, éramos absolutamente incapaces de repararlo.

Pero el conflicto entre la infinita Justicia de Dios que debía exigir reparación, y su infinita Misericordia deseosa de rehabilitarnos, fue resuelto por la Sabiduría infinita con la Encarnación del Verbo.

Jesús, verdadero hombre, encabezando a la Humanidad entera para el bien, como para el mal la había encabezado el primer Adán, presentó al Padre una reparación que fue infinita por ser a la vez, como lo era, Persona Divina.

Nuestro agradecimiento, después del hecho, no tiene límites.

Pero sube de punto cuando, puestos espiritualmente en el abismo sin fondo de la situación anterior a su venida, sentimos la necesidad de gritarle:

—¡Sálvanos, Señor, que perecemos!

¡Sálvanos, Señor, que sin tu ayuda estamos irremisiblemente perdidos!

¡Gracias, Señor, por haber venido!

¡Gracias, porque sigues con nosotros en la barca!

Ya no tenemos miedo a perecer.

¡Ningún miedo!

CUESTIONARIO

— ¿Pensamos alguna vez en lo que hubiera sido de nosotros sin la Redención?

— ¿Deseamos la presencia salvadora del Señor?

— ¿Agradecemos como es debido la seguridad que nos da el saber que «navega» con nosotros?

33

«CON GRAN DESEO HE DESEADO...»
(Lc 22,15)

San Lucas pone esta frase en labios de Jesús el Jueves Santo refiriéndose a la Pascua de la Ultima Cena: «Con gran deseo he deseado comer esta Pascua con vosotros antes de padecer.»

Pero con ella se podría expresar de igual manera —y coincide en el objeto central del deseo— el sentimiento unánime de los Patriarcas y Profetas del Antiguo Testamento, que vivieron y murieron esperando el advenimiento del futuro Mesías. Este deseo ferviente constituye, en su obligada proyección hacia nosotros, la catequesis preferente de la Iglesia durante el tiempo litúrgico de Adviento: Hay que avivar en nosotros el deseo de Dios.

Desear a Dios es buscar su rostro, sentir necesidad de El y anhelar su encuentro.

El adagio latino *Nihil volitum quin praecognitum* (nada es deseado, si no se conoce previamente) vale también aquí: Como quiera que a Dios solo le conocemos por la fe y no con conocimiento sensible, nuestro deseo de El tampoco es sensible, sino simplemente racional. Valga esta consideración para que nadie se desanime al advertir que las cosas sensibles tiran más de nosotros que el amor de Dios. La explicación de esto es lo que acabamos de apuntar. En consecuencia, lo importante es que racionalmente —en base a la fe— nuestra voluntad coloque a Dios por delante de todos los demás objetos de nuestro amor, y elija siempre dándole la preferencia a El.

La sensibilidad no es todo el hombre: por encima de ella está, con mucho, la voluntad racional. Jesús en la Oración del Huerto sintió repugnancia a los sufrimientos de la Pasión que preveía, y se atrevió a pedir que, si era posible, pasase de El aquel cáliz. Pero la voluntad racional se sobrepuso: «No se haga, Padre, mi voluntad, sino la tuya.»

Hagamos, pues, en la oración asidua acopio de argumentos para aumentar en nosotros racionalmente el deseo de Dios. Pensemos a menudo en la hermosura, grandeza y bondad de Quien contiene en Sí forzosamente y en grado infinito todas las perfecciones que, creadas por El, poseen en forma limitada las personas y cosas, objeto inmediato y sensible de nuestro amor. Esta consideración facilitará en nosotros el cumplimiento del primer mandamiento: amar a Dios sobre todas las cosas.

Y no nos desanime la experiencia de nuestros frecuentes fallos de comportamiento.

Es verdad que no todo el que dice ¡Señor, Señor! entrará en el Reino de los cielos (Mt 7,21), y que, como dice el sabroso refrán español «obras son amores, y no buenas razones».

Pero el adagio, con ser muy verdadero, solo vale entre hombres, ya que únicamente las obras pueden ser para nosotros, incapaces de penetrar en el interior de los corazones, argumento cierto de la sinceridad del que dice que nos quiere.

Para Dios, que penetra los corazones, no es necesaria esa prueba. El sabe que nuestro amor es verdadero, aunque a veces parezcan negarlo nuestras obras.

Con el Apóstol San Pedro, aunque miserables como él, nos atrevemos a decirle:

—Señor, Tú lo sabes todo. Tú sabes que Te quiero.

CUESTIONARIO

— ¿Qué lugar y qué espacio ocupa Dios en mi vida y en mi tiempo?

— ¿Procuro contactar con El a menudo?

— ¿Le echo de menos?

34
«CONVERTIOS, PORQUE EL REINO DE LOS CIELOS HA LLEGADO» (Mt 4,17)

La espera multisecular de la venida del Mesías, que la Liturgia del tiempo de Adviento nos invita a revivir todos los años, culmina con la invitación que Juan hace en el desierto de Judea (Mt 3,2) y que Jesús repite al comienzo de su predicación (Mt 4,17).
—«Convertíos, porque el Reino de los Cielos ha llegado.»

La conversión es un concepto bíblico, muy empleado por los Profetas, que en hebreo se expresa con un verbo de movimiento con el significado de «darse la vuelta», y en griego, con términos que significan «cambiar de manera de pensar».

La invitación del Bautista y de Jesús viene a decir: Daos la vuelta, cambiad de postura y de manera de pensar. Vivís de espaldas a Dios, apegados y con la vista fija en las cosas materiales. Volved vuestra mirada a Dios, que os trae una maravillosa oferta.

En nuestro lenguaje común ascético, conversión ha venido a significar el arrepentimiento del que vive en pecado mortal y vuelve a la vida de la gracia. Ello hace que la llamada bíblica y litúrgica a la conversión suene a hueco y resulte vacía de contenido para los que habitualmente viven en gracia.

Y no es así.

Porque, sin llegar al abandono de Dios que constituye el pecado, a menudo el apego a las cosas de aquí nos absorbe hasta el extremo de hacernos olvidar la primacía de Dios y de su Reino; la atención a los asuntos temporales no deja espacio en nuestras vidas para el quehacer apostólico; las preocupaciones egoístas hacen que al alma le falte tiempo para pensar en Dios; los árboles junto al camino nos inducen a desviarnos hacia la cuneta en busca de una sombra cuyo disfrute nos hace perder de vista y retrasar la llegada a la meta. Necesitamos continuamente carteles anunciadores que nos digan:

—«Convertíos, porque el Reino de los Cielos ha llegado.»

La llamada de Jesús, repetida por la Liturgia de la Iglesia, nos invita a todos a volvernos a la única cosa necesaria, a lo único que verdaderamente nos interesa y que tan a menudo descuidamos. Cuando se piensa en la infinita grandeza de Dios, que para nada necesita de nosotros, y que, ello no obstante, se digna llamarnos por el teléfono de su Hijo para conversar con nosotros, se comprende que nuestra felicidad consista en vivir pendientes de esa llamada, y con el auricular siempre en la mano, prontos a repetir a cada instante con el alma transida de gozo: ¡Dígame! ¡Dígame!

Ello implica «puesto que la tendencia a la distracción es permanente» una gimnasia de cuello continua: ¡Media vuelta! ¡Media vuelta!

Bien merece la pena.

Porque el Reino de Dios al que se nos invita es la insospechada oferta que Dios hace a los pobres (Mt 5,3) de un tesoro escondido (Mt 13,44) y de una margarita preciosa (Mt 13,45) a cambio de las cuales tiene cuenta vender cuanto poseemos para adquirirlos; es una invitación que el Padre nos hace al Banquete de Bodas de su Hijo (Mt 22,2 y 21,1); es algo que se adquiere trabajosamente («El Reino de los Cielos padece violencia y sólo haciéndose violencia se conquista»: Mt 11,12) pero que está al alcance de la mano («El Reino de Dios está dentro de vosotros»: Lc 8,11). Y así tiene que ser, porque el Reino de Dios «no es de este mundo» (Jn 19,26); es un «tesoro en el cielo donde no hay polilla ni herrumbre que corroan, ni ladrones que socaven y roben» (Mt 6,20). Merece la pena, porque ese será el premio final: «Venid, benditos de mi Padre a poseer el Reino» (Mt 25,34).

Repíteme, Señor, tu consigna:

—Convertíos, porque el Reino de Dios está cerca.

Y si yo no lo hago, hazlo Tú: Si yo no me convierto, conviérteme Tú.

Convencido de la importancia que esto tiene, te pido con Jeremías:

—«Conviérteme, y me convertiré» (Jer 31,8).

CUESTIONARIO

— ¿Me esfuerzo por avivar en mí la conciencia de la presencia de Dios en mí, que me invita a conversar con El?

— ¿Qué lugar ocupa en mi vida la preocupación por el Reino de Dios?

— ¿Trato de sustituir, cada día un poco más, los criterios mundanos por criterios de Dios?

35
«NO PONGAIS VUESTRA ESPERANZA EN...»
(1 Tim 6,17)

La humanidad, según San Pablo (1 Tes 4,13), se divide en dos grupos «irreductibles y totalizantes»: Los que tienen esperanza y los que no la tienen. Son el equivalente, con el mismo dramatismo salvo en la posibilidad o imposibilidad de cambio, de aquellos dos grupos que, según la descripción que Jesús hizo del Juicio Final, oirán de labios de Cristo respectivamente la más consoladora y la más trágica frase de todas las literaturas: «Venid, benditos...»; «Id, malditos...»

Importa mucho —para estar siempre en el grupo de los primeros— que sepamos lo que significa *tener esperanza*.

La esperanza es una virtud teologal infundida por Dios, y por ello don absolutamente gratuito, que nos mueve a esperar de Dios —no de nuestro propio esfuerzo ni de ayuda alguna creada— la salvación eterna y los medios necesarios para alcanzar lo que El graciosamente nos ha prometido.

No debemos confundir con esta esperanza teologal la esperanza natural que el diccionario define como «estado de ánimo en el cual se nos presenta como posible lo que deseamos». De esta esperanza natural, que se extiende a todo lo deseable asequible, se diferencia esencialmente la esperanza teologal por el objeto y por el fundamento. El objeto de la esperanza teologal es la salvación eterna con la posesión de Dios a quien veremos cara a cara, cosa absolutamente inasequible por nuestras fuerzas. Y el fundamento es la promesa infalible que Dios nos brinda.

De aquí que no podamos confundir nuestra esperanza cristiana con el esfuerzo —legítimo y hasta obligatorio para los creyentes— por conseguir mayores cotas de felicidad para los hombres en este mundo.

La esperanza cristiana apunta al más allá.

Aspira y confía alcanzar la posesión eterna de Dios. Es lo que San Pablo define deliciosamente diciendo; «Estaremos siempre con el Señor» (1 Tes 4,17). Y es lo que Jesús quería para sus discípulos («Que donde Yo estoy, estéis también vosotros»: Jn 14,3), y lo que pidió para nosotros a su Padre («¡Padre! Los que

Tú me has dado, quiero que donde esté Yo estén también conmigo»: Jn 17,24).

Está claro que el objeto de esa esperanza es don gratuito de Dios, cuya consecución sobrepasa con mucho las posibilidades humanas, y sería totalmente inasequible para nosotros, si no fuera porque Dios lo ha prometido, ha empeñado su palabra, y está dispuesto a concedérnoslo.

Huelga decir que carece absolutamente de sentido poner el fundamento de esa esperanza en algo que no sea Dios.

Pero dado que los hombres somos propensos a buscar nuestra felicidad en objetos o personas tangibles que no nos la pueden dar, la Revelación divina nos advierte que no debemos poner nuestra esperanza fuera de Dios.

Tales avisos se refieren tanto al objeto como al fundamento de dicha esperanza.

Es evidente que nadie fuera de Dios puede proporcionarnos la felicidad que sólo está en la posesión eterna del mismo Dios. La mente lúcida de San Agustín lo vio y expresó con toda claridad, cuando escribió: «Hiciste, Señor, nuestro corazón para Ti, y andará inquieto nuestro corazón hasta que descanse en Ti.»

A la luz de esta verdad se entiende —aunque a veces nosotros obremos como si no lo entendiéramos— que San Pablo aconseje a los ricos de este mundo que «no pongan su esperanza en las riquezas, sino en Dios» (1 Tim 6,17). La felicidad sólo es verdadera si es eterna. Y no pueden ser eternos «los tesoros de la tierra, donde hay polilla y herrumbre que corroen, y ladrones que socavan y roban» (Mt 6,19).

Y se entiende al Salmista cuando canta:

> «No confiéis en los príncipes,
> seres de polvo que no pueden salvar...
> Dichoso a quien auxilia el Dios de Jacob,
> el que espera en el Señor, su Dios,
> que hizo el cielo y la tierra,
> el mar y cuanto hay en él:
> que mantiene su fidelidad perpetuamente...»
>
> (Sal 146)

Yo confío en Ti, Señor. ¡Y sólo en Ti!

Aumenta, Señor, mi esperanza.
A menudo echo de menos mi poca fe. Y a todas horas lamento mi falta de caridad.
Pero pocas veces pienso en la débil consistencia de mi esperanza.
Y si mi fe te agrada, es porque entraña confianza en Ti.
Y mi amor no es verdadero, si no se enciende con la esperanza de poseerte un día plenamente, y no aspira continuamente a «estar siempre contigo».

Repíteme, Señor, lo que dijiste por boca de Jeremías:

> «Desdichado de aquel que confía en el hombre,
> y en la carne busca su apoyo...
> Dichoso el hombre que se fía de Yahvé,
> y pone en el Señor su confianza.
> Será un árbol plantado junto al agua,
> que junto a la corriente echa raíces:
> Cuando llegue el estío, no lo sentirá,
> su hoja estará verde;
> en año de sequía no se inquieta,
> no deja de dar fruto»
>
> (Jer 17,5-8)

Y no temeré al estío de la muerte, porque mis hojas seguirán eternamente verdes.
Y jamás habrá sequía para mí.
Sarmiento de la cepa que es tu Hijo, daré fruto permanente.
¡Aumenta, Señor, mi esperanza!

CUESTIONARIO

— ¿Procuro avivar en mí la virtud teologal de la esperanza como lo hago con las de fe y caridad?
— ¿Caigo en la tentación de poner mi esperanza en algo o en alguien que no sea Dios?
— ¿Qué quilates tiene mi confianza en el Señor?

36
«DICHOSOS LOS SIERVOS QUE EL SEÑOR, AL VENIR, ENCUENTRE DESPIERTOS»
(Lc 12,37)

Se me antoja que este pasaje del Evangelio de San Lucas es la Bienaventuranza de la Adoración Nocturna.

Mensaje para Adviento. Porque es una invitación a la vigilancia y a estar siempre preparándonos para el encuentro definitivo con el Señor.

—«Estén ceñidos vuestros lomos, y las lámparas encendidas, y vosotros como hombres que esperan a su Señor cuando vuelva de las bodas, para que, en cuanto llegue y llame, al instante le abran» (Lc 12,35ss).

La recomendación es oportuna y necesaria («porque en el momento que no penséis vendrá el Hijo del Hombre»: Lc 12,40).

Jesús la ilustra con una semi-parábola, a partir de la imagen del Amo que vuelve de las bodas.

—«Dichosos aquellos siervos a quienes el Señor, al venir, encuentre vigilantes. Yo os aseguro que se ceñirá, los hará ponerse a la mesa y, yendo de uno a otro, les servirá. Y si viene en la segunda vigilia o en la tercera, y los encuentra así, ¡dichosos ellos!» (Lc 12,37ss).

Es regla hermenéutica en la interpretación de la parábolas que, siendo éstas por definición relatos verosímiles, tengan especial relieve en la mente del parabolista los elementos inverosímiles.

Jesús pudo haber afirmado en términos generales el agradecimiento del Amo a los criados vigilantes, agradecimiento que éste pudo expresar verbalmente o haciendo a sus servidores algún obsequio razonable.

Pero es totalmente inverosímil que un amo, al regresar a su casa a medianoche o de madrugada, se ponga a servir a la mesa a sus criados por el simple hecho de que éstos le hayan esperado sin acostarse.

Al Señor le pasaba esto a menudo con las parábolas o alegorías en las que el Protagonista era Él o su Padre celestial. Se le volvían inverosímiles, porque el amor de Dios se sale de los cuadros humanos: No hay buen pastor que muera para dar la vida a sus ovejas.

En nuestro caso, está claro que el premio a la vigilancia en los que esperamos el encuentro con el Señor ha de ser el banquete que en el Reino de los Cielos nos prepara, y que ha de consistir en la generosa donación de Dios mismo.

Pero gusta oírselo al Señor en la parábola del Amo que vuelve de las bodas. Resulta inefable imaginarlo como El se ha querido pintar: poniéndose el delantal de camarero, haciéndonos sentar a nosotros y pasando por delante una y otra vez con las fuentes de viandas o escanciando el vino.

No lo ha imaginado así ningún fogoso y elocuente orador.

Ha sido El mismo quien ha filmado la escena.

Y está grabada en el «Video» del Evangelio...

La repetida alusión a la vigilancia y la mención de las distintas horas de la noche me ha sugerido la idea de ver en este pasaje la Bienaventuranza de los Adoradores Nocturnos.

Y lo es en la medida en que la Adoración Nocturna, con sus turnos de vela ante el Santísimo por la noche, materializa ese espíritu de vigilancia que Jesús beatifica. El anuncio de que el Señor vendrá como un ladrón por la noche no pasa de ser una metáfora de la parábola evangélica. El Señor se complace en encontrar vigilantes a sus Adoradores cuando anochece, y a medianoche, y de madrugada. Y si ya en la tierra los invita a sentarse a su Mesa —¡esto no es parábola!—, con razón pueden confiar en la Bienaventuranza de sentarse en el Banquete del Reino de los Cielos. Y allí, para siempre, a lo largo del Día sin Noche de la Eternidad, El mismo será su Alimento.

¡Y su Camarero!

CUESTIONARIO

— ¿Con qué frecuencia —si es que lo hacemos alguna vez— avivamos en nuestra vida terrena la conciencia de vigilante espera para el encuentro definitivo con el Señor?

— ¿Nos damos cuenta de que el premio que el Señor nos promete supera infinitamente nuestros merecimientos?

— ¿Agradecemos de antemano el anticipo que nos da en la Eucaristía?

NAVIDAD
Y
EPIFANIA

Ya no habrá más guerra
entre cielo y suelo:
Dios está en la tierra,
ya la tierra es cielo.
El cielo ya no está solo,
la tierra ya no está
a oscuras.
Hermanos, cantad conmigo:
¡Gloria a Dios en las alturas!
Mas no nace solamente
en Belén:
nace donde hay un caliente
corazón.
Nace en mí,
nace en cualquiera,
si hay amor;
nace donde hay verdadera
compresión.

   (Liturgia de las Horas:
   Himno de las Primeras
   Vísperas de Navidad)

Eres Niño y has amor,
¡qué farás
cuando mayor!

Blanco lirio, florecido
en la noche de Navidad:
en la cumbre del Calvario
¡cómo te desojarán!

Reyes que venís por ellas,
no busquéis estrellas ya;
porque donde el sol está,
no tienen luz las estrellas.

   (Lope de Vega)

Pues hacemos alegrías
cuando nace uno de nos,
¿qué haremos naciendo
Dios?

  (Cristóbal de Castillejo)

«¡GLORIA A DIOS EN LAS ALTURAS!»
(Lc 2,14)

El canto de los ángeles en la Nochebuena es la interpretación teológica revelada de lo que nos trae el nacimiento del Verbo hecho hombre: ese nacimiento al que nos prepara cada año la Liturgia del Adviento y que anualmente conmemoramos el 25 de diciembre.

La Encarnación ha tendido un cable que hace posible desde ese momento la comunicación entre esas dos orillas, infinitamente distantes, que son Dios y el hombre. A través de ese Niño que nace —¡Dios con nosotros!— podrá llegar hasta Dios el cántico de alabanza que los hombres están destinados a tributar al Creador, y por medio de El hará Dios las paces con los hombres pecadores. Por Jesús va a las alturas la alabanza que los hombres deben a Dios y por El desciende a la tierra la paz que a los hombres quiere Dios devolver.

Aunque la mayoría de los hombres lo ignora —o vive como si lo ignorara—, nosotros sabemos con San Ignacio que «el hombre es creado para alabar, hacer reverencia y servir a Dios». La creación visible es manifestación de la grandeza, sabiduría y bondad de Dios; pero sólo adquiere sentido cuando aparece en ella el hombre, ser inteligente y libre, capaz de descubrir y aplaudir esos tributos divinos.

Ocurre, sin embargo, que la obligada limitación humana no permite que la alabanza de los hombres a Dios sea ni de lejos proporcionada a lo que El se merece. Y ocurrió, además, que el hombre pecó y están manchados los labios con los que tiene que alabar a Dios.

Desde la Nochebuena, en cambio, hay sobre la tierra un hombre que, unido hipostáticamente a la Segunda Persona de la Santísima Trinidad, ofrece al Padre una alabanza infinita, digna de Dios, que ni los hombres pecadores, ni los ángeles confirmados en gracia pudieran de suyo ofrecer.

Se comprende que los ángeles lo celebren y nos lo hagan saber a nosotros con su canto de la Nochebuena: Cristo Dios-Hombre, constituido en cabeza de ángeles y hombres, hace posible que, a través de El, ellos y nosotros podamos dar gloria a Dios —la que Dios se merece— en las alturas.

Lo que cantan los ángeles no es un deseo, ni una simple invitación a los hombres; es el anuncio y comprobación de un hecho real: que «por Cristo, con El y en El es ya posible tributar a Dios Padre Todopoderoso, en la unidad del Espíritu Santo, todo honor y toda gloria».

La Navidad es el comienzo de toda Eucaristía.

A través de Jesús, presente entre nosotros, los hombres podemos y debemos dar «gloria a Dios en las alturas».

Gloria a Dios porque nos hizo.

Gloria porque en Jesús nos ha hecho capaces de darle gloria.

Y gloria, sobre todo, porque en El y a través de El ha hecho de nuevo las paces con los hombres irremisiblemente perdidos por el pecado.

CUESTIONARIO

— ¿Somos conscientes de que nuestro quehacer humano es alabar a Dios?

— ¿Qué hacemos para cumplirlo?

— ¿Lo hacemos por medio de Jesucristo, Dios-Hombre, Nuestro Señor?

38

«Y EN LA TIERRA PAZ A LOS HOMBRES»
(Lc 2,14)

El himno que San Lucas pone en boca del ejército celestial junto a la cuna del Niño Dios recién nacido, como mensaje que subraya el contenido trascendental del episodio, consta de dos afirmaciones en la que se condensa la obra redentora del Verbo de Dios hecho Hombre: De abajo arriba, la Encarnación hace posible que la Humanidad cumpla su oficio de pregonera de la gloria de Dios en forma digna de El; y de arriba a abajo, garantiza la reconciliación de Dios con los hombres, irremisiblemente perdidos por el pecado y rehabilitados por la acción del Salvador que acaba de nacer.

Esta nave pilotada que es la tierra se había vuelto muda por el pecado de los hombres, y al salirse de órbita, había perdido rumbo y andaba, sin posibilidad de arreglo, a la deriva.

El Hijo de Dios en persona, vestido de astronauta humano, ha entrado en la nave, cuya escotilla le abrió amorosamente la bella azafata de Nazaret. Ha puesto en orden la maquinaria. Y la nave ha vuelto a emitir ¡Gloria a Dios en las alturas! con una potencia de onda que antes no conocía. Y ha recobrado el rumbo hacia la Casa del Padre, que, compadecido de la muerte segura de los pobres astronautas, ha hecho las paces con ellos misericordiosamente: ¡Y en la tierra paz a los hombres!

Es frecuente —y comprensible— la tendencia a explicar la «paz en la tierra a los hombres» en el sentido horizontal de paz y buen entendimiento entre los humanos. Y se saluda gozosamente al Niño recién nacido con el título de Príncipe de la Paz.

El título le va.

Miqueas dice del Mesías futuro: —El será la Paz— (Miq 5,5).

Y —Príncipe de la Paz— es uno de los títulos que Isaías da al futuro Emmanuel (Is 9,6).

Pero, aunque parezca extraño, Jesús tenía conciencia de no ser causa de paz entre los hombres. Sabía que iba a ser «señal de contradicción— (Lc 2,34). Y dijo abiertamente: «No penséis que he venido a traer paz a la tierra... He venido a enfrentar al hombre con su padre, a la hija con su madre, a la nuera con su suegra, y enemigos de cada cual serán los que conviven con él» (Mt 10,34-36).

Sólo será autor de paz para los que le acepten y se beneficien de la reconciliación con Dios que El trajo al mundo. Así lo afirma San Pablo hablando de los dos pueblos —judío y gentil— antes enemigos entre sí, y ahora unidos por Cristo en la común reconciliación con Dios y en el mismo acceso al Padre que Jesús nos procuró: «Porque El es nuestra Paz, el que de los dos pueblos hizo uno, derribando el muro que los separaba... para *crear en Sí mismo de los dos un sólo Hombre Nuevo* haciendo la paz, y *reconciliar en Dios a ambos* en un solo Cuerpo. Vino a anunciar la paz: Paz a vosotros que estabais lejos, y paz a los que estaban cerca. Pues por El *unos y otros tenemos libre acceso al Padre* en un mismo Espíritu» (Ef,14-18).

Esto fue lo que hizo Jesús: Poner a Dios en paz con los hombres.

Y esto es lo más importante.

Con ser deseable —y lo es mucho— la paz y buen entendimiento entre los hombres, es mucho más importante para la Humanidad, pecadora y justamente condenada, la reconciliación y paz con Dios: bien supremo que ninguna sociedad pacifista podrá lograr, y que el Niño de Belén ha conseguido para nosotros y nos trae al nacer.

Hay que pregonar a gritos esta verdadera exégesis —¡vertical!— del «paz en la tierra a los hombres».

Para que los hombres se sientan obligados a agradecer rendidamente la reconciliación que Dios misericordiosamente les brinda.

Y para que no sigan perdiendo el tiempo en busca de una paz horizontal, que será inalcanzable mientras los hombres no traten primero de vivir en paz con Dios.

No encuentro palabras, Señor, para agradecer este aguinaldo con que la Navidad primera nos obsequió.

CUESTIONARIO

— ¿He pensado alguna vez en la dramática situación del hombre pecador, si Dios no hubiera tomado la iniciativa de reconciliarse misericordiosamente con nosotros?
— ¿Se lo agradezco a Dios debidamente?
— ¿Procuro convencer a los que me rodean de que la premisa indispensable para la paz entre los hombres es la paz de los hombres con Dios?

«OS ANUNCIO UNA GRAN ALEGRIA»
(Lc 2,10)

El Evangelio de San Lucas pone estas palabras en boca del ángel del Señor que anuncia a los pastores de Belén el Nacimiento de Jesús.

Siempre en el lenguaje bíblico los mensajes de los ángeles dan la dimensión trascendental del episodio al que se refieren. Así, el himno de la milicia celestial que a renglón seguido recoge San Lucas («Gloria a Dios en las alturas y paz sobre la tierra a los hombres del divino beneplácito») expresa de forma sintética el alcance de la Encarnación del Verbo: hacer posible la glorificación de Dios por los hombres y la reconciliación de los hombres por parte de Dios. De igual manera, el parlamento de los ángeles a la mujeres que fueron de madrugada a la tumba del Señor (¿Por qué buscáis entre los muertos al que está vivo? No está aquí: ha resucitado?) (Lc 24,5) da la explicación exacta del sepulcro vacío.

Si el ángel de Belén, por tanto, califica el Nacimiento de Jesús como «una gran alegría, que lo será para todo el pueblo», es que el Espíritu Santo quiere que entendamos en clave de gozo la Encarnación del Redentor.

Y así es en verdad.

¿Hay —o puede haber— para la Humanidad mayor motivo de gozo que saberse *visitada* por Dios hecho Hombre («Dios con nosotros»)? ¿Pudo jamás el hombre soñar con ver a Dios hecho uno de nosotros, y oírle y palparle y comer con El?

Cuando ya no quedaban apenas testigos presenciales del acontecimiento, ancianito y próximo a desaparecer, el Evangelista San Juan escribía a los fieles de Asia: «Lo que existía desde el principio, lo que hemos oído, lo que hemos visto con nuestros ojos, lo que contemplaron y palparon nuestras manos acerca de la Palabra de la Vida... lo que hemos visto y oído os lo anunciamos... para que vuestro gozo sea completo» (1 Jn 1,1-4).

Todos los días somos testigos de la ilusión con que hombres y mujeres se apiñan al paso de un «personaje» puramente humano (religioso, político, artista...) y comprobamos la felicidad que los inunda si consiguen un autógrafo, o salir juntos con él en una foto, o estrechar su mano.

Pues todo eso no tiene comparación con la suerte de los pastores de Belén que fueron los primeros —después de María y José— en ver de cerca a ¡Dios con nosotros!

Le sobraba razón al ángel para decir —y la expresión era pálido reflejo de la realidad— que les anunciaba *una gran alegría*.

No me lo ha dicho nadie. Pero estoy seguro de que, cuando vieron al Niño en brazos de su Madre, inventaron la invocación de la Letanía: ¡Causa de nuestra alegría, ruega por nosotros!

Y sé que se queda corto el Evangelista cuando refiere que «los pastores se volvieron glorificando y alabando a Dios por todo lo que habían oído y visto» (Lc 2,20).

Es lo que tendríamos que hacer nosotros, sabedores de lo que aquella Noche sucedió, y seguros como estamos de que el mismo Dios con nosotros sigue estando en nuestros Sagrarios, como entonces sobre las pajas, para alegría de los creyentes.

¿A qué se debe, Señor, que en el mundo todavía haya tantos agobiados de tristeza y desesperación, como si no hubiera habido Nochebuena?

Manda de nuevo a tu ángel para que anuncie a los hombres la gran alegría.

¿O es tu designio que hagamos de ángeles nosotros, los que creemos en Ti y nos hemos enterado?

Así hicieron los pastores: «Dieron a conocer lo que les habían dicho de aquel Niño» (Lc 2,17).

Hazme, Señor, como ellos y como el ángel, sembrador de alegría.

Abre, Señor mis labios.

Cura mi mudez... ¡y la sordera de los hombres!

CUESTIONARIO

— ¿Inunda mi alma el gozo de la presencia del Señor entre nosotros, o ando a caza de alegrías efímeras?

— ¿Me duele la tristeza desolada de los que no tienen fe?

— ¿Trato de contagiar la auténtica alegría del cristiano a los que ignoran los motivos de la misma?

40
«HEMOS VISTO SU ESTRELLA Y VENIMOS A ADORARLE» (Mt 2,2)

Estas palabras pone San Mateo en boca de los Magos de Oriente cuando llegan a Jerusalén.

Preguntan por el recién nacido Rey de los Judíos... «porque hemos visto —dicen— su estrella en Oriente, y venimos a adorarle». El Evangelista cuenta que así explicaron el origen de su viaje y el motivo de su presencia allí. Pero al final eso fue, poco más o menos, lo que le dijeron al Niño al que encontraron en brazos de su Madre: «Hemos visto Tu estrella, y hemos venido a adorarte».

Y es una bella oración.

Porque refleja el agradecimiento a la llamada de Dios, y formula con sencillez la oportuna respuesta del hombre. Y eso es oración: toda forma de conversación con Dios, en la cual El habla el primero y a nosotros toca responder.

«Hemos visto tu estrella» no es, en labios de los Magos, una expresión de vanidad farisaica que atribuya a méritos propios haber visto lo que otros no vieron.

Es fórmula de gratuidad al Señor que provocó en los cielos un fenómeno capaz de atraer su atención de astrólogos. El acento no está en el «hemos visto», sino en la Providencia amorosa de Dios que hizo brillar «su estrella». Sólo porque Dios la envió la hemos visto nosotros.

Tampoco hay en la oración de los Magos ningún juicio despectivo de los que no la vieron.

Contemplar el firmamento era su oficio de astrólogos.

Si Dios se hubiera anunciado por una piedra preciosa, brillante en el fondo de una mina, la habrían visto los mineros.

Si hubiera sido una señal en el fondo de los mares, la habrían visto los buzos.

Hay en la oración de los Magos mucho de agradecimiento por haber sido ellos, gratuitamente y sin mérito, los destinatarios del aviso.

La segunda parte de la oración es la obligada respuesta de los Magos al don de Dios: «Y venimos a adorarte.»

La adoración es la mejor forma de agradecimiento y la mejor respuesta del hombre a los beneficios de Dios. Sobre todo, cuando además comporta esfuerzo, sacrificio y entrega.

Como todas las oraciones del Evangelio, ésta de los Magos es breve. Resume en un sencillo «venimos» todo el ajetreo de un largo viaje, incómodo y a la ventura, desde el remoto Oriente hasta Jerusalén, sin contar con la posible rechifla de los vecinos y conocidos por lo que hubieron de considerar poco menos que una locura.

Quiero, Señor, como afortunado creyente, repetir la oración de los Magos.

Con ella te quiero decir: ¡Gracias por haberme llamado! No es mérito mío haber oído tu llamada; ha sido bondad tuya hacérmela oír.

Haz, Señor, que la oigan otros.

Que llegue también, Señor, a los mineros y a los buzos.

Por mi parte, con la ayuda de tu gracia, quiero, como los magos, recorrer el camino que me lleve hasta Ti, aunque lo haga largo mi pereza y mi desgana.

Te buscaré cada día hasta encontrarte en el Sagrario (nueva Belén = Casa del Pan).

Y, postrándome, Te adoraré, agradeciendo tu generosidad en hacerme ver la estrella.

Y Te ofreceré mis pobres presentes.

Y me volveré por otro camino; renovado y cambiado, tras el feliz encuentro.

CUESTIONARIO

— ¿Estimamos como gracia especial de Dios la llamada a la fe, y le pedimos al Señor que la haga extensiva a todos los hombres?

— ¿Es adecuada nuestra respuesta?

— ¿Con qué frecuencia adoramos al Señor en el Sacramento?

«SE VOLVIERON POR OTRO CAMINO»
(Mt 2,12)

Los Magos habían venido de Oriente a Jerusalén.
De Jerusalén a Belén habían caminado de Norte a Sur.
Y les había pedido Herodes que, una vez hallado el Niño, volvieran por Jerusalén para informarle. Pero ellos, cuando hubieron adorado al Niño, y después de obsequiarle con sus dones, «avisados en sueños que no regresaran donde Herodes, se *volvieron* a su tierra por otro camino».
No volvieron por Jerusalén.
Los Magos hicieron lo que tenían que hacer.

Pero la frase es absolutamente valedera en otra línea.
La venida de Cristo impone a los hombres cambiar de ruta.
La humanidad se había extraviado.
Los caminos, inventados por los hombres para ir a Dios, a pesar de la buena intención que presidió su ingeniería, se perdían en el páramo sin fin que nos separa del Infinito.
Y para colmo, el pecado conducía en dirección contraria a Dios.
El cristianismo es una invitación a dar marcha atrás.
Llama a la conversión, a la media vuelta.
—Ibais de espaldas a Dios. Volveos de cara a El. Enderezad el rumbo. Abandonad definitivamente los caminos seguidos hasta aquí.

Ese Niño, que acaba de nacer y ante el cual se han postrado los Magos, dirá de Sí mismo, cuando sea mayor, que El es el Camino (Jn 14,6).
Lo es porque *nos enseña el camino de Dios en verdad* (Mt 22,16) y *con autoridad* (Mt 7,29).
Lo es porque *con su ejemplo va delante*. Con sus pisadas abre vereda nueva. Nunca mejor dicho aquello del poeta: «Se hace camino al andar.» Por eso pudo decir: «Ejemplo os he dado: para que también vosotros hagáis lo que Yo he hecho con vosotros» (Jn 13,15). Y pudo atreverse a pedir que, «como Yo os he amado, así os améis también los unos a los otros» (Jn 3,34 y 15,12).

Lo es porque sólo El nos *proporciona provisiones para el viaje*. Hasta ahora el único camino por el que los hombres podían dirigirse a Dios eran los Mandamientos de su Ley. Pero la Ley, que enseñaba el camino, por sí sola no daba la gracia para andar por él. «La Ley fue dada por Moisés; la gracia y la verdad nos han llegado por Jesucristo» (Jn 1,17). Jesús no se contentó con ponernos en camino, sabía que, abandonados a nuestras fuerzas,

> «no podemos caminar
> con hambre bajo el sol».

Lo dijo expresamente antes de multiplicar los panes: «No quiero despedirlos en ayunas, no sea que desfallezcan en el camino» (Mt 15,32). Y se quedó en la Eucaristía como viático, no sólo para el último tramo, sino para todo el recorrido.

Lo es, sobre todo, en *Sí mismo*. Como Dios y Hombre a la vez, es obligado Puente que une las dos orillas. Lo dijo El: «Nadie va al Padre, sino por Mí» (Jn 14,16).

Verdaderamente hay «un camino nuevo y vivo inaugurado por El» como asegura el autor de la Carta a los Hebreos 10,20.

Después de la Nochebuena ya no valen las calzadas antiguas, hechas por la ingeniería de los hombres.

Y ya no necesitamos pedir a Dios como el salmista:

> «Enséñame tus caminos
> y muéstrame tus sendas» (Sal 25,4).

Se imagina uno a Isaías que, señalando los tiempos mesiánicos, oyó gritar:

> «Ese es el camino. Id por él» (Is 30,20).

Ante la cuna de este Niño, que ha nacido en Belén está el Kilómetro cero para el único Camino que lleva a Dios.

Aparcad, mortales, donde podáis vuestros presuntuosos medios de transporte.

Olvidad vuestros caminos extraviados.

No sigáis el itinerario que propuso Herodes.

Como los Magos, todos tenemos que volver por otro camino.

Y el Camino eres Tú, Señor Jesús.

CUESTIONARIO

— ¿Tengo claro que todo mi quehacer es seguir las pisadas de Jesús?
— ¿Son sus criterios la linterna que ilumina mis pisadas?
— ¿Le tengo, para todos los efectos, por mi único mediador ante el Padre?

CUARESMA

«*Naturalmente, estábamos
destinados a la reprobación
como los demás. Pero Dios,
rico en misericordia, por el
gran amor con que nos amó,
estando nosotros muertos por los
pecados, nos ha hecho vivir
con Cristo: Por pura gracia
estáis salvados*»
(Ef 2,3-5)

*Señor Jesucristo, que por
salvación de los hombres
extendiste tus brazos en la
Cruz: haz que todas nuestras
acciones te sean agradables
y sirvan para manifestar al
mundo tu redención.*

*Amo, Señor, tus sendas, y me es suave la carga
—la llevaron tus hombros— que en mis hombros pusiste;
pero a veces encuentro que la jornada es larga,
que el cielo ante mis ojos de tinieblas se viste,
que el agua del camino es amarga... es amarga,
que se enfría este ardiente corazón que me diste;
y una sombría y honda desolación me embarga,
y siento el alma triste hasta la muerte triste...
El Espíritu débil y la carne cobarde,
lo mismo que el cansado labriego, por la tarde,
de la dura fatiga quisiera reposar...
Mas entonces me miras... y se llena de estrellas,
Señor, la oscura noche; y detrás de tus huellas,
con la cruz que llevaste, me es dulce caminar.*

(Liturgia de las Horas: Himno de vísperas
del miércoles en el Primer Salterio)

42

«NO SE HAGA MI VOLUNTAD, SINO LA TUYA» (Mt 26,39; Mc 14,36; Lc 22,42)

Cada año, en la Semana Santa, la Liturgia nos hace conmemorar, con el aniversario de la Muerte y Resurrección de Jesús, el acontecimiento central en la Historia de nuestra Salvación. El acto redentor ha sido la obediencia de Jesús hasta la muerte (Fil 2,8) que le hizo acreedor al «Nombre sobre todo nombre» con que hoy es aclamado en el cielo, y nos devolvió a nosotros la vida eterna que la desobediencia de Adán nos había hecho perder: «Como por la desobediencia de un sólo hombre todos fueron constituidos pecadores, por la obediencia de uno solo todos serán constituidos justos» (Rom 5,19).

Esta gran lección, que la Liturgia de la Pasión y de Pascua nos recuerda repetidas veces, se condensa en la oración que Jesús pronunció en el Huerto de Getsemaní la noche del Prendimiento: «¡Padre! Si es posible, pase de Mí este cáliz; pero no se haga mi voluntad, sino la tuya.»

El relato de los Evangelistas presenta la oración de Jesús como ejemplar acabado de las cuatro condiciones que ha de tener toda buena oración: atención, humildad, confianza y perseverancia.

Aunque la angustia de la hora le hacía necesitar como nunca la compañía de sus amigos, Jesús se fue arrancando paso a paso de ellos —primero, de los ocho a la entrada del Huerto; luego de los tres más íntimos de los que se apartó «como un tiro de piedra»— hasta quedar *solo y sin distracciones* ante el Padre. La *humildad,* que va a expresarse en la fórmula de su oración resignada, se manifiesta ya en su postura de orante: de rodillas y postrado rostro en tierra. *Confianza* rezuma la invocación —¡Padre!— con que su Humanidad doliente se dirige a Dios en el momento en que la Justicia Divina va a descargar sobre El los azotes que merecieron nuestros pecados. Y la *perseverancia* se manifiesta en la prolongada y reiterada oración «repitiendo —según los Evangelistas— las mismas palabras».

El contenido de la oración de Jesús en el Huerto, unido a las palabras con que suplica la compañía de los suyos en aquel trance, muestra, en primer lugar, su repugnancia natural ante el sufrimiento y la muerte: «Si es posible, pase de Mí este cáliz.»

¡Gracias, Señor! Porque esa tu confesada repugnancia es un consuelo para nosotros, que tantas veces la experimentamos. Ante cualquier sufrimiento, aflora en nuestros labios la petición: Pase de mí este cáliz. Ahora ya sabemos que eso no es pecado, porque pasó por ello el que no puede pecar.

Pero, junto con la repulsa instintiva del sufrimiento, Jesús nos enseña con esta oración la conformidad más absoluta con el Divino Querer: «No se haga mi voluntad, sino la tuya» (Lc 22,42). «No sea como Yo quiero, sino como Tú» (Mt 26,39). «No lo que Yo quiero, sino lo que Tú» (Mc 14,36). «Si esto no puede pasar sin que yo lo beba, hágase tu voluntad» (Mt 26,42).

Si en lo primero coincidimos con El, en lo segundo la mayoría de las veces discrepamos.

Y es preciso coincidir.

¡Gracias, Señor, por haber querido hacerte «en todo semejante a nosotros, menos en el pecado»! (Heb 4,15). Haz que, a pesar de nuestra condición de pecadores, como nos parecemos en el rechazo instintivo de sufrimiento, nos parezcamos en todo lo demás. En eso se conocerá que somos hermanos tuyos.

Haznos sentir, como Tú lo sentías, el amor del Padre aun en medio de los sufrimientos que por nuestro bien permite.

Y haz que nuestra oración se parezca a la tuya.

CUESTIONARIO

— ¿Hemos caído en la cuenta de que la gran lección de Jesús a los redimidos es la de la obligada obediencia al Divino Querer?

— ¿En qué medida nuestras repugnancias nos impiden aceptar la voluntad de Dios?

— ¿Por qué no repetimos a menudo —¡entera!— la oración de Jesús en el Huerto?

43

«TEN PACIENCIA CONMIGO, QUE TODO TE LO PAGARE» (Mt 18,26)

Así rogaba el pobre siervo entrampado al Amo compasivo, y aquel otro esclavo deudor al consiervo inmisericorde en la parábola del siervo sin entrañas que nos ha conservado San Mateo (18,23-35).

No hace falta ser un exegeta de nota para saber que en el siervo entrampado podemos y debemos vernos representados cada uno de nosotros. Y sin perjuicio de sentirnos obligados —como enseña la parábola— a perdonar a nuestros pequeños deudores como el Señor perdona nuestra inmensa deuda, bien está que meditemos sobe el tenor de la plegaria con que pedimos a Dios la condonación de nuestro débito.

—«Ten paciencia conmigo, que todo te lo pagaré.»

Aparentemente es una pretensión fantástica. Porque, ¿quién puede pagar a Dios la inmensa deuda que con El tenemos?

Pero no es del todo un disparate: la imposible promesa formulada en ese ruego responde —así hay que suponerlo— al sincero propósito de reparación por nuestra parte. No es lo mismo el insolvente que el tramposo; este último pretende no reconocer su deuda y, en consecuencia, no se esfuerza por saldarla. Nosotros nos reconocemos deudores, sabemos que somos insolventes; pero nos esforzamos por aminorar, con nuestro agradecimiento y nuestros servicios, la cuantía de la deuda.

Así debe ser.

Y así tiene que ser para que tenga sentido nuestra petición de indulto.

Pero hay más.

En verdad puedo comprometerme a saldar toda mi deuda, por inmensa que ella sea —y lo es mucho—, porque hay alguien, infinitamente rico, dispuesto a pagar por mí; mejor, que ya ha pagado por mí.

Eso significa tener a Cristo por Redentor.

Este título equivale a la figura jurídica viejotestamentaria del «goel», una de cuyas funciones era rescatar al pariente que por deudas o por otro motivo hubiera caído en esclavitud, y se viera imposibilitado de ganar lo necesario para el rescate.

Cristo pagó ya por todos nosotros el precio infinito de su Sangre.

Puedo, por tanto, decir con plena confianza al Padre:

—¡Ten paciencia conmigo, que todo te lo pagaré!

Lo que ocurre es que esa cancelación que Jesús hizo de mi anterior endeudamiento aumenta en mí la deuda de gratitud hacia El.

¡Siempre deudor y siempre insolvente!

Ten paciencia conmigo.

Y aunque no te pueda pagar nunca ni en metálico ni en especie, voy a tratar al menos de pagarte con amor.

Esa es mi pobre y única moneda.

Es la única que tengo.

Y es la que vale.

Porque... ¡amor con amor se paga!

CUESTIONARIO

— Ya que somos insolventes ante Dios, ¿tratamos, al menos, de no ser tramposos?

— ¿Sabemos calibrar y agradecer la deuda inmensa que el Señor pagó por nosotros?

— ¿Perdonamos a los demás, sabiendo que es condición indispensable para que Dios nos perdone?

44
«ANUNCIAMOS TU MUERTE, PROCLAMAMOS TU RESURRECCION»

Con estas palabras aclamamos la presencia salvadora de Cristo en la Eucaristía.

Proclamamos que la salvación del mundo vino por la Muerte y la Resurrección de Jesús.

Y como quiera que evangelizar es anunciar y llevar al mundo la salvación obtenida por Cristo para todos, la Eucaristía es la suma y compendio de la Evangelización. Lo es porque anuncia al auténtico Salvador, y a la vez hace llegar a los hombres el acto mismo de la salvación.

Jesús, al instituir la Eucaristía la víspera de su Pasión y Muerte, quiso que la celebráramos siempre *en memoria suya*. Y por eso pudo escribir San Pablo a los Corintios: «Cada vez que coméis este Pan y bebéis este Cáliz, *anunciáis la Muerte del Señor* hasta que vuelva» (1 Cor 11,26).

La presencia sobre el altar del Cuerpo y la Sangre de Jesús Resucitado, que la muerte en la cruz separó como ritualmente «aparecen» en las palabras de la Consagración («Este es mi Cuerpo *entregado*»... «Esta es mi Sangre *derramada*»), constituye un anuncio múltiple y sacramental (que produce realmente lo que anuncia).

—Nos recuerda la causa frontal de nuestra salvación: Su Muerte y Resurrección redentoras. La famosa expresión de San Pablo en Rom 4,25 («fue entregado por nuestros pecados y fue resucitado para nuestra justificación») significa que murió y resucitó —acto único salvífico— para librarnos del pecado y hacernos nacer de nuevo a la vida de la gracia, dos efectos inseparables del mismo acto salvador.

—Es, por tanto, una invitación que se nos hace de asimilarnos a la Muerte y Resurrección de Cristo, tratando de *morir* al pecado y *vivir* la vida divina por la gracia.

—Y es un anuncio gozoso y prenda segura de que nuestra muerte será el paso a la resurrección. Incorporados a Cristo por el Bautismo, e identificados con él por la Comunión, estamos llamados a compartir su Muerte y Resurrección. Es lo que pedimos confiadamente por los difuntos en la celebración eucarística: «Concédelos que, así como han compartido ya la muerte de Jesucristo, compartan también con El la gloria de la Resurrección.»

Todo esto anuncia y enseña la Eucaristía que diariamente celebramos.

Pero la Eucaristía, aparte de ser memoria y anuncio, es sacramento que produce realmente lo que anuncia: Remisión de los pecados, vida divina participada, resurrección gloriosa.

En la consagración del vino se recuerda que la Sangre de Cristo derramada produce el *perdón de los pecados*. Y en el discurso de Cafarnaúm Jesús aseguró. «Lo mismo que el Padre, que vive, me ha enviado y Yo vivo por el Padre, también el que me coma *vivirá por Mí*» (Jn 6,57). Y afirmó rotundamente: «El que come mi Carne y bebe mi Sangre tiene vida eterna, y *Yo le resucitaré* en el último día» (Jn 6,54).

Es, por tanto, evidente que la Eucaristía es el culmen de toda Evangelización.

De la misma manera que los misioneros la llevan e instalan en los países que pretenden evangelizar como punto de arranque y meta de sus afanes apostólicos, debemos nosotros tomar conciencia de que, para ser sujetos pasivos y activos de la nueva evangelización, tan necesaria hoy en los países ya cristianos, hemos de promover en nosotros y en los demás una vivencia cada vez más profunda y operante de la celebración eucarística.

Que no sea una simple frase ritual, sino formulación de urgente compromiso vital, nuestra aclamación a la presencia real de Cristo en cada Misa: ¡Aclamamos tu Muerte, proclamamos tu Resurrección. Ven, Señor Jesús!

CUESTIONARIO

— ¿He tomado conciencia de que la vivencia eucarística es parte importantísima en la nueva evangelización?

— ¿Procuro aumentarla y mejorar en mí?

— ¿Qué hago y qué estoy dispuesto a hacer para promoverla en los demás?

45

«SANGRE DE LA NUEVA Y ETERNA ALIANZA»

Dios ha querido —¡maravillosa dignación la suya!— que sus relaciones con los hombres se plasmen, tanto en el Antiguo Testamento como el Nuevo, en forma de amistosa Alianza.

Como la Antigua en el Sinaí fue sancionada con la sangre de los sacrificios de novillos, derramada por Moisés sobre el altar y el pueblo a la vez, mientras decía: «Esta es la sangre de la Alianza que Yahvé ha hecho con vosotros» (Ex 24,8), de igual manera Jesús declara, al instituir la Eucaristía, que su Sangre sanciona la nueva y eterna Alianza de Dios con todos los hombres.

Pero la diferencia es abismal.

Aquella sangre era un simple rito simbólico. Esta, en cambio, es eficiente: Hace posible, por la reconciliación con Dios, la nueva Alianza, y la realiza, por la comunión, estableciendo la inefable e impensable unión física entre Dios y el pobre hombre pecador, que sabemos tiene lugar cuando comulgamos.

¡Atención al papel singularísimo que en este plano corresponde a María!

Esa Sangre, que posibilita y sanciona la Alianza Nueva, quiso Dios que su Hijo la tomara de María. «Nacerá de ti» —le anunció el Angel—. Y de Ella nacieron el Cuerpo y la Sangre que recibimos en la Comunión.

Más aún. En el seno de María tuvo comienzo y quedó definitivamente establecida y operante en favor de la humanidad esa Alianza nueva, que, sancionada más tarde por la Sangre de Jesús, había de sustituir a la insuficiente Alianza Antigua.

En las entrañas purísimas de la Virgen proclamó Jesús esta feliz sustitución. Escribe el autor de la Carta a los Hebreos: 10,4-7: «Es imposible que sangre de toros y machos cabríos borre pecados.

Por eso, al entrar en este mundo —es decir, al ser concebido en el seno de María— (Jesús) dice:

> Sacrificio y oblaciones no quisiste;
> pero me has formado un cuerpo.

> Holocaustos y sacrificios por el pecado no te agradaron.
> Entonces dije: He aquí que vengo
> —pues de Mí está escrito en el rollo del libro—
> a hacer, oh Dios, tu voluntad.»

Las palabras que el autor pone en boca de Jesús, tomadas del Salmo 40,7-9 según se leía en la versión griega, subrayan el papel de Jesús como Iniciador, Mediador y Fiador de la Nueva Alianza, y como modelo ejemplar de la parte que a los hombres corresponde en ella: el cumplimiento exacto de la voluntad divina. Por ello dirá San Pablo en la Carta a los Romanos: «Como por la desobediencia de un sólo hombre todos fueron constituidos pecadores, así también por la obediencia de uno solo todos serán constituidos justos» (Rom 5,19).

Si la respuesta humana a esta Nueva Alianza ofrecida por Dios ha de ser, a imitación de Cristo, la aceptación agradecida y sumisa de la voluntad divina, María resulta reflejo fiel de Jesús y, por ello, para nosotros modelo a nivel exclusivamente humano y consiguientemente más cercana que Jesús a nosotros.

Toda su vida se encierra en aquella frase con que respondió al anuncio del Angel: «Aquí está la esclava del Señor. Hágase en mí según tu palabra» (Lc 1,38). Toda su vida fue un «Sí» a la voluntad de Dios, no siempre agradable y dulce como en el momento de la Anunciación, sino a menudo desagradable, dura y áspera: Un «Sí» que se abandona permisivamente (¡hágase!) al Divino Querer.

Y ése fue su mensaje verbal.

Sorprende que la única frase de María, dirigida a puros hombres, que el Espíritu Santo quiso dejar consignada en los Evangelios —las demás van dirigidas a Dios, a Jesús o al Arcángel S. Gabriel— fuera la que dijo a los criados de las bodas de Caná señalando a Jesús.

—¡Haced lo que El os diga!

Apretado y exhaustivo programa.

Repítenoslo, Madre, a menudo.

Solo cumpliendo ese amoroso encargo haremos nuestros los bienes que la Nueva Alianza, merecida y sellada por la Sangre de Jesús, nos ofrece.

CUESTIONARIO

— ¿Vivimos gozosos de saber que Dios, a través de la Sangre de Cristo, ha sellado una Alianza de amistad con los hombres?

— ¿Cómo realizamos nuestra obligada respuesta de aceptación amorosa del Divino Querer, aunque nos cueste?

— ¿Cumplimos espiritualmente el encargo de María a los criados de las bodas de Caná: ¡Haced lo que El os diga!?

46

«¡COMO LE QUERIA!»
(Jn 11,36)

Recordemos el capítulo 11 del Evangelio de San Juan. Cuando Lázaro de Betania enfermó de gravedad, sus hermanas Marta y María enviaron recado a Jesús, que se encontraba al otro lado del Jordán, en el lugar donde Juan había estado antes bautizando:
—Señor, el que amas está enfermo.
Y se quedó allí dos días, hasta que Lázaro murió. Luego dijo a sus discípulos:
—Lázaro ha muerto. Y me alegro por vosotros de no haber estado allí, para que creáis.
Llegó, por fin, a Betania cuando Lázaro llevaba ya cuatro días enterrado. Al encontrarse con María, «viéndola llorar Jesús, y que también lloraban los judíos que la acompañaban, se conmovió interiormente, se turbó, y dijo:
—¿Dónde lo habéis puesto?
Le responden:
—Señor, ven y lo verás.
Jesús se echó a llorar.
Los judíos entonces decían:
—¡Cómo le quería!»

El caso es que esta vez los judíos tenían razón.
Esas lágrimas de Jesús ante la tumba de Lázaro evidencian lo mucho que le quería.
Y si esto es cierto, como lo es, yo no le tengo envidia a Lázaro. Lo mío es más.
Si llorar por la muerte de un amigo, a quien seguidamente iba a resucitar, es una prueba evidente del cariño que Jesús le tenía, ¿qué debo pensar yo cuando sé y puedo asegurar con San Pablo que el Señor no se limitó a llorar mi desgracia, sino que «me amó y se entregó a la muerte por mí»? (Gal 2,20).
No fueron lágrimas lo que derramó por mí, sino su sangre.
Y lo hizo para hacerme «pasar de la muerte a la vida» (Jn 5,24): y no a esta vida de aquí, para morir otra vez como ocurrió a Lázaro, sino a la vida inmortal y eterna.

Me imagino a los ángeles cuando le vieran morir por nosotros en la cruz.

Forzosamente pensaron:

—¡Cómo los quiere!

—¿Verdad que sí?

—Llorar no cuesta mucho. Morir por otro, sí. Y eso fue, Señor, lo que hiciste por mí.

Tu mismo lo dijiste:

—Nadie tiene mayor amor que el que da la vida por sus amigos (Jn 15,13).

Y Lázaro lo era: pero nosotros, no. ¡Yo no!

Lo tengo tan claro como tu Apóstol Pablo cuando escribía: «En verdad, apenas habrá quien muera por un justo —por un hombre de bien tal vez se atreviera alguno a morir— más la prueba de que Dios nos quiere es que Cristo, siendo nosotros todavía pecadores, murió por nosotros» (Rom 5,7ss).

Y tan claro como tu Discípulo predilecto: ««En esto consiste el amor: no en que nosotros hayamos amado a Dios, sino en que El nos amó y nos envió a su Hijo, como propiciación por nuestros pecados» (1 Jn 4,10). «Tanto amó Dios al mundo que le dio a su Hijo único» (Jn 3,16).

Cosa muy de agradecer —pondera Fray Luis de Granada— es que un señor perdone a su esclavo los azotes o la muerte que por su mal comportamiento hubiese merecido; pero es cosa nunca vista ni oída que, para bien del esclavo, haga sufrir la pena a su propio hijo. Y es lo que Dios ha hecho: «A su propio Hijo no perdonó, sino que lo entregó a la muerte por nosotros» (Rom 8,32).

¡Cómo nos quería! ¡Cómo nos quiere!

¡Cómo me quiere!

Razón tiene San Juan Evangelista para escribir:

—«Nosotros amemos, porque El nos amó primero» (1 Jn 4,19).

¡Amén! Y ¡gracias, Señor, muchas gracias!

CUESTIONARIO

— ¿Trato de profundizar en las pruebas de amor que el Señor me ha dado y me da?
— ¿Se lo agradezco debidamente?
— ¿Qué tendría yo que hacer, para que los que me vieran se sintieran obligados a decir: ¡Cómo le quiere al Señor!?

LAS SIETE PALABRAS

*Señor Jesucristo, que,
colgado en la cruz, diste
al ladrón arrepentido el
reino eterno: míranos a
nosotros, que, como él,
confesamos nuestras culpas,
y concédenos poder entrar
también, como él, después
de la muerte, en el paraíso.*

   (Liturgia de las Horas:
   Oración de Nona
   del viernes del Primer Salterio)

*Habladme, dulce Jesús,
antes que la lengua os falte:
no os desciendan de la Cruz
sin hablarme y perdonarme.*

   (Lope de Vega: A Cristo en la Cruz)

*Oye, Pastor, que por amores mueres,
no te espante el rigor de mis pecados,
pues tan amigo de rendidos eres.*

*Espera, pues, y escucha mis cuidados.
Pero, ¿cómo te digo que me esperes,
si estás, para esperar, los pies clavados?*

   (Lope de Vega)

«PADRE, PERDONALOS; QUE NO SABEN LO QUE HACEN» (Lc 23,34)

Le han quitado sus vestiduras, le han clavado al madero pies y manos, y le han levantado a la vista de sus enemigos, que, como fieras, rugen complacidos por el triunfo sobre El:
—«Tú, que destruías el Templo y en tres días lo levantabas: ¡Sálvate a ti mismo, si eres Hijo de Dios, y baja de la Cruz!» (Mt 27,40).
Da miedo pensar en ese desafío de los hombres a su Dios.
—«¿Piensas que no puedo Yo rogar a mi Padre —le decía ayer Jesús a Pedro— y al punto pondría a mi disposición más de doce legiones de ángeles?» (Mt 26,53).
El cielo se está oscureciendo negramente, con amenaza de tormenta... Y se abren los labios de Jesús...
¿Qué va a decir? ¿Qué va a pasar?
—¡Padre! perdónalos; que no saben lo que hacen.
¿Qué es lo que dices, Señor? ¿Que no saben lo que hacen?
¿No lo saben *los sanhedritas*, que han confesado: «Este hombre hace muchas señales; si le dejamos que siga así, todos creerán en él» (Jn 11,47ss).
¿No lo sabe *Caifás* que ha sentenciado: «Es mejor que muera uno solo y no que perezca toda una nación» (Jn 11,50).
¿No lo sabe *Pilatos* que ha reconocido hasta siete veces no encontrar el El cosa digna de muerte, y que, por fin, cobardemente se ha lavado las manos, y lo ha entregado diciendo: «Yo soy inocente de la sangre de este justo» (Mt 27,24).
¿No lo sabe *Judas* que acaba de suicidarse tras reconocer que «ha pecado entregando sangre inocente» (Mt 27,3).
¿No lo saben *los sacerdotes* que le han contestado: «Y a nosotros ¿qué? ¡Allá tú!» (Mt 27,4).
¿No lo saben *las turbas* que han gritado insolentes: «Caiga su sangre sobre nosotros y sobre nuestros hijos» (Mt 27,25).
¿No lo saben o sabemos todos los que —a sabiendas— pecan o pecamos...?
Pero debe ser así.

Tú no estás en la Cruz para hacer frases bonitas con destino a los que coleccionan dichos célebres.
Tú eres la Verdad Infinita.
¡Debe ser así!
Los hombres no sabemos lo que hacemos cuando pecamos.
Somos unos suicidas locos.
A Dios no le roza siquiera nuestra ofensa.
El único mal que hacemos es nuestro propio daño.

No nos cuesta trabajo aceptar esto. Coincidimos contigo en la facilidad para disculparnos. ¡Ojalá coincidiéramos así en todo lo demás!

Por ejemplo, en pensar eso mismo cuando nos ofende un hermano.

Porque tampoco él sabe lo que hace.

Pero, no. Entonces ya no coincidimos. Tenemos dos medidas: una chiquita, para medir nuestras ofensas a Dios de quien esperamos *siempre* que nos perdone *pronto;* y otra —más grande, casi infinita— para ponderar la injuria que a nosotros nos hace un hermano y que *tarde o nunca* estamos dispuestos a perdonar.

Señor, tu primera palabra desde la Cruz debe alentar mi confianza absoluta en tu generoso perdón; pero tiene que obligarme a perdonar a mis hermanos con la misma indulgencia y comprensión con que Tú me perdonas a mí.

Y debe hacerme inexcusable.

Porque Tú me has enseñado lo que debo hacer.

Y no te va a hacer caso el Padre cuando digas de mí que no sé lo que hago.

Los que sabemos que viniste del Padre no podemos hacer lo que se hacía antes de venir Tú.

Unamuno lo vio:

> «Perdónalos, Señor, son ignorantes
> de lo que haciendo están»: y en Ti fiados,
> siguen haciendo lo que hacían antes
> de Tú venir, y se hacen desgraciados.

¡Que nos haga cambiar, Señor, tu muerte y tu indulgencia!

CUESTIONARIO

— ¿Agradezco al Señor la indulgencia y compresión con que excusa mis pecados?

— ¿Soy comprensivo e indulgente con la ignorancia de los que pecan o —juez severo— les recrimino acentuando su culpabilidad?

— ¿Empleo con los que me ofenden la medida que Dios emplea conmigo cuando me perdona?

«HOY ESTARAS CONMIGO EN EL PARAISO»
(Lc 23,43)

A los ojos de la carne, y de tejas abajo, la Crucifixión de Cristo parece un juego macabro de despropósitos.

Ese hombre que pende del madero del centro, flanqueado por otros dos desconocidos malhechores, y cuya silueta se recorta sobre el ocre mugriento de la vieja muralla de Jerusalén, no ha hecho a nadie mal alguno, «ha pasado por la vida haciendo el bien» (Hch 10,38). Es el Inocente más inocente, y, condenado por la autoridad legítima, está padeciendo el suplicio más humillante, que en su tiempo era la crucifixión.

Se ha declarado Hijo de Dios ante el Sanedrín y Rey ante Pilatos, y a sus pies sus enemigos se están mofando cruelmente de su «pretendida» filiación divina, mientras sobre su cruz hay un letrero infame que ridiculiza su condición de Rey.

A la cobardía, deserción, injusta condena y odio implacable de unos y otros acaba de responder sobrecogedoramente pidiendo desde la cruz: ¡Padre! perdónalos, porque no saben lo que hacen.

Los que algún día pensaron que podía ser el Rey mesiánico esperado se debaten entre la desilusión y el desconcierto de su condena y próxima muerte. Pero hay un loco —al menos, loco parece— que desde la cruz de al lado, tras haber maldecido con su otro compañero el adelanto de su muerte por culpa del rabí galileo, de pronto grita:

—Jesús, acuérdate de mí cuando vengas con tu Reino.

¿Habéis oído alguna vez un despropósito mayor que esta frase pronunciada por un sujeto de tal catadura y en tales circunstancias? ¿Cómo se puede creer en un Rey Mesías y en la instauración de su Reino cuando se lo ve pendiente de una cruz, como un vulgar malhechor?, y a punto de morir desangrado y asfixiado?

Pero mucho más chocante es la respuesta.

Jesús, jadeante, le contesta:

—Yo te lo aseguro. Hoy estarás conmigo en el Paraíso.

El solo hecho de que un loco tenga por Rey Mesías a un pobre ajusticiado no es motivo para que éste se lo crea, y juegue a hacer de tal en tales circunstancias.

Jesús no está para juegos. Y sin embargo, contesta con aplomo:

—Ten la seguridad de que hoy estarás conmigo en el Paraíso.

No tendrás que esperar la manifestación aparatosa de mi Reino. Hoy, dentro de unas horas o de unos minutos, aquí mismo, sin necesidad de largo viaje, sin pasar por el purgatorio, tras esa tenue pared que forma el aire, estarás conmigo en el Paraíso.

¿No estarán locos más bien los que tienen por loco al Buen Ladrón?

La historia se repite, Señor.

Abundan los que no creen en tu Reino, y te tienen por un pobre fracasado.

Pero quedan todavía, y los habrá siempre —¡milagro de tu gracia!— quienes creen en Ti y esperan ver tu Reino.

Todos los hombres, la Humanidad entera, estamos representados en esa triple cruz del Gólgota. Todos junto a Ti, condenados, como Tú, a los sufrimientos y a la muerte. Hay quienes tienen la desgracia, como el mal ladrón, de no ver en Ti a su Rey Salvador. Y hay quienes —¡por milagro de tu gracia! quiero repetir— se reconocen merecedores de lo que Tú, sin merecerlo, pasaste por nosotros, y te piden humildemente un rinconcito en tu Reino. Y a cada uno de estos Tú les repites:

—Hoy estarás conmigo en el Paraíso.

Quiero, Señor, que al momento de mi muerte, alguno de los que piadosamente me acompañen, al sugerirme jaculatorias, me recuerde ésta del Buen Ladrón:

—Jesús, acuérdate de mí ahora que estás en tu Reino.

Para oír de tus labios la respuesta:

—Ten la seguridad de que hoy estarás conmigo en el Paraíso.

No me importa que el demonio, empleando los versos de Lope de Vega, grite:

> Angeles, que estáis de guardia
> a los presidios eternos:
> ¡al arma! ¡al arma! ¡a la puerta!
> que quieren robar el cielo.

Me acordaré de Ti, clavado en la Cruz, y me consolaré pensando:

> Si Cristo Santo es la puerta,
> ya se le rompen tres hierros,
> cuyas llaves sangre baña
> porque den vuelta más presto.

Y oiré que, sin estridencias, giran los goznes, y la puerta se abre de par en par.

CUESTIONARIO

— ¿Me siento identificado con el Buen Ladrón al reconocer en Jesús Crucificado al Rey de Reyes y Señor de los que dominan?

— ¿Siento, al ver sufrir por mí al Inocente, que mis sufrimientos son bien merecidos?

— ¿Confío en que, a pesar de todo, no me va a negar un rincón en su Reino?

«ESTABA, JUNTO A LA CRUZ DE JESUS, SU MADRE» (Jn 19,25)

María no acompañó a Jesús durante su vida pública en los momentos de triunfo.

No estaba con El cuando su maravillosa predicación arrancaba aplausos y felicitaciones de los oyentes, cuando las gentes gritaban: «Jamás se vio cosa igual en Israel» (Mt 9,33); cuando los mismos esbirros de sus enemigos tuvieron que reconocer; «Jamás un hombre ha hablado como habla ese hombre» (Jn 7,46); cuando, incluso un escriba fariseo hubo de decir: «Maestro has hablado bien» (Lc 20,39).

No estaba con El cuando aquella mujer de la turba le lanzó el piropo aquel que tan de cerca le afectaba a Ella: «Dichoso el vientre que Te llevó y los pechos que Te amamantaron» (Lc 11,27).

No estaba con El en la apoteosis triunfal del Domingo de Ramos cuando el gentío lo aclamaba: ¡Hosanna al Hijo de David! ¡Bendito el que viene en nombre del Señor! ¡Hosanna en las alturas! (Mt 21,89).

Pero esta tarde en el Calvario aquí está Ella.

Cuando han desaparecido como por ensalmo las turbas que lo aclamaban, si es que no están ahora entre los que vociferan contra El; cuando se han escondido atemorizados sus discípulos más íntimos, que soñaban con los primeros puestos en su Reino; cuando nadie pretende hacerle Rey, sino que lo están crucificando bajo el pretexto de que lo había intentado, y así lo indica en señal de mofa el título que han puesto sobre la cruz; cuando no se oyen piropos a su Madre, sino horribles y soeces insultos que salpican su honra; cuando no tiene siquiera el consuelo de poderle ayudar a cubrir sus desnudeces, a mitigar sus dolores, ni a apagar su sed...

Aquí está Ella, dolorosa y en pie.

> Se ha abierto paso en las filas
> una doliente Mujer.
> Tu Madre Te quiere ver
> retratado en sus pupilas.
> Lento, tu mirar destilas,
> y le hablas y la consuelas.
> ¡Cómo se rasgan las telas
> de ese doble corazón!
> ¡Quién medirá la pasión
> de esas dos almas gemelas!
>
> ¿Cuándo en el mundo se ha visto
> tal escena de agonía?
> Cristo llora por María,
> María llora por Cristo.
> ¿Y yo, firme, lo resisto?
> ¿Mi alma ha de quedar ajena?
> ¡Nazareno! ¡Nazarena!
> Dadme siquiera una poca
> de esa doble pena loca,
> que quiero penar mi pena.
>
> *(Gerardo Diego:* Via Crucis)

Se encontraron en la Calle Amarga.

Así lo quiso Dios, y así lo quiso Ella.

Como si tuviera que alentarle con su presencia al sacrificio redentor.

Así lo vio y cantó el Patriarca Eijo y Garay:

> Flaquea de Jesús la reciedumbre,
> suda sangre en el Huerto, y Dios envía
> un ángel que lo aliente en su agonía
> hasta llegar del Gólgota a la cumbre.
>
> Más luego de su Cruz la reciedumbre
> postrólo en tierra y ni seguir podía;
> ya un ángel no bastaba, y fue María
> a erguirlo de sus ojos con la lumbre.

Clávanse ambos un mirar profundo;
el de Ella dice: «El mundo aguarda, Hijo,
tu sacrificio en bienes tan fecundo.»

Y recobró vigor el moribundo.
La besó con sus ojos, y le dijo:
«Sí, Madre, llegaré: ¡salvaré al mundo!»

Jesús quiso tenerla junto a Sí como Segunda Eva para que fuera con El Corredentora.

Y quiere que nosotros, asiduos compañeros de sus triunfos, participemos también de sus sufrimientos en el honroso cometido de colaborar con El a la salvación del mundo.

Sólo así participaremos, como Ella, en las alegrías eternas de la Resurrección.

CUESTIONARIO

— ¿Somos compañeros de Jesús sólo el domingo de Ramos, o también el Viernes Santo?
— ¿Pensamos en nuestra dimensión de «corredentores»?
— ¿Estamos seguros de que sólo si con El sufrimos, reinaremos con El?

50
«MUJER, AHI TIENES A TU HIJO»
(Jn 19,26)

Jesús en la cruz está obsesionado por la suerte de los «suyos», los «que el Padre le había dado» (Jn 17), sus actuales discípulos y «los que por medio de su palabra habían de creer en El» (Jn 17,20).

Como en la Oración Sacerdotal de la Ultima Cena, sigue pensando que «ninguno se ha perdido salvo el hijo de perdición» (Jn 17,12). Pero en aquel momento, cobardemente ausentes unos, y todavía no existentes los más, sólo tiene a la vista a Juan. Es el único allí presente entre sus innumerables discípulos actuales y futuros.

Y señalándolo —es decir, señalándonos— a todos en él, dice a su Madre:

—Mujer, ahí tienes a tu hijo.

Que es como si dijera:

—Son mis hermanos. El Padre «les concede, a cambio de creer en Mí, la posibilidad de ser hijos suyos» (Jn 1,12) por adopción, como Yo lo soy por naturaleza. «Cuando Yo estaba entre ellos, Yo los cuidaba» (Jn 17,12) como Hermano Mayor, «Primogénito entre muchos hermanos» (Col 1,18). Pero ahora que me voy, cuida de ellos Tú.

Jesús no llama a María por su nombre, ni le da el dulce título de Madre.

La llama simplemente «Mujer», quizá para recalcar su papel de Segunda Eva. Porque «mujer» —simplemente mujer, todavía no madre— era Eva al momento de pecar. Sólo después fue la Madre de todos los vivientes» (Gen 3,20). Y «Mujer» —simplemente mujer— llama Jesús a María, la Segunda Eva, momentos antes de convertirla en Madre de todos los engendrados a la vida divina.

¡La Madre de Dios es mi madre!

La madre física de Jesús, la madre biológica del Hijo de Dios hecho Hombre, es la madre mística de los que, incorporados a Cristo por el Bautismo, formamos un Cuerpo Místico en El y con El. Místico no quiere decir metafórico, sino misterioso: algo real, aunque solo perceptible con los ojos de la fe. La Madre real de la Cabeza es madre real de Cristo en su totalidad. ¡Madre de la Iglesia!

Decir que María es mi madre no es una frase bonita. Es una hermosísima realidad.

María, como nueva Eva, es la madre de los nuevos vivientes a los que la unión con Jesús Cabeza ha hecho miembros de su Cuerpo, participantes reales de su vida divina.

Ahora, Madre, no puedes guardarnos rencor.

Tenemos conciencia de haber sido, con nuestros pecados, los verdaderos asesinos de tu Hijo, que está muriendo en la Cruz.

Pero las madres no guardan rencor, y Jesús acaba de decirte que somos tus hijos.

Pídele a Dios por nosotros.

Cuando Absalón dio muerte a su hermano Admón, y David, padre de ambos, quería vengar la muerte del segundo castigando al primero, una mujer de Tecoa se presentó al Rey simulando una desgracia personal: «Tu sierva —le dijo— tenía dos hijos. Se pelearon en el campo, donde nadie los podía separar, y el uno mató al otro. Y ahora tu justicia me quiere matar al hijo que me queda.» David se sintió aludido, y emocionado por las palabras de la mujer, perdonó a Absalón.

Ahora, igual.

Nosotros matamos a tu Hijo.

Si Dios descarga su justicia contra nosotros, pereceremos nosotros también. Pero Dios te escuchará, si le hablas como la mujer de Tecoa.

Dile que fue nuestro Hermano quien te lo pidió al morir.

¡Monstra te esse Matrem!

¡Muestra que eres Madre!

CUESTIONARIO

— ¿Tenemos idea clara del alcance de la maternidad de María en relación con cada uno de nosotros?

— ¿Le agradecemos al Señor el regalo que con ello nos hizo?

— ¿Aprovechamos debidamente el valimiento de nuestra Madre ante Dios?

51

«AHI TIENES A TU MADRE»
(Jn 19,27)

Jesús murió sin testar.

El Dueño de todo, «siendo rico, por nosotros se hizo pobre» (2 Cor 8,9). Pobre nació en un establo, y pobre vivió. Con razón pudo decir a aquel voluntario, que se ofrecía a seguirle acariciando tal vez la idea de medro personal: «Las raposas tienen cuevas, y las aves del cielo, nidos; pero el Hijo del Hombre no tiene dónde reclinar su cabeza» (Lc 9,58). No poseía bienes que dejar a nadie en testamento. Y por eso no lo hizo.

Lo que tenía —que era su propio ser personal e intransferible— nos lo había donado en vida al instituir la Eucaristía en la Ultima Cena. En ella nos había dado su Cuerpo, su Sangre, su Alma y su Divinidad.

Ahora, cuando está a punto de morir, nos hace donación en vida de lo último que le quedaba: su Madre.

Hasta ahora la necesitaba. Quería tenerla junto a Sí, como Corredentora en calidad de Segunda Eva. Pero ya ha cumplido su misión acompañándole en el ofertorio del Sacrificio Redentor.

Ahora ya, la última manda.

Los soldados se acaban de repartir las vestiduras de Jesús.

Le queda ya muy poca sangre que derramar por nosotros, hasta que la lanza de Longinos, atravesándole el costado, haga salir la última gota... y luego agua. Momentos antes de entregar su espíritu, nos da a la que fue su Madre para que empiece a serlo nuestra.

«Y luego dijo al discípulo: —Ahí tienes a tu madre.»

Nos lo podíamos imaginar.

Pero el propio Juan, destinatario inmediato de esta preciosa manda de Cristo a la Humanidad, comenta emocionado:

—«Y desde aquella hora el discípulo la acogió en su casa.»

Hizo lo que tenía que hacer.

Pero lo hizo con amor, dedicación y entrega.

Igual nosotros.

En nuestra casa la tenemos siempre cada uno de los discípulos representados aquella tarde por Juan junto a la Cruz.

En lugar preferente destaca su retrato.
Con ella hablamos a menudo.
A Ella recurrimos, confiados, en cualquier necesidad.
De ella aprendemos a vivir el Evangelio de Jesús.
En ella nos miramos, como en un espejo, para corregir nuestras fealdades.
Bien asidos a su mano, caminamos por la vida.
Y la queremos. ¡La queremos mucho, mucho!
Como quieren los hijos a sus madres.
Porque Ella es nuestra madre: Lo dijo Jesús... y es palabra de Dios.
Porque la debemos mucho: ¡Al darnos a Jesús, nos lo dio todo! Como dice San Pablo, hablando del Padre: El que nos dio a su propio Hijo, nos dio con El todas las cosas (Rom 8,32).
Y porque nos quiere mucho. Y amor con amor se paga.
Por eso le decimos a menudo lo que tantas veces le cantamos siendo niños:

> Quiero, Madre, en tus brazos queridos,
> como niño pequeño, dormir;
> y escuchar los ardientes latidos
> de tu pecho de madre nacidos,
> que laten por mí.
>
> En tus brazos de madre quisiera
> reposado y tranquilo morir;
> y exhalar la plegaria postrera
> que recoja el amor, cuando muera,
> que siento por Ti.
>
> Quiero ver tu divina hermosura,
> y a tu lado en la gloria vivir.
> Si en la tierra gocé tu ternura,
> ¿no es verdad que obtendré, Virgen pura,
> la gloria por Ti?

¡Amén! ¡Que así sea!

CUESTIONARIO

— ¿Agradecemos la fineza del Señor al darnos a su Madre?
— ¿Qué lugar ocupa la Señora en nuestra casa (= en nuestra vida)?
— ¿Es filial nuestro cariño hacía Ella?

«¡DIOS MIO, DIOS MIO! ¿POR QUE ME HAS ABANDONADO?» (Mt 27,46; Mc 15,34)

Es la cuarta palabra de Jesús en la Cruz.
Escribe San Mateo:
«Desde la hora de sexta (el mediodía) la oscuridad cayó sobre la tierra hasta la hora de nona (las tres de la tarde). Y alrededor de la hora nona clamó Jesús con fuerte voz: —*Elí, Elí ¿lemá sabactaní?*, esto es, ¡Dios mío, Dios mío! ¿por qué me has abandonado?
Al oírlo algunos de los que estaban allí dijeron:
—A Elías llama éste.»

El Evangelista ha transcrito las palabras textuales de Cristo en arameo, tal vez para que se perciba la ocasión de la burla de los que entendieron —o simularon entender— que invocaba a Elías, el famoso profeta al que la leyenda judía asignaba un papel especial en la preparación de la venida del Mesías.
Pero Jesús no invocaba a Elías.
Hablaba con su Padre empleando las primeras palabras del Salmo 22, que es un salmo mesiánico y que posiblemente Jesús siguió recitando en voz baja.
Es el 22 un salmo estremecedor que describe, con tormentos asombrosamente parecidos a los que Cristo está sufriendo, la situación angustiosa de un fiel atribulado, que se siente abandonado de Dios, pero ni un momento pierde su confianza ciega en El.
¡Qué bien nos viene, Señor, y qué falta nos hacía esta doble lección que se desprende de tu cuarta palabra en la Cruz!: La experiencia por tu parte de esa sensación de abandono de Dios que a veces atormenta a tus seguidores, y tu reacción —como la del autor del Salmo— transida de confianza ilimitada en el Señor.
Gracias por haber querido asumir todas nuestras situaciones de angustia, incluida esa del aparente abandono de Dios, que a nosotros nos hace rondar los linderos de la desesperación.
Ya no tenemos que decirte lo terrible que es sentir la lejanía de Dios, como si no se interesara de nuestros sufrimientos. Eso que a veces nos hace exclamar:

¡Dios no me escucha! ¡Nada le importo! ¡No se cuida de mí! Eso que a veces llega a hacer tambalearse la débil fe de los mortales...

Ya sabemos que sentirlo no es pecado. Porque Tú también lo sentiste.

¡Qué consuelo saberte unido al mismo yugo que a nosotros nos oprime! Basta cerrar contigo los ojos, en la seguridad de que los abriremos resucitados contigo.

Lo importante es no sacudirse la coyunda.

Enséñanos, Señor, a superar esa angustia como la superaste Tú.

Que tu ejemplo nos sirva de sedante.

Dinos, para calmar nuestra impaciencia, lo que inspiraste a tu profeta: «El Señor se dejará ver y no engañará. Si se retrasare, espérale: porque vendrá y no ha de tardar.»

Nosotros creemos en Dios y esperamos en El.

Pero nos come el nerviosismo de la prisa, cuando su ayuda se retarda.

El tiempo se nos hace eterno, cuando nos toca esperar.

Le exigimos a Dios mayor puntualidad que a los trenes o autobuses de línea.

Dinos que estamos ya en la hora de nona.

Dinos que falta poco para el amanecer de la Pascua.

CUESTIONARIO

— ¿Somos propensos a quejarnos desconfiadamente del Señor?

— ¿Nos lamentamos y desistimos en la oración, cuando no nos escucha a la primera?

— ¿Nos alienta la solidaridad de Jesús con nosotros en cualquier angustia?

«TENGO SED»
(Jn 19,28)

Escribe el Cuarto Evangelista:
«Sabiendo Jesús que ya todo estaba cumplido, para que se cumpliera la Escritura, dijo:
—Tengo sed.
Había allí una vasija llena de vinagre. Sujetaron a una caña de hisopo una esponja empapada en vinagre y se lo acercaron a la boca» (Jn 19,28ss).

El detalle del vinagre es recogido por los cuatro Evangelistas aunque Mt 27,48, Mc 15,36ss y Lc 23,36, no hacen referencia alguna a que Jesús manifestara su sed.

Dejemos aparte consideraciones piadosas —más o menos poéticas— sobre la sed simbólica de Jesús: sed de glorificar al Padre, sed de redimirnos a nosotros, sed de derramar hasta la última gota de su sangre.

Porque todo es verdad.

Pero la sed que arranca a Jesús esta su quinta palabra en la Cruz es, sin duda alguna y sin paliativos, la sed física: uno de los tormentos corporales más horribles que hubo de sufrir. Lleva más de quince horas sin probar bocado ni beber una gota de agua. Ya los sudores de Getsemaní deshidrataron en buena parte su cuerpo. Los sufrimientos físicos y morales de estas interminables horas han resecado su boca. Y la pérdida de sangre en la flagelación, en la coronación de espinas y ahora en la cruz, traspasados sus pies y sus manos, han producido físicamente, con la progresiva deshidratación, la tortura insufrible de la sed.

Era esa sed física la que estaba anunciada en la Escritura, como lo estaba también el mezquino y sarcástico remedio del vinagre, como única respuesta de los hombres.

Decía el justo atribulado del Salmo 22, cuya lamentación acaba de recitar silenciosamente Jesús, porque a El se refería:

«Mi corazón, como cera, se derrite en mis entrañas;
mi garganta está seca, como una teja,
mi lengua se me pega al paladar»
(Sal 22,15ss)

Y un pasaje mesiánico del salmo 69 formulaba esta queja:

«Esperé condolencia, y no la hay.
Por bebida en mi sed, me dan vinagre»
(Sal 69,21ss)

Muy fuerte y angustioso —demasiado fuerte y angustioso como para paliarlo con interpretaciones simbólicas— hubo de ser el sufrimiento de la sed en Cristo, cuando el Espíritu Santo lo anunció tan al pie de la letra a través del autor de los Salmos.

Como tormento físico, es expresión elocuente del amor de Dios al hombre: Un amor que hace tener sed al que alumbró las fuentes, al que hizo brotar agua de la roca, al que envía la lluvia sobre la tierra.

Con razón cantaba Job:

«¿Quién abre cauce al aguacero....
para hacer que llueva en los sequedales,
sobre desiertos inhabitados por el hombre,
para empapar las áridas llanuras,
y hacer brotar la verde hierba?
¿Tiene padre la lluvia?
¿Quién engendra las gotas de rocío?»
(Job 38,25-28)

Y un amor que a los ingratos hombres de la esponja empapada en vinagre sigue ofreciendo generosamente:

«Vosotros los sedientos, venid por agua»
(Is 55,1)

«Si alguno tiene sed, venga a Mí...
de su seno correrán ríos de agua viva»
(Jn 7,37ss)

«El que beba del agua que Yo le daré
no tendrá sed jamás,
sino que el agua que Yo le daré

>   se convertirá en él en fuente de agua
>   que brota para la vida eterna»
>
>   (Jn, 4,14)

Quiero, Señor, romper la caña con la esponja empapada en vinagre.
Me gustaría haber podido aplicar a tus labios sedientos un vaso de agua fresca.
Y Tú no dejes de darme ardiente sed de ese agua que Tú traes.
O mejor: «Dame, Señor, de ese agua,
              para que no tenga más sed» (Jn 4,15).

CUESTIONARIO

— ¿Sentimos vergüenza de nuestra mezquina correspondencia a las finezas del Señor?
— ¿Tenemos sed de ese agua que El ha venido a traernos?
— ¿Se la ofrecemos a los demás que acaso tienen sed de ella sin saberlo?

«TODO ESTA CUMPLIDO»
(Jn 19,30)

Esta sexta palabra de Jesús en la Cruz aparece ligada al cumplimiento de las Escrituras que en la palabra anterior se referían a la sed y al vinagre.

Escribe San Juan:
«Cuando Jesús tomó el vinagre, dijo:
—¡Todo está cumplido!»

Con frase parecida («¡Se acabó!») expresan el momento final de su vida sin sentido los agnósticos y estoicos que mueren sin fe en el más allá.

Pero Jesús era consciente del profundo sentido de su vida y de su muerte. Repetidas veces había dicho que «era necesario que se cumpliera lo que los Profetas habían anunciado sobre su Pasión y su Muerte». Ahora está seguro —y lo proclama para que lo estemos también nosotros— de que todo lo anunciado se ha cumplido. Y ello, en lenguaje bíblico, significa no sólo que los profetas hablaban en nombre de Dios, sino que Dios es el autor de lo sucedido y, que, por tanto, todo ello tiene sentido.

No es un grito desesperado; es una palabra de soberana serenidad y reposada paz, como bellamente cantó Rafael Rosales:

> «Todo se ha consumado»
> desde la Cruz, clavado, nos dijiste;
> y el aire sosegado,
> como una mano triste,
> acarició los labios que moviste.
> Y por el viento suave
> tu negra cabellera se evadía;
> pero, apresada ave,
> tornaba triste y fría,
> y al alba de tu hombro se acogía...

Aparte de la evidente referencia al cumplimiento de las profecía, la frase de Jesús quiere decir que ha terminado su quehacer como enviado del Padre en carne mortal: Redimir al mundo.

¡Misión cumplida!

Jesús ha terminado *la obra que el Padre le encomendó*. Ya

en la Oración Sacerdotal de la Ultima Cena decía: «Padre mío, Yo te he glorificado en la tierra llevando a cabo la obra que me encomendaste realizar» (Jn 17,4).

Ha dado cima a *la tarea de Legislador*. Ha resumido los centenares de preceptos positivos y negativos, que formulaban los rabinos, en el doble mandamiento del amor a Dios y al prójimo, que en el doble palo —vertical y horizontal— de la Cruz ha grabado a fuego para ejemplo nuestro.

Ha culminado *su labor de Maestro*. Hace unas horas decía a sus discípulos: «Ya no os llamo siervos, sino amigos, porque el siervo no sabe lo que hace su amo. Os he llamado amigos, porque todo lo que he oído a mi Padre os lo he dado a conocer» (Jn 15,15). Y no sólo de palabra: «Os he dado ejemplo, para que también vosotros hagáis como Yo he hecho con vosotros» (Jn 13,15). En la Cruz, su lección ha terminado. Ahora, nosotros... ¡a repasar!

Ha terminado su *quehacer sacerdotal en la tierra*. Su obediencia hasta la muerte nos ha reconciliado con el Padre. E incorporándonos a Sí por el Bautismo nos ha hecho capaces de dar culto a Dios y ser hijos suyos por adopción. Aunque los ángeles —mudos ahora ante el espectáculo incomprensible del Amor de Dios a los hombres— no lo repitan, el cántico de la Noche Buena se vuelve a oír: ¡Gloria a Dios en las alturas, y en la tierra paz a los hombres que ama el Señor!

¡Misión cumplida!... Y ahora ¿qué?

No tengáis miedo. El quehacer de Jesús no se acaba.

En la tierra seguirá presente en nuestros Sagrarios y actuando a través de su Iglesia.

Y en el cielo sigue vivo para interceder por nosotros.

CUESTIONARIO

— ¿Estamos seguros de que nuestra vida tiene sentido en los planes de Dios?

— ¿La vivimos tratando de acoplarnos a su voluntad?

— ¿Qué nos falta para poder decir cuando muramos: ¡Misión cumplida!?

«¡PADRE! A TUS MANOS ENCOMIENDO MI ESPIRITU» (Lc 23,46)

Son éstas las últimas palabras de Jesús en la Cruz, las últimas que el Verbo de Dios hecho Hombre pronunció en carne mortal. Y las pronunció a voz en grito.

«Jesús dando un fuerte grito, dijo: ¡Padre! a tus manos encomiendo mi espíritu.» San Mateo (27,51) y San Marcos (15,37) registran el fuerte grito de Jesús antes de expirar, aunque sin darnos la frase que pronunció y que solo ha conservado San Lucas.

«Al entrar en el mundo» cuando fue concebido, había dicho, según el autor de la Carta a los Hebreos (10,57) estas palabras del Salmo 40,79, dirigidas al Padre:

«Sacrificios y oblaciones no quisiste,
pero me has formado un cuerpo.
Holocaustos y sacrificios por el pecado no te agradaron.
Entonces dije: —He aquí que vengo
—pues de mí está escrito en el rollo del libro—
a hacer, oh Dios, tu voluntad.»

Y ahora, al morir, Jesús mansamente hace entrega de su vida al divino querer.

Con ello la vida entera de Cristo en el mundo se resume en el cumplimiento de la voluntad del Padre.

Se abre con una aceptación del plan divino, que, ante la insuficiencia de las antiguas ofrendas, le pide el sacrificio de la vida humana que acaba de estrenar; y se cierra, cuando muere, con la resignada y amorosa entrega de esa misma vida en manos del Padre.

La primera vez lo dijo silenciosamente; la última, a voz en grito. ¡A ver si nos enteramos!

La gran lección de Jesús, para liberarnos de la muerte que la desobediencia de Adán nos acarreó, fue mostrarse obediente en sufrir la muerte que el Padre le pedía como rescate nuestro.

Y El es el Camino.

Su vida es la falsilla sobre la que nosotros —cada uno de nosotros— tenemos que escribir nuestra propia vida.

La frase con que Jesús termina su vida mortal está tomada —como la primera que pronunció en el seno de la Virgen— del Salterio. Con ella el autor del Salmo 31,16 expresaba su confianza ilimitada en el Señor mientras se sentía rodeado de angustias.
Es un canto a las manos de Dios.

Y es que a esas manos, de las cuales salimos —«Tus manos me plasmaron» (Job 10,8); «Obra soy de tus manos» (Job 10,3) —estamos llamados a regresar, porque de ellas pendemos con un hilo irrompible como el «Yo-Yo» con que jugábamos de niños.

A esas manos debemos todos los bienes de que disfrutamos: «Abres tu mano y (los vivientes) se sacian de bienes» (Sal 104,28).

En esas manos —y solo en ellas— estaremos seguros: «Yo te protegeré con la sombra de mi mano» —dice el Señor en Is 15,16—. Allí —y sólo allí— cabe decir, como San Pedro en el Tabor: ¡Qué bien se está aquí!

Cuando esté para morir llévame en brazos, Señor, que Tú eres mi Padre.

Y, mientras tanto, que mis oídos no sean sordos a este grito postrero de Jesús.

CUESTIONARIO

— ¿Aceptamos el hecho de la muerte como expresión de la voluntad de Dios?

— ¿Tratamos de asumirla, no solo con resignación, sino con el espíritu de obediencia con que la asumió Jesús?

— ¿Es algo más que una fórmula eso de que *nos fiamos plenamente* al ponernos en manos de Dios?

56
«E, INCLINANDO LA CABEZA, ENTREGO SU ESPIRITU» (Jn 19,30)

El último gesto de Jesús —inclinar la cabeza— es la expresión más elocuente de lo que ha sido su vida mortal entera: absoluto y total sometimiento a la voluntad del Padre.

Jesús ha vivido en un acto continuo de obediencia al Padre: «Mi alimento —decía— es hacer la voluntad del que me ha enviado» (Jn 4,34). «Yo he bajado del cielo, no para hacer mi voluntad, sino la voluntad del que me ha enviado» (Jn 6,38).

Y por obediencia al Padre muere: «El Padre me ama —había dicho— porque doy mi vida para recobrarla de nuevo. Nadie me la quita; Yo la doy voluntariamente. Tengo poder para darla y poder para recobrarla de nuevo: ésta es la orden que he recibido de mi Padre» (Jn 10,17ss). Y San Pablo rubricaba: «Se hizo obediente hasta la muerte, y muerte de Cruz» (Fil 2,8).

Jesús muere inclinando la cabeza... ¡sobre su propio pecho! No tiene otro sitio donde hacerlo. Ya lo había dicho El: «Las raposas tienen cuevas, y las aves del cielo, nidos; pero el Hijo del Hombre no tiene donde reclinar su cabeza» (Lc 9,58).

Pobre era el nacer. Pero no le faltaron las pajas de un pesebre... ¡Y los brazos de su Madre!

La Virgen no puede hacer que, en este trance supremo, Jesús recline la cabeza en su regazo como tantas veces cuando, de niño, lo tenía en brazos y le cantaba nanas para dormirlo. Ahora, para el sueño de la muerte, no le puede arrullar.

Pero no grita por ello.

Ha aprendido de su Hijo a conformar en todo su voluntad con la del Padre.

Los Evangelistas sinópticos (Mt 27,58; Mc 5,37; Lc 23,46) dicen que Jesús expiró «dando un fuerte grito», cuyo contenido dice San Lucas que fue: ¡Padre, a tus manos encomiendo mi espíritu!

No fue, por tanto, un grito de desesperación.

Fue una llamada angustiosa a la Humanidad.

No basta, para anunciar la muerte de Cristo, el tañido lúgubre de las campanas doblando a muerto. Hay que gritar al mundo que Dios ha muerto por amor al hombre.

Los hombres todos no podemos ser simples espectadores del acontecimiento. Somos actores del drama. Lo dijo bellamente Alberto Lista, aludiendo simultáneamente al grito de Jesús, al desgarrón del velo del Templo, al temblor de tierra y al hendirse las rocas cuando muere Jesús:

>«Rasga tu seno, oh tierra;
>rompe, oh Templo, tu velo. Moribundo
>yace el Creador; mas la maldad aterra,
>y un grito de terror lanza el profundo:
>¡Muere!... ¡Gemid, humanos,
>todos en El pusisteis vuestras manos!»

Todo era necesario —y más— para mover la dureza de nuestros corazones. Lo lamentaba Quevedo:

>«De piedra es, hombre duro, de diamante
>tu corazón, pues muerte tan severa
>no anega con tus ojos tu semblante.
>
>Mas no es de piedra, no, que si lo fuera,
>de lástima de ver a Dios amante
>entre las otras piedras se rompiera.»

Que se oiga tu grito, Señor.
Que se oiga tu grito, y nos inquiete.
Como cantó Manuel Alonso Alcalde:

>«Ya nunca volverá a haber silencio
>sobre la tierra, nunca
>paz, que ese grito tuyo
>resuena desde entonces,
>ensordece desde entonces al mundo,
>traspasando, como un acero al rojo,
>las edades, los siglos...
>Inútil resistirse;
>taparse las orejas con cera;
>atronar las ciudades con sirenas
>de fábrica, bocinas, altavoces
>y guitarras eléctricas;

esconder la cabeza debajo de la manta;
o caer, como en un tobogán,
hasta el fondo de un vaso de ginebra...
Tu poderoso grito nos despierta...
y nos obliga a levantar las palmas
y mirar con horror nuestras manos vacías,
y contemplar con horror
ante el espejo, nuestros ojos
donde todavía no ha brillado
una sola vez el amor.»

¡Que tu grito, Señor, nos haga dóciles a los planes de Dios!

CUESTIONARIO

— ¿Sabemos inclinar nuestra cabeza y plegarnos a los planes de Dios en cada momento?
— ¿Nos sentimos responsables de la muerte de Jesús o nos limitamos a culpar de ella a los escribas y fariseos?
— ¿Qué debería romper en mi vida la muerte del Señor?

PASCUA
Y
PENTECOSTES

*Nos dijeron de noche
que estabas muerto,
y la fe estuvo en vela
junto a tu cuerpo.
La noche entera
la pasamos queriendo.
mover la piedra.
No supieron contarlo
los centinelas:
nadie supo la hora
ni la manera.
Antes del día
se cubrieron de gloria
tus cinco heridas.*

(Liturgia de las Horas:
Himno de segundas Vísperas
del Tiempo durante el año).

*¿Qué ves en la noche,
dinos, centinela?
—Muerto le bajaban
 a la tumba nueva.
Nunca tan adentro
tuvo al sol la tierra.
Daba el monte gritos
piedra contra piedra.
Vi los cielos nuevos
y la tierra nueva:
Cristo entre los vivos,
y la muerte muerta.*

(Liturgia de las Horas:
Vísperas del tiempo
Pascual).

*Que nadie se sienta muerto
cuando resucita Dios:
que, si el barco llega a puerto,
llegamos junto con Vos.*

(Liturgia de las Horas: Himno
de Laudes del tiempo Pascual)

«Si habéis resucitado con Cristo, buscad los bienes
de allá arriba. Aleluya»

(Col 3,1)

«Y AL TERCER DIA RESUCITARA...»
(Mt 16,21; Mc 8,31; Lc 9,22
Mt 17,23; Mc 9, 31
Mt 20,19; Mc 10,34; Lc 18,33)

Era necesario corregir la falsa idea del Mesías que albergaban tus convecinos y coetáneos. Difícilmente se compaginaba con la imagen del Mesías triunfante el anuncio profético del sacrificio vicario del Siervo de Yahvé que había hecho Isaías.
Tu pedagogía con los Doce es admirable, Señor.
Los mantuviste en su error de buena fe hasta que estuvieron prendados de Ti y plenamente sometidos y dóciles a tu Palabra. Dejaste que madurara sosegadamente en ellos el convencimiento de que Tú eras el Mesías esperado. Y cuando Pedro te confesó como tal, inmediatamente —no antes, pero tampoco ni un momento después— les hiciste el primer anuncio de tu Pasión (Mt 16,21 y par.), anuncio que en parecida forma repetiste otras dos veces: tras la curación del endemoniado epiléptico (Mt 17,22 y par.) y con ocasión de la última subida a Jerusalén (Mt 20,17 y par.).

Observo una cosa digna de especial atención en estas predicciones de tu muerte.

Salvo en Lc 9,44, que abrevia notablemente el tenor de tus palabras, siempre terminan éstas con el anuncio rotundo de tu Resurrección al tercer día.

Y es que a tus discípulos de entonces les hacía falta templar el fervor de su esperanza mesiánica triunfalista con la tremenda realidad de la Pasión redentora; pero, por otra parte, el aparente fracaso de Tu muerte no debía apagar en ellos la certeza de Tu definitivo triunfo.

La misma doble necesidad tenemos tus discípulos de ahora.
Necesitamos aceptar tanto para Ti como para el Cristianismo por Ti fundado y para la vida cristiana de cada uno de nosotros aquello de que «por muchas tribulaciones hay que pasar para entrar en el Reino de Dios» (Hch 14,22; cf. Lc 24,26.4446).
Pero tu religión no es masoquismo.
Es preciso que sobre el horizonte negro del Viernes Santo bri-

lle en todos nosotros la luz de la amanecida alegre del Domingo de Pascua.

Recuerdo una película de Cantinflas en la que actuaba como Párroco en una parroquia rural de México. Los potentados del lugar veían con muy malos ojos la defensa que el Cura hacía de los pobres y oprimidos, Y trataban de amargarle la existencia con todos los medios a su alcance. No lograban, sin embargo, arrancarle la visible alegría cristiana que inundaba su rostro.

Se morían de envidia y de rabia.

Un día uno de ellos le dijo:

—¿Qué cristianismo es el de Vd.?

—El que tiene que ser. ¿Por qué lo dice?

—Siempre está Vd. alegre. Y yo eso no lo entiendo. ¿No son ustedes los seguidores de uno que murió ajusticiado?

—Pues, sí, Señor. Pero, ¿sabe una cosa? Al tercer día resucitó... y estamos la mar de contentos.

No es una cita de un Santo Padre.

Pero ¡qué razón tiene!

CUESTIONARIO

— ¿Acepto sin titubeos la idea del Mesías paciente y el hecho de que cada cristiano tengamos que completar la Pasión de Cristo?

— ¿Sobrenada en medio de mis sufrimientos la alegría que da la Resurrección de Cristo?

— ¿Tengo fe en que, como Él, resucitaré también yo?

«HA RESUCITADO DE ENTRE LOS MUERTOS»
(Mt 28,7)

Este fue el mensaje que los ángeles encargaron a las mujeres cuando, en la mañana del Domingo de Gloria, merodeaban junto al sepulcro de Jesús: «Id a prisa a decir a los discípulos: ¡Ha resucitado de entre los muertos!»

San Lucas dice que añadieron: «Acordaos de lo que os dijo; El Hijo del Hombre tiene que ser entregado en manos de pecadores, ser crucificado, y al tercer día resucitará» (Lc 24,67).

Así era, en efecto.

Y como si la Muerte y Resurrección de Cristo fueran inseparables —de hecho lo son—, Jesús las anunció varias veces *conjuntamente*.

Fue preciso anunciar su muerte.

Era obligado corregir la falsa idea del Mesías triunfante, que tenían los judíos vecinos y coetáneos de Jesús, y que no se avenía con la anunciada muerte redentora del Siervo de Yahvé. Hacía falta, incluso tratándose de los Apóstoles, templar el fervor de su esperanza mesiánica triunfalista con la tremenda realidad de la Pasión redentora.

Pero era necesario anunciar la futura Resurrección.

Primero porque formaba parte esencial de la obra redentora, y además porque era preciso evitar que el aparente fracaso de la muerte de Jesús apagara en los Apóstoles la confianza en su definitivo triunfo. Y anunciando ambas cosas a la vez quedaba claro que Muerte y Resurrección de Cristo son las dos caras de una misma medalla.

Hoy, Domingo de Pascua, el doble anuncio se ha cumplido ya.

La Muerte, tantas veces anunciada, ha tenido lugar el Viernes Santo. Sólo Juan entre los 12 fue testigo presencial. El y las piadosas mujeres que acompañaron a Jesús en el Calvario contaron luego a los demás lo sucedido.

Y ahora, en la alegre mañana del Domingo, Jesús ha resucitado. Nadie ha presenciado el acontecimiento. Las piadosas mujeres han visto corrida la piedra y vacía la tumba. Y los ángeles han certificado lo sucedido, y les han encargado dar la buena noticia a los Apóstoles.

Luego vendrán las apariciones a los 11 y a los primeros discípulos, para que puedan ser testigos —y lo serán hasta dejarse matar por ello— de que en verdad Jesús ha resucitado de entre los muertos.

Si hubiera habido periódicos entonces, no habrían encontrado los tipógrafos titulares de tamaño suficiente para encabezar la Gran Noticia: La Muerte ha sido vencida.

Porque noticia fue, hace años, el invento de la penicilina.

Y noticia será —cuando suceda— el descubrimiento de un fármaco eficaz contra el cáncer o contra el sida.

Pero nunca será noticia —porque nunca ocurrirá— que los hombres encuentren algo que venza y haga desaparecer la muerte.

Y sin embargo, eso ha ocurrido ya, y esa Noticia se viene proclamando hace casi veinte siglos.

—JESUS, EN LA MAÑANA DE PASCUA, HA VENCIDO A LA MUERTE.

La ha vencido en Sí mismo. Y la ha vencido para todos los que, incorporados a El por el Bautismo y sin desgajarse de El, corremos su misma suerte: *Moriremos para resucitar.*

Porque también esta vida nuestra, como la de Cristo en quien hemos sido injertados, es medalla de dos caras: Muerte y Resurrección.

Y por ese orden, como El.

«Si con El morimos, viviremos con El» (2 Tim 2,11). «Porque si nos hemos hecho una misma cosa con El por una muerte semejante a la suya, también lo seremos por una resurrección semejante... Si hemos muerto con Cristo, creemos que también viviremos con El» (Rom 6,5.8).

A mí me gusta, Señor, oírte repetir especialmente en la Comunión de este día lo que dijiste en el Discurso del Pan de Vida en Cafarnaúm: «El que come mi Carne y bebe mi Sangre tiene vida eterna, y Yo le resucitaré en el último día» (Jn 6,54).

Los cristianos no tenemos derecho a vivir tristes.

Y estamos obligados a contagiar al mundo de nuestra alegría, y a dar testimonio con ella de que Cristo ha resucitado.

He oído decir que los cristianos orientales el Domingo de Pascua no se dan los buenos días. Cuando se encuentran, uno saluda diciendo: ¡Cristo ha resucitado! Y el otro responde: ¡Aleluya!
¡Qué alegría, Señor!
Se lo tengo que decir a los que no lo saben.

CUESTIONARIO

— ¿Es nuestro cristianismo predominantemente triste?
— ¿En qué medida le invade la gozosa realidad de la Pascua?
— ¿Sabemos ser testigos ante el mundo de que Cristo ha resucitado?

«¿DONDE ESTA, OH MUERTE, TU VICTORIA?» (1 Cor 15,55)

Con estas palabras apostrofa a la Muerte San Pablo al final del capítulo 15 de su Primera Carta a los Corintios, dedicado a tratar de la Resurrección de Cristo y de la futura resurrección nuestra.

Dice así el himno triunfal que emplea como colofón:
«Cuando este ser corruptible (nuestro cuerpo) se revista de incorruptibilidad, y este ser mortal se revista de inmortalidad, entonces se cumplirá la palabra que está escrita: La muerte ha sido derrotada en la victoria. ¿Dónde está, oh Muerte, tu victoria? ¿Dónde está, oh Muerte, tu aguijón? El aguijón de la muerte es el pecado... Pero ¡gracias sean dadas a Dios que nos da la victoria por nuestro Señor Jesucristo!» (1 Cor 15,54-57).

San Pablo alude a un pasaje de Oseas 13,14 con cuyo texto hace un ingenioso juego de palabras. La frase que el profeta ponía en labios de Yahvé, preguntando a la Muerte dónde tenía su aguijón, para que lo empleara en castigo del pueblo infiel, la usa Pablo ahora para preguntar a la Muerte dónde esconde su aguijón, que ya no funciona.

Y es que en la mañana del Primer Domingo de Pascua —aunque entonces no había periódicos que lo publicaran con grandes titulares— tuvo el mundo conocimiento de que la Muerte había sido vencida. No es que se hubiera descubierto algún fármaco que curara todas las enfermedades y evitara la muerte. Es que la misma Muerte había sido derrotada y superada.

Introducida en el mundo como castigo del pecado, había sido ahora aniquilada por Jesús, que, al destruir el pecado y conceder a sus seguidores la posibilidad de liberarse de El, les había dado con ello la oportunidad para liberarse de las garras de la muerte, como él acababa de hacer resucitando de entre los muertos.

Por ello, «aunque la certeza de morir nos entristece, nos consuela la esperanza de la futura inmortalidad. Porque la vida de los que en Ti creemos, Señor, no termina, se transforma; y al destruirse esta nuestra morada terrenal, adquirimos una mansión eterna en el cielo».

Dios ha cumplido lo que anunció por Isaías: «Consumiré a la Muerte definitivamente» (Is 25,8).

Y así lo vio San Juan en el Apocalipsis: «Y el mar devolvió los muertos que guardaba, y la Muerte y el Hades devolvieron los muertos que guardaban.... y la Muerte y el Hades fueron arrojados al lago de fuego» (Apoc 20,13ss). «Y no habrá ya Muerte, ni llanto, ni gritos, ni fatigas, porque el mundo viejo ha pasado» (Apoc 21,11).

Seguirá teniendo la muerte su apariencia tosca para los que vivimos aquí.

Y habrá que pasar por ella, porque ése es el precio de nuestro pecado: ser aguijón de la Muerte.

Pero la fe nos asegura que los muertos en Cristo no están muertos.

El ha vencido a la Muerte para Sí y para nosotros.

—¿Dónde está, oh Muerte, tu victoria?

¡Gracias sean dadas al Señor que nos ha dado la victoria sobre ella por Nuestro Señor Jesucristo!

CUESTIONARIO

— ¿Nos entristece la muerte como a los hombres que no tienen esperanza?

— ¿Estamos seguros de nuestra victoria definitiva sobre la Muerte si permanecemos unidos a Cristo?

— ¿Se lo agradecemos debidamente?

«JESUS... SE LES ACERCO Y CAMINABA CON ELLOS» (Lc 24,15)

Tristes y apesadumbrados por lo sucedido el Viernes Santo caminaban el domingo hacia Emaús los dos discípulos. «Jesús se les acercó y caminaba con ellos, aunque sus ojos estaban incapacitados para reconocerle.»

Es la metáfora más exacta de la Eucaristía:

Jesús, compañero de viaje en el camino de cada hombre a la patria definitiva.

Compañero invisible, pero real.

En compañía no buscada por nosotros, sino ofrecida generosamente por El.

Sin El la vida es triste: con la negrura del atardecer del Viernes y sin la claridad de la amanecida del Domingo.

Sin Jesús la vida es triste.

Y sin embargo, los hombres rehuyen su compañía como estorbo.

No les apetece —como a los de Emaús— que se entrometa en sus conversaciones, abrumadas de tedio y rondando los linderos de la desesperación.

Han puesto su confianza en cosas falaces, de las que en vano aguardaban la felicidad. Y se les ha muerto la esperanza.

Van por la vida con la mente confusa y el corazón frío.

Sólo la presencia del Resucitado es capaz de devolver la claridad, el calor y la alegría al mundo desolado de lo hombres pecadores.

Habría que pedir al ángel de la Noche Buena que volviera a anunciar a los hombres la gran noticia del «Dios con nosotros».

Aunque no hace falta.

Basta recordar aquel su primer anuncio.

Porque Dios sigue estando con los hombres.

Jesús sigue vivo... y cercano... y camina con nosotros.

Todos los episodios del viaje hasta Emaús son —en transparencia— la imagen de la vida gloriosa de Jesús Resucitado entre nosotros: Anticipo de su presencia secular en la Iglesia.

Todo sucede ahora igual que allí y entonces.

Jesús *nos escucha:* Oye complacido el amor y la estima que por El sentimos («Profeta poderoso en obras y palabras delante de Dios y de todo el pueblo»), y la fe y esperanza que nos faltan («Nosotros esperábamos... pero»).

Luego *nos riñe:* «¡Oh insensatos y tardos de corazón para creer todo lo que dijeron los Profetas!»

Y *nos explica las Escrituras,* haciendo arder el corazón que teníamos frío.

Y adelantándose a toda posible petición —¡a la obligada petición!— de que se quede con nosotros, *entra y se sienta a la mesa.*

Y *al partir el pan...* nuestros ojos no le ven... pero sabemos que está.

Quiero vivir, Señor, en tu Iglesia un continuo Emaús.

Pégate a mí cuando voy de camino. Aunque groseramente no Te salude.

Aunque aparentemente, como los que iban a Emaús, tu compañía me resulte enojosa al principio.

Y ríñeme cuando sea necesario. Tendrás que hacerlo muchas veces, con infinita paciencia.

Ya me arderá luego el corazón, cuando me expliques las Escrituras en el camino.

Y ya Te conocerán los ojos de mi alma, cuando, al definitivo partir el Pan, a la llegada, dejen de ver los de mi cuerpo las especies que en el camino Te ocultaban.

Todo, menos dejarme.

Todo, menos marcharte.

Porque se hace de noche sin Ti.

> Estate, Señor, conmigo
> siempre, sin jamás partirte;
> y, cuando acordares irte,
> allá me llevas contigo;
>   que el pensar si te me irás
>   me causa un terrible miedo
>   de si yo sin Ti me quedo,
>   de si Tú sin mí te vas.

> Por esto más que a la muerte
> temo, Señor, tu partida;
> y quiero perder la vida
> mil veces más que perderte;
> pues la inmortal que Tú das
> ¡ay! ¿cómo alcanzarla puedo
> cuando yo sin Ti me quedo,
> cuando Tú sin mí te vas?

(Fray Damián de Vegas)

CUESTIONARIO

— ¿Agradezco que Jesús Resucitado se haya hecho en la Eucaristía compañero de viaje a lo largo de toda mi vida?

— ¿Me siento de verdad acompañado por El en el camino?

— ¿Le echo de menos —y le pido que se quede— cuando aparenta alejarse?

«QUÉDATE CON NOSOTROS, SEÑOR»
(Lc 24,29)

Esta bella oración de los discípulos de Emaús es apta para cualquier momento.

Pero tiene especiales resonancias en la Fiesta de la Ascensión o en la del Corpus Christi.

Subió el Señor a los cielos a los cuarenta días de su Resurrección. Y aunque es verdad —como canta el Prefacio de la Fiesta— que «no se ha ido para desentenderse de este mundo, sino que ha querido precedernos como Cabeza nuestra, para que nosotros, miembros de su Cuerpo, vivamos con la ardiente esperanza de seguirlo en su Reino», no lo es menos que el perder su compañía visible dejó a los primeros discípulos en la triste orfandad que inmortalizó Fray Luis de León al cantar a la nube que lo ocultó de su vista:

> «¡Ay, nube envidiosa!
> Cuán rica tu te alejas,
> cuán pobres y cuán ciegos ¡ay! nos dejas»

Si estuvieron entonces en lo alto del Olivete los discípulos de Emaús —y no es presumible que faltaran— volverían a repetirle su ruego de aquella tarde: «¡Quédate con nosotros, Señor, que anochece!»

La caída del sol el domingo de Pascua, esgrimida como argumento para que el extraño Viajero no siguiera caminando durante la noche, era por parte de los discípulos ingenioso pretexto para no verse privados de su compañía. Eran ellos los que, sin Él, se quedaban a oscuras. A ellos —que no a Él— les daban miedo los chacales y los salteadores.

Pero llegaron tarde.

Tres días antes de la conversación a la entrada de Emaús, Jesús se había «quedado» en la Eucaristía.

Y el gesto de sentarse con ellos a merendar, y de darse a conocer y desaparecer «al partir el pan» fue una manera bella de asociar perpetuamente en la imaginación de los discípulos la Eucaristía y la deseada presencia del Resucitado entre nosotros.

Esta vez —¡y cuántas más!— no necesitó el Señor que le pidiésemos lo que El sabe que necesitamos. Nos lo da por iniciativa propia, adelantándose a nuestras peticiones.

No esperó a que los de Emaús le pidieran que se quedase. Les había adivinado el pensamiento y se había anticipado.

El día de la Ascensión se fue visiblemente, pero en realidad no se fue.

Sigue sobre la tierra, tan realmente como cuando andaba entre los hombres en carne mortal, y se dejaba ver y tocar.

Ahora solo le vemos y tocamos con la fe, como los de Emaús cuando desapareció.

Pero está ahí.

No estará de más que nosotros, a pesar de todo, repitamos a menudo la oración de los discípulos de Emaús.

Que El se adelantara a realizar lo que sabía que le iban a pedir no impidió, sin duda, que se sintiera satisfecho y le agradara oír en qué medida le necesitaban y le echaban de menos.

También le gustará saber y oír que nosotros le echamos en falta,

> que nos es necesario,
> que queremos verle,
> que sin El nos da miedo la noche
> y nos amedrentan los salteadores y los lobos;
> que anhelamos su compañía en el camino hacia el Padre.

CUESTIONARIO

— ¿Cómo vivimos la presencia real del Señor en nuestros Sagrarios?
— ¿Nos apetece su compañía?
— ¿Le buscamos?

«¡SEÑOR MIO Y DIOS MIO!»
(Jn 20,28)

Esta jaculatoria, que muchos gustan repetir en silencio y devotamente al momento de la Elevación en la Misa, fue la respuesta de Tomás, el Apóstol incrédulo, ante la condescendencia de Jesús Resucitado invitándole a realizar la prueba por él presuntuosamente exigida para aceptar la Resurrección: «Acerca aquí tu dedo y mira mis manos; trae tu mano y métela en mi costado, y no seas incrédulo, sino creyente» (Jn 20,27).

La reacción del Apóstol fue más allá de lo que evidenciaban los datos comprobados.

No sólo admitió la Resurrección de Jesús, sino que lo proclamó su Dios y su Señor.

Vio la Humanidad de Cristo resucitada y aceptó su Divinidad.

Y no se sintió rechazado, sino acogido por Jesucristo Dios y Hombre. Con entrañable afecto le llama «suyo»...

¡Pruebas tenía de que así era!

La doble profesión de Tomás aceptando la Resurrección de Cristo y considerándole especialmente «suyo» se fundaba en la comprobación de las llagas de sus manos que tocó, y en la benévola condescendencia del Señor con su presuntuosa exigencia de pruebas para creer, así como en el hecho de hacerse presente en el Cenáculo ahora cuando estaba él.

Con todo, Jesús le dice: «Porque me has visto has creído. ¡Dichosos los que no han visto y han creído!» Al decir esto, Jesús pensaba, sin duda, no sólo en los que habían creído a los primeros testigos de la Resurrección, sino en los que a lo largo de la Historia habíamos de creer en El sin haberlo visto nunca. Sobre todo, si además de aceptar su Resurrección, le proclamábamos «nuestro» Señor y «nuestro» Dios.

Pruebas tenemos de que así es.

La prueba de su Resurrección es para nosotros el testimonio de los Apóstoles: de unos hombres que no fueron nada crédulos, que con su falta de fe contribuyeron a que fuera más palpable la demostración del hecho, y cuya seguridad al respecto los llevó a dar la vida por predicarlo. Como decía Pascal: «Yo creo la realidad de un acontecimiento cuyos testigos por afirmarlo se dejaron matar.»

Y la prueba de la benévola condescendencia del Señor con cada uno de nosotros es la historia —cada uno conoce la suya— de nuestras deficiencias, impertinencias, resistencias... que indulgente y pacientemente El ha pasado por alto.

Y, sobre todo, el hecho de hacerse presente en la Eucaristía, aquí donde ahora estamos nosotros.

Como Tomás, yo no estuve presente cuando apareció resucitado la primera vez. Pero El repite su presencia, para que yo también pueda disfrutar de ella. ¡Gracias, Señor!

¡Señor «mío», y Dios «mío»!

CUESTIONARIO

— ¿Aceptamos, convencidos, el hecho consolador de la Resurrección de Cristo en la que creemos por fe?

— ¿Saboreamos la comprobación de su benévola condescendencia con nosotros?

— ¿Agradecemos que en la Eucaristía se haga presente a nuestro alcance?

«¡DICHOSOS LOS QUE SIN VER CREERAN!»
(Jn 20,29)

Dice un adagio romano, sapientísimo como suelen ser todos los adagios: *Honores mutant mores* (Los honores cambian la condición de las personas). La experiencia de cada día nos brinda el espectáculo de hombres que, al medrar, olvidan completamente a sus antiguos amigos de indigencia. Ello prueba el acierto de la filosofía popular plasmada en el refrán que hemos citado.

Jesús Resucitado es una clara excepción.

En sus apariciones se presenta más humano, si cabe, que a lo largo de su vida mortal. Su paciencia y comprensión ante la resistencia de los Apóstoles a reconocer el hecho de su Resurrección resultan sorprendentes.

La incredulidad de Tomás, que, en expresión de San Gregorio Magno, fue para nosotros más provechosa que la fe de los otros discípulos, brindó a Jesús la oportunidad para mostrar su magnánima condescendencia con las ridículas exigencias humanas. ¿Con qué derecho podía el Apóstol exigir a Jesús que le dejara meter su dedo en las hendiduras de los clavos y tocar con su mano la herida del costado?

Pues Jesús accede a la insolente condición que pone Tomás para creer: «Trae acá tu dedo, mira mis manos; y trae tu mano, y métela en mi costado; y no seas incrédulo, sino creyente.»

La material comprobación arranca, por fin, a Tomás la consiguiente profesión de fe: «¡Señor mío y Dios mío!», que Jesús acepta... y en cierto modo agradece.

Fue entonces cuando el Maestro, levantando los ojos por encima de la cabeza inclinada del Apóstol y perdiendo la mirada en el horizonte ilimitado del espacio y del tiempo, con amor en sus pupilas encendidas como si tuviera que agradecernos algo, abarcó con su vista a todos cuantos, andando los siglos, habíamos de creer en El, y dijo: Lo tuyo, Tomás, no tiene mérito. ¡Así, cualquiera! Porque has visto, has creído... ¡Dichosos los que sin ver creerán!

Allí estábamos todos nosotros.

Nos vio y nos miró con amor a todos los creyentes.
¡Cómo si tuviera que agradecernos algo!
Es verdad que, sin ver, hemos creído.
Pero no nos lo tienes que agradecer, Señor.
No es mérito nuestro el creer.
Es don gratuito y beneficio amoroso tuyo el hecho de que tengamos fe.
Nuestra fe no es un favor que te hacemos a Ti; es un honor que nos dispensas Tú.
Y es una suerte.
¡Dichosos, sí, una y mil veces los que creemos!
No sabemos lo que se pierden quienes rehúsan creer.

¡Qué alegría nos da, Señor, saber que estás vivo y has resucitado! Tú, que dijiste: «Yo soy la Resurrección y la Vida: el que cree en Mí, aun cuando muera, vivirá; y todo el que vive y cree en Mí no morirá para siempre» (Jn 11,25ss).

Que nuestra vida entera sea una interminable acción de gracias por el don felicísimo de la fe, y una oración fervorosa para que el Señor conceda esta bienaventuranza a los que todavía no la tienen.

Que sepamos ser testigos contagiosos de nuestra fe en Jesús Resucitado y en la futura resurrección de los que creen en El.

CUESTIONARIO

— ¿Conocemos —y saboreamos— lo humano de todos los episodios de la vida gloriosa del Señor que narran los Evangelios?

— ¿Pedimos, como Tomás, excesivas pruebas para creer?

— ¿Cuántas veces nos acordamos de agradecer el don gratuito de la fe?

«SEÑOR, TU SABES QUE TE QUIERO»
(Jn 21,15.16.17)

Pedro unas veces acertaba y otras no.

Acertó cuando confesó la mesianidad de Jesús: «Tú eres el Cristo, el Hijo de Dios vivo» (Mt 16,16); pero se equivocó cuando se opuso a que el plan salvífico se realizara a través de la Pasión: «¡Lejos de Ti, Señor! De ningún modo te sucederá eso» (Mt 16,22).

Acertó, cuando en nombre de los discípulos fieles afirmó: «¡Señor! ¿A quién iremos? Tú sólo tienes palabras de vida eterna» (Jn 6,68); pero se equivocó cuando rechazó el lavatorio de los pies (Jn 13,8ss).

Acertó cuando se reconoció pecador: «¡Apártate de mí, Señor!, que soy un hombre pecador» (Lc 5,8); pero se equivocó cuando presumió de ser mejor que los demás: «Aunque todos se escandalicen, yo no» (Mc 14,29).

Se equivocó al negar por tres veces a Jesús; pero acertó cuando «saliendo fuera, lloró amargamente» (Mt 26,35).

Ahora, después de la Resurrección, Pedro ha cambiado mucho.

Ya se equivoca menos.

Cuando Jesús, en la aparición junto al Lago de Tiberíades, le pregunta —quizá con un dejo de ironía, recordándole sus bravatas del Jueves Santo—: «Simón, hijo de Juan, ¿me quieres más que éstos?», Pedro modestamente responde: «Sí, Señor. Tú sabes que Te quiero.»

Como si dijera: No me atrevo a decir que más que nadie. Lo que sí puedo decir —y sé que no me engaña el corazón— es que Te quiero. ¡Y más que a nadie!

Si me preguntaras si *Te he querido*, se me caería la cara de vergüenza al recordar mis negaciones.

Si me preguntaras si *Te voy a querer siempre*, la experiencia de mi debilidad me haría ser cauto, y no me atrevía a repetir bravatas como las de aquella noche.

Pero si lo que preguntas es si *ahora Te quiero* —ahora, que mis lágrimas han hecho surcos en mis mejillas; ahora, que estoy

seguro de tu perdón; ahora, que vuelvo a ser el que al primer encuentro en esta misma orilla se sintió pecador; ahora, que me siento arropado con la fe y el calor de mis hermanos, felices como yo en Tu compañía—. Ahora, sí: ahora estoy seguro que Te quiero.
    No quisiera recordar.
    No me atrevo a prometer.
    Pero ahora, en este momento: Sí, Señor. Tu sabes que Te quiero.
    Extrañamente Jesús le repitió por tres veces la pregunta —la segunda y tercera vez sin referencia a los demás, porque Pedro la había soslayado—. Al final, «se entristeció Pedro de que le preguntase por tercera vez: "Simón, hijo de Juan, ¿me quieres?" Y le dijo:
    —¡Señor! Tú lo sabes todo. Tú sabes que Te quiero.»
    Y, al decirlo, fijó los ojos en los de Jesús.
    Y aguantó su mirada.
    Esta vez —por el momento— estaba muy seguro.
    Y apeló a la ciencia infinita del Maestro:
    —Porque sé que lo sabes todo, estoy seguro que sabes que Te quiero.

    ¡Cómo quisiera, Señor, tener yo esa misma seguridad!
    Dentro de mi miseria... ¡casi, casi la tengo!
    Como él, si me preguntaras por el pasado, correría un tupido velo.
    Si me preguntaras por el mañana, tendría miedo a pronunciarme.
    Pero, como él, ahora... Ahora, sí. Tú lo sabes mejor que yo.
    —Señor, Tú lo sabes todo. Tú sabes que Te quiero.
    No me atrevo a aguantar tu mirada.
    Pero mírame Tú, como le miraste a él en casa de Caifás, después de las negociaciones (Lc 22,61).
    Mírame con amor, como al joven rico (Mc 10,21).
    Y no me resistiré.

CUESTIONARIO

— ¿Soy propenso a presumir que soy mejor que otros?
— ¿Estoy seguro de que quiero al Señor como El quiere que Le quiera?
— Y ya que haya muchos que Le quieran más que yo, ¿Le quiero, por lo menos, más que a nadie?

«BAUTIZANDOLOS EN EL NOMBRE DEL PADRE Y DEL HIJO Y DEL ESPIRITU SANTO» (Mt 28,20)

Son palabras de Jesús Resucitado en la misión definitiva de los Apóstoles.

La Evangelización, que tiende a procurar el seguimiento de Jesús («Haced discípulos míos a todas las gentes»), tiene como pórtico para entrar en su secuela el Bautismo administrado en nombre de la Trinidad Augusta.

El nuevo Pueblo de Dios, que es la Iglesia, responsable de la misión evangelizadora y depositaria de los bienes que comporta, deberá configurarse a imagen de la Trinidad. Tendrá que ser una y múltiple.

Y así es en verdad la Iglesia: única y comunitaria.

Como Cuerpo Místico de Cristo que es, la Iglesia es una unidad formada por muchos miembros. Dice San Pablo a los Corintios: «Pues del mismo modo que el cuerpo es uno, aunque tiene muchos miembros, y todos los miembros del cuerpo, a pesar de ser muchos, no forman más que un sólo cuerpo, así también Cristo» (1 Cor 12,12).

Y escribía a los Romanos: «Así como nuestro cuerpo, en su unidad, posee muchos miembros, y no desempeñan todos los miembros la misma misión, así también nosotros, siendo muchos, no formamos más que un solo cuerpo en Cristo, siendo cada uno por su parte los unos miembros de los otros» (Rom 12,45).

La Eucaristía significa y realiza en la Iglesia esa doble dimensión —unitaria y comunitaria— que nos hace reflejar el misterio de la Trinidad.

Ya desde los primeros tiempos de la Iglesia se percibió este simbolismo en el origen de las especies sacramentales: Tanto el pan, que proviene de muchos granos, como el vino que ha nacido de muchas uvas, forman ahora una unidad. En el primitivo opúsculo conocido con el título de *Doctrina de los 12 Apóstoles* se manda rezar en la celebración eucarística: «Como este pan, antes disperso por los campos, fue recogido y hecho uno, así tu

Iglesia sea recogida de los confines de la tierra para formar tu único Reino.»

Y lo que *simbolizan* las especies sacramentales —unidad en la pluralidad— lo *realiza* el Sacramento en la Iglesia.

Es el *Sacramento de la unidad*. Al identificarnos con el único Cristo, los que comulgamos nos hacemos uno: «El pan que partimos, ¿no es la comunión con el Cuerpo de Cristo? Por eso, aun siendo muchos... un solo cuerpo somos, pues todos participamos de un solo pan» (1 Cor 10,16ss).

Y es el *Sacramento de la Comunidad* plural. Jesús lo instituyó en forma de banquete, organizado por Dios Padre y al que están invitados todos los hijos de Dios: «Comed todos de él»... «Bebed todos de él.»

No se vive plenamente la Eucaristía, si su contacto no fomenta en nosotros la *unidad* querida por Dios y que tantas veces, al comulgar, cantamos: «Un solo Señor, una sola fe, un solo Bautismo, un solo Dios y Padre» ((Ef 4,5ss).

Los cismas y divisiones entre cristianos son antieucarísticos.

Pero tampoco se es auténticamente cristiano, si en nuestras Comuniones y Adoraciones olvidamos la obligada *dimensión comunitaria* del Sacramento. Todas las necesidades de nuestros hermanos son nuestras, puesto que lo son de miembros del mismo Cuerpo que con Cristo como Cabeza formamos todos.

Nuestros esfuerzos por la unidad de la Iglesia, y nuestro interés verdadero por los múltiples miembros que la forman, serán nuestras credenciales de almas auténticamente eucarísticas y harán que nuestra vida sea un fiel reflejo de la Trinidad en cuyo nombre fuimos bautizados.

CUESTIONARIO

— ¿Contribuimos de alguna manera a fomentar las divisiones que rompen la unidad de la Iglesia?
— ¿Recordamos, al comulgar, las necesidades de los demás?
— ¿Es para nosotros la Eucaristía banquete de fraternidad o salimos de ella sin mejorar nuestras relaciones con los hermanos?

«OS HABEIS VESTIDO DE CRISTO»
(Gál 3,27)

Es delicioso este pasaje de la Carta a los Gálatas:
«La Ley ha sido nuestro pedagogo hasta Cristo para ser justificados por la fe. Mas una vez llegada la fe, ya no estamos bajo el pedagogo. Todos sois hijos de Dios por la fe en Cristo Jesús. En efecto, todos los bautizados en Cristo os habéis vestido de Cristo... Y si sois de Cristo, ya sois descendencia de Abraham, herederos según la promesa. Pues yo os digo: Mientras el heredero es menor de edad, en nada se diferencia de los esclavos, sino que está bajo tutores y administradores hasta el tiempo fijado por el padre. De igual manera, también nosotros éramos menores de edad, vivíamos como esclavos bajo los elementos del mundo. Pero, al llegar la plenitud de los tiempos, envió Dios a su Hijo, nacido de mujer, nacido bajo la Ley, para rescatar a los que se hallaban bajo la Ley y para que recibiéramos la filiación adoptiva. La prueba de que sois hijos de Dios es que Dios ha enviado a nuestros corazones el Espíritu de su Hijo que clama: ¡Abba, Padre! De modo que ya no eres esclavo, sino hijo; y si hijo, también heredero por voluntad de Dios» (Gál 3,244,7).

San Pablo juega simultáneamente con dos conceptos jurídicos de la sociedad grecorromana de su tiempo: el paso de la condición de esclavo a la de libre por adopción del que rescata, y el paso del minorenne a la condición plena de hijo en las familias patricias por la llegada a la mayoría de edad.

Ambos conceptos ilustran, según San Pablo, la teología del ser del cristiano.

Una de las formas de liberar a uno de la esclavitud era adoptarlo como hijo. Y es la forma empleada por Dios en nuestro caso. Si, al ser adoptado como hijo por un libre, el esclavo adquiría la libertad, de igual manera los hombres, esclavos del pecado, son liberados de esa esclavitud al ser adoptados como hijos por Dios, mediante la incorporación a su Hijo a través del Bautismo.

¡Qué bella resonancia tiene en este contexto oír a San Pablo que nos dice: «Todos los bautizados en Cristo os habéis vestido de Cristo»!

A los ojos del Padre es como si fuéramos Cristo. Rebeca, a fin de obtener de Isaac para Jacob la bendición de primogénito heredero, le vistió con las vestiduras del auténtico primogénito Esaú, y le cubrió las manos con pieles de cabrito para que el anciano padre, casi ciego, palpara en ellas la piel velluda de Esaú.

Aquí es el propio Padre el autor de la ingeniosa simulación, que en el caso no es simulación, sino auténtica realidad: «Ved qué amor nos ha tenido el Padre, que nos llamamos y somos hijos de Dios» (1 Jn 3,1).

Al vernos vestidos de su Hijo, el Padre nos adopta por hijos.

¡Y ya somos libres... y herederos! «¡Herederos de Dios, coherederos de Cristo!» (Rom 8,17).

El otro concepto jurídico grecorromano a que alude el autor de la Carta a los Gálatas es la costumbre, generalizada en las familias patricias, de mantener al hijo heredero durante la niñez al cuidado de pedagogos, generalmente esclavos, hasta el día fijado por el padre en el que se le declaraba mayor de edad y recibía la investidura de hijo heredero. Ese día el jovencito endosaba muy de mañana la *blanca toga viril* que llevaba luego puesta todo el día como símbolo convencional de su nueva condición.

San Pablo recuerda esta costumbre a propósito del Bautismo, en el que los neófitos, hasta ahora esclavos, pasaban —revestidos de *la blanca túnica bautismal*— a la categoría de hijos herederos con Cristo Jesús.

Todo esto significaba para los cristianos contemporáneos de Pablo leer en su Carta a los Gálatas: «Todos los bautizados en Cristo os habéis vestido de Cristo» (Gál 3,27). O en su Carta a los Romanos: «Vestíos de Nuestro Señor Jesucristo» ((Rom 13,14).

Si es emocionante prueba de la benignidad del Señor leer en Gen 3,21 que Dios vistió de una túnica de pieles a nuestros primeros padres, cuando se sintieron avergonzados de verse desnudos después de pecar, mucho más emocionante es saber que en el Bautismo a nosotros nos ha vestido del Hombre Nuevo, que es Cristo (Ef 21,15), y que —ahora sí— «refleja la imagen de su Creador» (Col 3,10): aquella imagen de Sí que Dios imprimió en el hombre al crearlo, y que el hombre había hecho añicos al pecar.

¿Cómo nos comportaríamos, si en un Auto Sacramental nos correspondiera representar el papel de Jesús?
Pues así es.
Solo que no en el teatro, sino en la realidad.

CUESTIONARIO

— ¿Tengo conciencia de que, a partir de mi Bautismo, voy a los ojos de Dios revestido de Cristo, y, por verme así, el Padre me tiene por hijo suyo?

— ¿Procuro vivir la consoladora realidad de mi paso de esclavo a libre gracias a Cristo que me rescató?

— Cuando me miro al espejo, ¿descubro en mí los rasgos de la fisonomía de Cristo, de quien he sido revestido y cuya imagen debo reflejar?

«EL ESPIRITU DE VUESTRO PADRE HABLARA POR VOSOTROS» (Mt 10,20)

Conocida es la historia de los Mártires de Alcalá, Santos Justo y Pastor.

Camino de la escuela, con sus tabletas bajo el brazo, se detienen los niños ante un anuncio imperial que amenaza con pena de muerte al que se confiese cristiano y niegue el culto a los dioses.

En lugar de seguir hacia las escuelas, los muchachos se dirigen a casa del Pretor, donde se declaran cristianos, y en esa confesión permanecen hasta morir heroicamente decapitados.

A menudo pensamos que la generosidad o cobardía en dar la vida por Cristo depende del grado de convencimiento que tenga nuestra fe.

Y es cierto que, cuando no se está muy seguro en la fe, no hay arranque suficiente para morir por ella.

Pero no al revés.

No es la seguridad o firmeza en el convencimiento de la fe lo que da fuerzas para el martirio (grande o chico); porque el valor martirial no es el fruto de un conocimiento racional. Difícilmente podían estar racionalmente convencidos de la verdad de su fe unos niños sin estudios, que estaban aprendiendo a leer y a escribir. Suplió el Espíritu Santo.

Lo había predicho Jesús para el caso de persecución: «Cuando os lleven para entregaros, no os preocupéis de qué vais a hablar. Hablad lo que se os comunique en aquel momento; porque no seréis vosotros lo que habléis, sino el Espíritu Santo el que hablará por vosotros» (así con ligeras variantes Mt 10,1720; Mc 13,11; Lc 12,12).

Es el Espíritu —según la enseñanza de Jesús— el que hace ver y sentir que merece la pena morir por la fe.

Cuando todavía el día de la Ascensión los Apóstoles seguían pensando en un Reino mesiánico a nivel de tierra, Jesús les avisa de que el camino a recorrer será muy otro: «Recibiréis la fuerza del Espíritu Santo y seréis mis testigos *(mártires,* según la lengua griega original) en Jerusalén, en Samaria y hasta los confines de la tierra.»

El valor martirial no es cuestión de simple madurez en la fe, como a veces pensamos nosotros. Sobre todo si esa madurez se entiende como mera instrucción conceptual sobre la doctrina y los motivos de credibilidad. Es necesaria, sí, la fundamentación racional de nuestra fe; pero lo que vale es la actitud teológica y vivencial, que aprecie y viva el papel del Espíritu Santo en la Iglesia.

Es El —y no el simple convencimiento racional— el que nos hará con su gracia consecuentes con la fe hasta el sacrificio y la muerte.

Por ello en la oración litúrgica de los mártires romanos, Santos Sixto y compañeros, el mismo día en que se celebra la Fiesta de los Santos niños Justo y Pastor, pedimos que «el Espíritu Santo nos haga *dóciles* en la fe y *fuertes para confesarle* ante los hombres».

No es necesario —y acaso a nosotros no nos toque— llegar hasta el martirio corporal.

Pero obligación de todos es dar testimonio de vida cristiana, en coherencia con la fe que profesamos. Y para ello es indispensable la fuerza del Espíritu. Pidámosela con fe.

CUESTIONARIO

— ¿Confío más de la cuenta en mis propias fuerzas?

— ¿Procuro vigorizar mi fe hasta el convencimiento de que merece la pena dar la vida por ella?

— ¿Soy consciente de que la fuerza para ser testigo de Cristo me la tiene que dar el Espíritu Santo?

TIEMPO DURANTE EL AÑO

*Quédate con nosotros,
la tarde está cayendo.
¿Cómo te encontraremos
al declinar el día,
si tu camino no es nuestro camino?
Detente con nosotros:
la mesa está servida,
caliente el pan y envejecido el vino.
¿Cómo sabremos que eres
un hombre entre los hombres,
si no compartes nuestra mesa humilde?
Repártenos tu cuerpo,
y el gozo irá alejando
la oscuridad que pesa sobre el hombre.*

> (Liturgia de las Horas: Himno
> de Vísperas del Tiempo Pascual)

*Al mundo le falta vida,
al mundo le falta luz,
al mundo le falta el cielo,
al mundo le faltas Tú.*

> (Liturgia de las Horas: Himno
> de Vísperas de Adviento,
> después del 17 de diciembre)

«*Y he aquí que Yo estoy con vosotros todos los días hasta el fin del mundo*»

> (Mt 28,20)

68
«¡SEÑOR, AUMENTA NUESTRA FE!»
(Lc 17, 5)

Esta oración de los Apóstoles a Jesús nos invita a reflexionar sobre los quilates —desgraciadamente escasos— de nuestra fe.

El Evangelio relaciona frecuentemente la eficacia de la oración con el grado de fe de los que oran.

Por falta de fe de los nazaretanos, Jesús no hizo milagros en su patria chica: «Y no hizo allí muchos milagros, a causa de su falta de fe» (Mt 13,58).

Cuando, al bajar del Tabor, Jesús curó milagrosamente al endemoniado epiléptico, al que no habían podido curar sus discípulos, y éstos le preguntaron: «¿Por qué nosotros no pudimos expulsarle?», el Maestro les contestó: «Por vuestra poca fe» (Mt 17,20).

En cambio, Jesús obra multitud de milagros en respuesta a la fe de los necesitados que se lo pedían.

Y lo dice expresamente.

Así a los ciegos de Jericó: «Hágase en vosotros *según vuestra fe*» (Mt 9,29).

El Centurión, cuya fe mereció el elogio de Jesús («Os aseguro que en Israel no he encontrado tanta fe»), escuchó de sus labios estas otras palabras: «Anda, y *que te suceda como has creído*» (Mt 8,13).

A la hemorroisa, por creer que con solo tocar la orla de su manto podía ser curada, le dijo: *«Tu fe te ha salvado»* (Mt 9,22).

Y a la cananea, que aguantó la primera durísima repulsa de Jesús («no está bien tomar el pan de los hijos y echarlo a los perros») y humildemente siguió pidiendo («también los perritos comen las migajas que caen de la mesa de sus amos»), mereció que Jesús le dijera: «Mujer, grande es tu fe: *que te suceda como deseas*» (Mt 15,28).

En esta misma línea, Jesús asegura a sus discípulos que «si tuvieran fe como un grano de mostaza, dirían a un sicómoro: Arráncate y plántate en el mar (Lc 17,6 ; Mt 21,21), o a un monte: Desplázate de aquí allá (Mt 17,20; Mc 11,23), y obedecerían».

Y terminaba afirmando tajantemente: «Todo cuanto pidierais *con fe* en la oración, lo recibiréis» (Mt 21,22).

Se comprende que, aleccionados con estos ejemplos y enseñanzas, los Apóstoles —a los que más de una vez llamó Jesús *hombres de poca fe*— le pidieran humildemente:
—¡Señor, aumenta nuestra fe!

Y se comprende que nosotros —débiles y cortos de fe— sintamos la necesidad de repetir esa misma oración.

Sabemos que sin fe no podemos agradar a Dios ni merecer que nos escuche. Y somos hombres de poca fe. Nuestra fe es más pequeña que un grano de mostaza.

Aun así, es un regalo tuyo, Señor.

¡Y Tú no eres tacaño!

Por eso te pedimos: ¡Aumenta nuestra fe!

Necesitamos la fe de los ciegos, para que Tú nos abras los ojos y veamos.

Necesitamos la fe del Centurión y de la Cananea, para que nos sucedan las cosas con arreglo a esa fe.

Necesitamos la fe de la hemorroísa, para que el contacto contigo en la Comunión cure nuestras enfermedades y nos salve.

¡Señor, aumenta nuestra fe!

CUESTIONARIO

— ¿Cómo andamos de fe?

— ¿Es coherente con nuestra fe nuestro comportamiento?

— ¿Con qué frecuencia le pedimos al Señor que conserve y aumente esa misma fe, que es don gratuito concedido por El?

69

«EXPLÍCANOS, SEÑOR, ESTA PARÁBOLA»
(Mt 13,36)

El Evangelio es de tal manera claro que hasta los más sencillos y analfabetos oyentes de Jesús lo entendieron suficientemente.

Las parábolas con que el Señor explicaba los más profundos misterios del Reino son transparentes como el agua clara. Tienen la extraña virtud, dentro de su aparente simplicidad, de hacer asequible la enseñanza sin necesidad de complicadas explicaciones conceptuales.

A veces, sin embargo, la enseñanza, fácil de entender, resulta difícil de aceptar, y más difícil aún de practicar.

Así, por ejemplo, los anuncios que Jesús hace de su futura Pasión a los Apóstoles no pueden ser más explícitos y claros. Pero los Apóstoles no los entendían —afectaban no entenderlos— ni querían pedir aclaraciones sobre ellos.

La dura enseñanza del Maestro sobre la indisolubilidad del matrimonio, el claro mandamiento del amor a los enemigos, el desprendimiento de las riquezas y la renuncia y negación de sí mismos para seguir a Cristo son afirmaciones rotundas que se entienden fácilmente. Pero el espíritu humano, egoísta y apegado a las cosas de acá, se resiste a aceptarlas como norma de conducta.

Necesitamos decirle al Señor que nos las explique otra vez.

Y por ello le decimos, como los Apóstoles:

—«Explícanos, Señor, esta parábola.»

Explícanosla como solo Tú sabes y puedes hacerlo: dándonos, con la luz para entenderla, el valor para aceptarla y la fuerza para poner en práctica. Esa era la diferencia que el autor de la *Imitación de Cristo* veía entre las explicaciones de Cristo y las de Moisés o los demás maestros:

«No me hable Moisés ni ninguno de los Profetas —dice el alma piadosa a Cristo—, sino háblame Tú, Señor Dios, inspirador y alumbrador de todos los Profetas.

Pues Tú solo, sin ellos, me puedes enseñar perfectamente; pero ellos, sin Ti, ninguna cosa aprovecharán.

En verdad que pueden pronunciar palabras pero no dan espíritu.
Elegantemente hablan mas, callando Tú, no encienden el corazón.
Dicen la letra, mas Tú abres el sentido.
Predican misterios, mas Tú procuras su inteligencia.
Predican mandamientos, mas Tú ayudas a cumplirlos.
Muestran el camino, mas Tú das esfuerzo para andarlo.
Ellos obran por de fuera, solamente, pero Tú instruyes y alumbras los corazones.
Ellos riegan la superficie, mas Tú das la fertilidad.
Ellos dan voces, pero Tú haces que el oído las perciba...
No me hable, pues, Moisés, sino Tú, Señor Dios mío.»

—«Explícanos, Señor, esta parábola.»
Danos —como pedía San Ignacio— conocimiento interno de tus enseñanzas: *interno hacia la más profunda comprensión de las mismas,* para que no nos quedemos en la corteza, sino que percibamos el fondo; e *interno hacia nuestro interior,* a fin de que no se queden en nuestra inteligencia teórica, sino que ahonden hasta mover los resortes de nuestra voluntad para ponerlas en práctica.

No permitas, Señor, que nos quedemos a medias.
Explícanos, como a los discípulos de Emaús, todas tus parábolas, para que nos arda el corazón por el camino, de manera que nuestra aceptación de tus enseñanzas por la fe se traduzca en coherencia de nuestra conducta con las verdades que profesamos.

CUESTIONARIO

— ¿Nos esforzamos por asumir las enseñanzas de Cristo aun cuando nos resulten desagradables o difíciles?

— ¿Qué hacemos para mejorar nuestra formación religiosa y nuestro conocimiento del Evangelio?

— ¿Tratamos de amoldar, con la ayuda de Dios, nuestros comportamientos a la fe que profesamos?

70

«SEÑOR, EL QUE AMAS ESTA ENFERMO»
(Jn 11,3)

Esta es la oración con que las hermanas de Lázaro pidieron la intervención del Señor, cuando enfermó su hermano.
Jesús se había retirado, huyendo del acoso de los fariseos, a la región de Perea, al otro lado del Jordán. Y allá enviaron este aviso las hermanas del enfermo, Marta y María.
Porque el ruego parece —y es— simplemente un aviso.
No hacía falta más, dado el afecto que Jesús tenía a los tres hermanos, en cuya casa de Betania se hospedaba a menudo cuando andaba por Jerusalén.
Justamente *por su brevedad* este corto mensaje de Marta y María es modelo de oración para nosotros.
Jesús había dicho en el Sermón de la Montaña: «Y al orar, no ensartéis palabras y palabras como los gentiles, porque se figuran que a fuerza de palabras van a ser oídos. Vosotros no os parezcáis a ellos; que bien sabe vuestro Padre de qué cosas tenéis necesidad, antes de que las pidáis» (Mt 6,78).
Con ello no quería decirnos el Señor que no pidiéramos nada.
Nuestro Padre sabe de qué cosas tenemos necesidad; pero a nosotros nos hace falta repasarlas para tomar conciencia de nuestra absoluta pobreza.
Cuando se las pedimos, levantamos acta de nuestra indigencia y reconocemos que Dios lo tiene todo y lo puede todo.
La oración de las hermanas de Lázaro solo trata de poner en contacto la omnipotencia divina de siempre con la necesidad humana del momento.
Pero además lo hacen con acierto.
No recurren expresamente a la omnipotencia, sino al efecto y cariño que saben siente hacia ellos: «El que amas está enfermo.» No dicen más, porque saben que no es necesario. Y que eso que dicen tiene fuerza para El.
No le recuerdan los milagros que le han visto obrar; no le hacen memoria de la hospitalidad con que tantas veces le han recibido en su casa; no le pasan factura —como a veces hacemos nosotros— de los servicios prestados; ni siquiera le dicen —bien

lo sabía y agradecía El— lo mucho que le quiere toda la familia.
El único aval que le presentan para asegurarse de que los va a atender es el afecto que saben tenía al enfermo El.
Y aciertan.

Han sabido pulsar la tecla más sensible en el Corazón de Cristo: su amor incontenible a todos los que sufren.

«Amaba Jesús a Marta, y a su hermana y a Lázaro» (Jn 11,5).
Y a pesar del peligro que le acecha, Jesús vuelve a Judea.

Cuando llegó junto al sepulcro de Lázaro, Jesús se echó a llorar. Decían los judíos: ¡Cómo lo quería! (Jn 11,35ss).

Sabían lo que decían sus hermanas cuando le mandaron el recado aquél.

Si porque vieron llorar la muerte de Lázaro dedujeron los judíos que lo quería mucho, ¿qué deberíamos deducir nosotros al saber que no solo se limitó a llorar, sino que fue a la muerte por nosotros?

Motivos sobrados tenemos para decirle cuando nos aqueje algún mal:

—¡Señor! El que amas está enfermo.

CUESTIONARIO

— ¿Es nuestra oración confiada como la de Marta y María?

— ¿La apoyamos, más que en nuestros méritos, en el amor que Dios nos tiene?

— ¿Le agradecemos que así sea?

«¡SEÑOR, QUE SE ABRAN NUESTROS OJOS!»
(Mt 20,33)

Esto pedían al Señor los ciegos —en plural según San Mateo, en singular según San Marcos y San Lucas— que a la salida de Jericó estaban sentados junto al camino y, al oír el bullicio del acompañamiento de Jesús, trataron de interesarle en su favor:
«Jesús se detuvo, los llamó y les dijo:
—¿Qué queréis que os haga?
Dícenle:
—¡Señor, que se abran nuestro ojos!»

¡Maravillosa petición para nuestras horas de retiro silencioso ante el Sagrario!

No se trata simplemente de evitar el sueño que a veces nos invade y cierra nuestros párpados.

Hay algo más importante que nos debe preocupar.

Víctimas incurables de la ceguera física, aquellos pobres mendigos de Jericó, ante la buena disposición de Jesús para concederles lo que le pidan, responden sin pensarlo que lo mejor que puede hacer por ellos es abrirles los ojos para que vean.

Sólo el que nació o se volvió ciego sabe lo que es la oscuridad permanente. Los videntes no apreciamos, como es debido, la luz.

Si nosotros no le pedimos al Señor que nos abra los ojos en la vida espiritual, es porque no nos sentimos víctimas de una auténtica ceguera moral.

Y es un error.

Porque moralmente somos ciegos o, al menos, cortos —¡muy cortos!— de vista.

No vemos con claridad las exigencias del Evangelio.

No percibimos lo que en realidad nos conviene y lo que nos hace daño.

Y, sobre todo, no acertamos a ver la mano de Dios en los acontecimientos que nos afectan.

Hay que hacernos sensibles a esta nuestra ceguera.

Jesús dijo un día que había venido al mundo «para que los que no ven, vean» (Jn 9,39).

Y merece la pena recordar lo que dijo entonces a los fariseos que no querían reconocerse ciegos:

—«Si fuerais ciegos (es decir, si reconocierais vuestra ceguera), no tendríais pecado; pero como decís: Vemos (no queréis reconocer que estáis ciegos), vuestro pecado permanece» (Jn 9,41).

Nosotros, Señor, somos y nos reconocemos ciegos espiritualmente. Aunque Tú nos llamaste bienaventurados por el don de la revelación («¡Dichosos vuestros ojos, porque ven!»: Mt 13,16), reconocemos que nos cuesta trabajo ver la luz.

Nos ofuscan los resplandores más cercanos de las cosas de acá.

¡Ten compasión de nosotros, Hijo de David!

¡Señor, que se abran nuestros ojos!...

Los tres evangelistas sinópticos concuerdan en afirmar que los ciegos curados «siguieron a Jesús» (Mt 20,34; cf. Mc 10,52; Lc 18,43).

Sólo si el Señor remedia nuestra ceguera, podremos seguirle a donde quiera que vaya, sin equivocar el camino y abrazándonos con todas las exigencias del Evangelio.

CUESTIONARIO

— ¿Tenemos conciencia de nuestra ceguera espiritual?

— ¿Damos gracias por el don de la fe y pedimos perdón por no vivirla íntegramente?

— ¿Con qué frecuencia pedimos al Señor que nos conserve y aumente la fe?

«CREO, SEÑOR, PERO AYUDA TU MI INCREDULIDAD» (Mc 9,24)

El aparente retruécano de esta oración, que parece afirmar y negar a la vez una misma cosa, es una muestra de sinceridad emocionante en el que la pronuncia.

Se trata del padre del sordomudo epiléptico al que en vano trataron de curar los nueve Apóstoles que Jesús dejó en las faldas del Tabor, cuando subió con Pedro, Santiago y Juan al monte de la Transfiguración.

Al bajar, se encontró a los fariseos rebosantes de gozo ante el fracaso de los Apóstoles.

El padre del muchacho se dirigió a Jesús diciéndole:

—Si algo puedes, ayúdanos, compadeciéndote de nosotros.

Jesús le dijo:

—¿Qué es eso de «si puedes»? ¡Todo es posible para quien cree!

Esta velada represión del Maestro y la acusación de incrédulos que previamente había lanzado a los fariseos hicieron temblar al pobre hombre, que creía tener fe, pero acaso insuficiente.

Y tal como lo pensaba, lo dijo:

—Creo, Señor, pero ayuda Tú mi incredulidad.

Igual nos pasa a nosotros.

Tenemos fe, pero mortecina.

Quizá un poco mayor que la del padre del epiléptico, puesto que estamos seguros de que el Señor lo puede todo.

Lo que flaquea en nosotros es la seguridad de que se quiera emplear a fondo para ayudarnos, cosa que al Señor le desagrada quizá más que la falta de fe en su poder.

Por lo menos, Señor, coincidimos con el pobre hombre del Evangelio en creer que Tú nos puedes ayudar a fortalecer nuestra fe deficiente. Y porque esa fe no nos falta, te pedimos confiadamente que ayudes nuestra incredulidad.

Las virtudes infusas no son como las adquiridas, que se aumentan y robustecen con la repetición de actos. Son absolutamente don de Dios. Por tanto, de El depende su robustecimiento y aun su supervivencia.

Bien está que hagamos frecuentes actos de fe, entre otras cosas porque los regalos que Dios nos da son para usarlos, y porque sabemos que la fe le agrada y que «sin fe es imposible agradar a Dios» (Heb 11,6).

Pero conscientes de que en este caso especialmente «ni el que planta es algo, ni el que riega, sino Dios que hace creer» (1 Cor 3,7), de Dios tenemos que esperar, y a Dios tenemos que pedir, que nos mantenga la fe.

Para ello es preciosa y utilísima la oración del padre del paralítico que estamos considerando. Puede servirnos también la de los Apóstoles: «Señor, aumenta nuestra fe» (Lc 17,5). Pero la de buen hombre del Evangelio tiene la doble ventaja de ser simultáneamente acto de fe y reconocimiento de una fe deficiente, y de proclamar la necesidad que tenemos de la ayuda divina para que no se nos venga abajo.

Digamos, pues, una y mil veces:
—Creo, Señor, pero ayuda Tú mi incredulidad.

Aparte de otras cosas, al Señor le hará recordar la satisfacción que, en medio de la frialdad incrédula de los fariseos, le produjo cuando se la oyó al padre del epiléptico por primera vez.

CUESTIONARIO

— ¿Estoy convencido de que la fe es exclusivo don de Dios?
— ¿Reconozco los pocos quilates que la mía tiene?
— ¿Se la pido al Señor frecuentemente?

«¡SEÑOR!, SI QUIERES, PUEDES LIMPIARME»
(Mt 8,2; Mc 1,40; Lc 5,12)

Esta —de un leproso anónimo— es una de las oraciones del Evangelio más elocuentes en su brevedad, y mejor construidas para conseguir del Señor lo que se pide.

Al proclamar públicamente que Jesús tenía poder para limpiarlo de la lepra, el enfermo comprometió al Maestro; puesto que, si no le curaba, iba a quedar en evidencia. Las gentes pensarían: No le cura porque no quiere. Y a nivel humano, dejar de curar a un leproso, cuando se tiene en la mano el poder hacerlo, no iba a encontrar en los circunstantes explicación aceptable.

En efecto. Jesús no podía decir en público que no quería curar al leproso. Y por eso contestó:

—Quiero: queda limpio.

El ardid resultó infalible.

Y sin embargo a mí no me gusta «obligar» de esa manera al Señor a que me escuche y atienda.

Sé que a El no le molesta nunca nuestra oración aunque parezca, por su insistencia o por su formulación forzada, inoportuna o incluso impertinente.

Pero considero innecesaria —e improcedente— una oración de ese tipo, si me fío —como debo fiarme— de El.

Por de pronto, hay ocasiones en las que pido cosas, cuya consecución no estoy —no debo estarlo— seguro de que me convenga.

Yo quisiera en estos casos emplear la misma fórmula del leproso del Evangelio —porque es hermosa y porque a Jesús le recuerda aquel momento de su vida mortal—, pero con otro alcance y significación.

¿Me apetece obtener esto o aquello? Concédemelo, Señor... ¡si te apetece a Ti!

Sé que puedes hacerlo. ¡Hazlo, si quieres!

No te sientas obligado. Yo no Te quiero forzar. Házmelo, pero sólo ¡si quieres!

Porque con la misma certeza con la que estoy seguro de que puedes hacerlo, estoy seguro de que lo que quieras Tú es lo que me conviene a mí.

Tu voluntad no es caprichosa.
Ni egoísta.

Quiere mi bien como lo quiero yo. Pero sabe mejor que yo dónde está mi bien.

Como el leproso del Evangelio, yo creo en tu Omnipotencia; pero, por encima de esa fe, me fío de tu bondad para conmigo.

Si no me concedes lo que te pido, no voy a pensar jamás que te falte poder para concedérmelo, ni bondad para procurar mi bien. Acepto de antemano que sólo Tú sabes con certeza lo que de verdad me conviene.

Otras veces Te pediré cosas, Señor, que evidentemente me convienen.

Quiero pedírtelas también con la misma condición: ¡Si quieres!

Porque el hecho de que me sean necesarias —necesaria me es tu misericordia y tu perdón, y tu gracia y tu ayuda, y Tu mismo— no me da derecho a exigírtelas.

Sé que todas esas cosas me las vas a dar porque eres bueno.
Sé que porque eres bueno quieres dármelas.

Por eso, aunque las necesito mucho —y me convienen y me va todo en ellas— te pido que me las des... ¡si quieres!

¡Estoy seguro que quieres!

¿Te gusta así mi oración?

CUESTIONARIO

— Cuando pido algo al Señor ¿va unida a mi fe en su omnipotencia mi confianza en su bondad?

— Y, en consecuencia, cuando no me lo concede, ¿sigo fiándome de su bondad, y busco en otro motivo que no sea su falta de amor la razón de la negativa?

— ¿No será que no me conviene, o que no me lo merezco, o que el Señor quiere que insista, o quiere someter a prueba mi confianza?

74
«¡SEÑOR, NO TENGO A NADIE...!»
(Jn 5,7)

Porque no tenía a nadie, llevaba treinta y ocho años aquel paralítico junto a la piscina de Bethesda, en Jerusalén, donde «de tiempo en tiempo un ángel del Señor bajaba al estanque y removía el agua, y el primero que después de la agitación del agua entraba en ésta quedaba sano de cualquier enfermedad que le aquejase» (Jn 5,4).

Nuestro pobre paralítico no se podía valer por sí mismo.

«No tenía un hombre, que cuando se removía el agua, le echara al estanque.» Y

nunca llegaba a tiempo.

Menos mal que un día llegó Jesús y le dijo: «Levántate, toma tu camilla y anda. Y al instante quedó curado» (Jn 5,8).

Todos nosotros, por el pecado, éramos paralíticos.

No nos podíamos valer, y no había hombre que pudiera echarnos una mano.

El pecado, aun siendo una acción de seres limitados, tiene una dimensión infinita por el hecho de que la gravedad de la ofensa se mide por la dignidad de la persona ofendida. Puesto Dios a exigir a los hombres una reparación en justicia, ningún hombre, ni todos los hombres juntos, era capaz de prestarla, dado que la reparación se mide por la categoría de la persona que la hace, y todos nosotros somos finitos y limitados. Sólo Jesús —el Verbo de Dios hecho Hombre— pudo, en nombre de los hombres, ofrecer a Dios una satisfacción infinita, por ser —como era— Persona Divina.

Con razón podemos y debemos decir todos los hombres con el paralítico del Evangelio:

—¡Señor, no tengo a nadie!

Nadie me puede salvar.

¡Sólo Tú, Señor!

Como decía muy bien San Pedro a las turbas de Jerusalén: «No se da en otro ninguno la salvación, porque no hay debajo del cielo otro nombre dado a los hombres, por el cual hayamos de ser salvos» (Hch 4,12).

Interesante tema para nuestra acción de gracias una y mil veces.

Pero tema también —¡y preocupante!— para nuestra reflexión.

Cristo, al incorporarnos a Sí por el Bautismo, nos ha hecho salvadores con El.

Quiere que demos la mano a los paralíticos que nos rodean, para que puedan salvarse.

¿Podría un día alguno de estos vecinos nuestros decirle al Señor: «No tuve un hombre que me ayudara»?

Lo que para él sería un excusa, que aminoraría su culpabilidad, sería para nosotros —¡contra nosotros!— una gravísima acusación.

Que ningún paralítico de nuestro barrio pueda nunca decirlo con razón.

Hay que ser para nuestros prójimos ese hombre que acaso necesitan, el hombre que les de la mano, el hombre que los ayude a salvarse.

El hombre que Dios quiere que tengan.

Para que no puedan decir: No tengo a nadie.

CUESTIONARIO

— ¿Pensamos alguna vez en la situación dramática de la Humanidad pecadora, si no hubiera habido redención?

— ¿Se lo agradecemos a Dios?

— ¿Hacemos algo para ayudar a los paralíticos espirituales que conocemos?

75

«¡SEÑOR, MUESTRANOS AL PADRE!»
(Jn 14,8)

Tantas cosas buenas decía Jesús de su Padre Celestial que a los Apóstoles les entraron ganas de conocerle. No tenían idea clara de la divinidad de Cristo; pero comprendían que llamaba Padre a Dios y que se trataba con él muy de tú a tú. Para colmo en el discurso de Despedida del Jueves Santo acaba de decirles: «Si me conocéis a Mí, conoceréis también a mi Padre; desde ahora lo conocéis y le habéis visto.»
Pero ellos no habían visto a nadie.
De ahí la ingenua petición de Felipe:
—¡Señor, muéstranos al Padre y nos basta!
Vino a decir: Tú dices que le hemos visto. Pero no le hemos visto. Haz que lo veamos, y en paz.
Jesús le contesta: «Tanto tiempo hace que estoy con vosotros, ¿y no me conoces, Felipe? El que me ha visto a Mí, ha visto al Padre. ¿Cómo dices tú: Muéstranos al Padre? ¿No crees que Yo estoy en el Padre y el Padre está en Mí?» (Jn 14,910).
Todavía entonces era mucha teología para Felipe —y para los demás— entender el misterio de la Trinidad y lo que llaman los teólogos la «circuminsesión» o íntima presencia de cada una de las Tres Personas en las otras dos.
Pero hay en la respuesta de Jesús una cosa clara que Felipe hubo de entender y que entendemos cualquiera de nosotros sin ser teólogo: «El que me ha visto a Mí, ha visto al Padre.» Que es como si dijera: Yo soy un retrato del Padre.
Y así es.
La Encarnación del Verbo hace visible a Dios en carne humana.
El hombre es incapaz de ver a Dios. Dice San Juan al final del Prólogo de su Evangelio: «A Dios no le ha visto nadie jamás. El Hijo Unico, que está en el seno del Padre, nos lo ha revelado» (Jn 1,18).
El Nacimiento de Jesús —el Hijo de Dios hecho hombre— nos ha hecho posible ver a Dios. Más tarde, cuando sea mayor, nos dirá muchas cosas del Padre, nos dará a conocer conceptual-

mente cómo es el Padre. Pero, ya desde niño recién nacido, El es «Dios con nosotros».

Emmanuel (= Dios con nosotros) no es un simple nombre teóforo, como tantos otros que llevaron piadosos judíos y en los que entraba como componente el nombre de Dios.
Es una estremecedora realidad.
Cristo es «La imagen de Dios invisible» (Col 1,15).

En consecuencia, ya no es preciso decir como Felipe: «¡Señor, muéstranos al Padre!»
Basta con decir a María, junto al pesebre de Belén o en el silencio de Nazaret —como decimos en la Salve—: «¡Muéstranos a Jesús!»
Déjanos verle, adorarle y tenerle.
Quien le ve a El, ve al Padre.
Quien le adora a El, adora al Padre.
Quien le tiene a El, tiene al Padre.

CUESTIONARIO

— ¿Sabemos ver, aunque nos asombre, en Jesús recién nacido el retrato de Dios Padre?

— ¿Procuramos que «su conocimiento visible nos lleve al amor de lo invisible»?

— ¿Agradecemos a Dios el milagro que ha hecho para dejarse ver?

«MÁNDAME IR A TI SOBRE LAS AGUAS»
(Mt 14,28)

Tal como la dijo Pedro, esta oración no la debemos rezar nosotros nunca.
Porque en él fue consecuencia de una falta de fe.
Tras la primera multiplicación de los panes, para evitar que los Apóstoles se unieran a las turbas que pretendían hacer Rey a Jesús, el Maestro «los obligó a subir a la barca, y a ir por delante de él a la otra orilla, mientras Él despedía a la gente. Después de despedir a la gente, subió al monte a solas para orar. Al atardecer estaba solo allí. La barca se hallaba ya distante de la orilla... zarandeada por las olas, pues el viento era contrario.
A la cuarta vigilia de la noche (entre las 3 y las 6 de la madrugada) vino Jesús hacia ellos caminando sobre el mar.
Los discípulos, viéndolo caminar sobre el mar, se turbaron y decían:
—¡Es un fantasma!
Y de miedo se pusieron a gritar.
Pero al instante les habló Jesús diciendo:
—¡Ánimo! Soy Yo; no tengáis miedo.
Pedro le respondió:
—¡Señor! Si eres Tú, mándame ir a Ti sobre las aguas» (Mt 14,28)

Pedro hizo mal.
Porque no debió dudar, y dudó.
Su petición fue debida a su falta de fe.
Por eso luego zozobró y estuvo a punto de hundirse.
Pero es una petición muy hermosa —y muy grata al Señor— si suprimimos la condicional, y se la hacemos con fe:
—¡Señor! Mándame ir a Ti sobre las aguas.
Así rezaba San Ignacio de Loyola en su famoso «¡Alma de Cristo, santifícame!»:

«Oh Buen Jesús, óyeme:
Dentro de tus llagas escóndeme.
No permitas que me aparte de Ti.

Y mándame ir a Ti,
para que con Tus santos Te alabe
por los siglos de los siglos.»

Ocurre, sin embargo, que —como tantas otras veces— nuestras oraciones llegan tarde. También en esta ocasión te adelantaste a lo que te íbamos a pedir.

Porque antes de la multiplicación de los panes refiere tu Evangelista lo que dijiste un día:

—«Venid a Mí todos los que estáis fatigados y sobrecargados, y Yo os daré descanso» (Mt 11,28).

Pero yo insisto en pedirte ayuda, para que me salves del naufragio.

Sé con certeza que Tú estás ahí, majestuosamente ingrávido, de pie sobre las aguas.

Pero a mí me anega el mar, porque tiene poder sobre mí —y mucho desgraciadamente— la fuerza de gravedad de este planeta en el que vivo.

Por eso pienso con el Salmista:

—«Si el Señor no hubiera estado con nosotros
cuando contra nosotros se alzaron los hombres,
... las aguas nos habrían anegado,
habría pasado sobre nosotros un torrente:
habrían pasado sobre nuestras almas
aguas espumantes.»

(Sal 69,23)

Me pesa mucho este cuerpo de pecado.
Tiran de mí hacia abajo fuerzas misteriosas.
Pero si Tú me das la mano, podré salir a flote.
—¡Señor! Mándame ir a Ti sobre las aguas.

Me voy a aprender muy bien esta oración de Pedro, para decírtela siempre con fe, cuando me vea en peligro de hundirme.

Yo sé que eres Tú —me lo ha recordado tu Evangelista— quien me manda ir a Ti.

Y Te digo con San Agustín:

—Dame, Señor, lo que me pides, y pídeme lo que quieras. ¡Mándame ir a Ti sobre las aguas!

Así me acostumbraré a conocer tu voz, y a seguirla —llevado de tu mano— hasta que Te oiga decir:

—«Venid, benditos de mi Padre, —pisando victoriosos las aguas de la muerte— a poseer el Reino preparado para vosotros desde la creación del mundo» (Mt 25,34).

E iré —¡seguro que iré!— sobre las aguas hasta Ti.

CUESTIONARIO

— ¿Cómo ando de confianza en el Señor?

— ¿Estoy seguro de que detrás de los acontecimientos desagradables está El?

— ¿Es lo suficientemente viva en mí esta seguridad de su presencia como para no perder la paz ni la certeza de que su mano me va a salvar?

«¡MAESTRO! BUENO ES ESTARNOS AQUI. VAMOS A HACER TRES TIENDAS: UNA PARA TI, OTRA PARA MOISES Y OTRA PARA ELIAS»
(Lc 9,33; Mt 17,4; Mc 9,5)

Resulta delicioso el episodio de la Transfiguración, que Jesús ofreció a sus discípulos para levantar su ánimo decaído por el primer anuncio de la Pasión.

Según San Lucas, la Transfiguración tuvo lugar «mientras Jesús oraba». Sus vestiduras se volvieron de un blanco tal que —en expresión de San Marcos 9,3— «ningún batanero de la tierra sería capaz de blanquearlas de ese modo».

Me parece entender que la transfiguración de cada uno de nosotros y de la Iglesia, a la que todos deseamos ver blanca y resplandeciente, no es obra de bataneros, sino fruto de oración.

¡Oración, sí; bataneros, no!

Y, sin embargo, abundan entre nosotros los bataneros empeñados en purificar a la Iglesia a base de palmetazos duros de denuncias inmisericordes, o incluso afanosos por blanquear el propio rostro del alma a fuerza de brazos y de actividad bataneril.

¡Cuándo nos convenceremos de la fuerza transfiguradora de la oración, acompañada del sacrificio de la subida al monte y de las noches en vigilia, como en el Tabor!

Cuando Pedro vio lo que vio, dijo aquello que dijo.

Tengo puesto su parlamento entre las oraciones que no debemos rezar, porque San Lucas dice que «no sabía lo que decía», y San Marcos advierte que «no sabía qué responder, porque estaban atemorizados».

Dos cosas hay que me parecen aceptables y que podemos repetir en nuestra oración.

Es la primera la afirmación gozosa de que *se está muy bien aquí*, es decir, ante el Señor transfigurado y glorioso, que es como está en el Sagrario.

Me gustaría decírselo en todos los tonos y en todas las lenguas a los que no lo han probado nunca, y se encuentran a gusto en otros sitios.

«Estar con Jesús es dulce paraíso» —decía Kempis.

La segunda cosa buena en el discurso de Pedro es la generosidad con que se olvida de sí mismo, y sólo sueña en construirles tiendas a Jesús, Moisés y Elías. Esto de preocuparse por los demás es secuela obligada para el que advierte la generosidad del Señor en la Eucaristía.

Quizá lo único que no esté bien —porque eso sí que tiene mucho de egoísmo— es el afán de eternizar ese momento feliz, cuando todavía está sin realizarse la Redención dolorosa de la que hablaban, entre los esplendores del Tabor, Jesús y sus dos acompañantes.

Mientras estamos todos comprometidos en la tarea solidaria de salvar al mundo, no se deben construir en los montes de la Tierra tiendas de campaña para un descanso prematuro y egoísta.

Y además... «no tenemos aquí ciudad permanente, sino que vamos en busca de la futura» (Heb 13,14).

Por otra parte, Pedro, no tengas miedo de que el Maestro se vaya.

Recuerda que ya al encarnarse, «fijó su tienda entre nosotros» (Jn 1,14).

Y en la Eucaristía, que os prometió en Cafarnaúm, va a cumplir su palabra de «estar con nosotros todos los días hasta el fin del mundo» (Mt 28,20).

Te saliste con la tuya.

Nuestros Sagrarios son esa Tienda que tu le querías construir.

Y qué razón tenías para ponderar lo bien que se está aquí...

CUESTIONARIO

— ¿Me encuentro como Pedro en el Tabor cuando estoy con el Señor en la Eucaristía?

— ¿Me anima el trato con El a pensar en los demás y a preocuparme por ellos?

— ¿Sé encontrar en la Eucaristía la fuerza necesaria para afrontar las dificultades de mi vida de cristiano?

«SEÑOR, ¿QUE QUIERES QUE HAGA?»
(Hch 22,10)

Esta fue la respuesta de Pablo a la aparición de Jesús Resucitado, que en el camino de Damasco le hizo caer a tierra y reconocer su tremenda equivocación al perseguirle.

Nos lo cuenta el propio Apóstol en su autodefensa ante los judíos, cuando en Jerusalén intentaron lincharle.

Su conversión había sido fulminante.

La leyenda posiblemente habría imaginado al converso agobiado por un angustioso arrepentimiento, convertido en un mar de lágrimas y de lamentaciones por su conducta anterior.

Pero el testimonio auténtico del protagonista dice otra cosa.

A Pablo le pareció tiempo perdido el que empleara en llorar y lamentarse.

Y no había tiempo que perder.

Lo que había que hacer era reparar y suplir con una vida nueva la empleada equivocadamente hasta el momento.

No cedió, sin embargo, el Apóstol a la tentación de un activismo, que hubiera sido estéril igualmente, si no se ajustaba al plan de Dios.

No canalizó su vida a predicar a los de su raza, aprovechando su prestigio ante ellos: Habría fracasado rotundamente.

Y es que los proyectos humanos solo tienen valor cuando se ajustan al divino querer.

Por eso Pablo prefiere indagar la voluntad de Dios.

Y le pregunta:

—Señor, ¿qué quieres que haga?

No le contesta el Señor inmediatamente, sino que le manda entrar en Damasco, y allí se le dirá lo que ha de hacer.

Y así comenzó la asombrosa actividad del incansable Apóstol de las gentes.

Gran lección para nosotros.

No es bueno —sino en la medida en que nos estimule a ser mejores— gastar mucho tiempo en lamentaciones por nuestros pasados yerros.

Pero tampoco es bueno lanzarse, como reparación, a un activismo incontrastado.

Porque no nos santifican las obras que hacemos, sino el acoplamiento de nuestro querer y obrar a la voluntad divina.

Hay que acostumbrarse a dar más lugar en nuestras vidas a la iniciativa divina. Hay que preguntar a menudo:

—Señor, ¿qué quieres que haga?

No siempre responderá inmediatamente el Señor.

A veces tendremos que pedir ayuda para descubrir su voluntad.

Y en ocasiones nos veremos precisados a guiarnos por las circunstancias y a elegir... «a la buena de Dios».

¡Nunca mejor dicho!

Para Dios esa elección es cosa grata.

No nos hemos dejado llevar de nuestro primer impulso.

Hemos buscado lo que Dios nos pide, y si al final obramos aparentemente por cuenta propia, es porque el Señor ha querido dejar a nuestra responsabilidad personal la definitiva elección.

Y mejor todavía, si aun entonces —al tener que resolver por cuenta propia— le decimos antes nuevamente:

—Señor, ¿qué quieres que haga?

CUESTIONARIO

— ¿Tengo costumbre de consultar con el Señor las decisiones que tengo que tomar en mi vida?

— ¿Busco el asesoramiento de otros para no obrar por capricho propio?

— ¿Estoy convencido de que sólo vale lo que hacemos en consonancia con la voluntad de Dios?

«SEÑOR, TE SEGUIRE ADONDEQUIERA QUE VAYAS» (Lc 9,57; Mt 8,18)

Históricamente es una oración muy humana.

La pronunció un buen judío, contemporáneo de Jesús, —un escriba, según San Mateo 8,19— entusiasmado con los triunfos del Rabbí galileo, y esperando tal vez que los seguidores inmediatos habían de ocupar los primeros puestos en el Reino mesiánico anunciado por Jesús como inminente, y que él, como la mayoría de sus paisanos coetáneos, imaginaba al estilo de los reinos de la tierra.

La respuesta de Jesús fue contundente: «Las zorras tienen guaridas y las aves del cielo, nidos; pero el Hijo del Hombre no tiene donde reclinar su cabeza.»

El Evangelio no dice cuál fue la reacción del escriba; pero todo hace pensar que se volvió atrás.

Las cosas no eran como él las había imaginado, y las perspectivas del reino famoso no se presentaban de tejas abajo muy halagüeñas.

A nosotros ya no nos puede pasar lo mismo.

Sabemos que el Reino de Jesús «no es de este mundo» (Jn 18,36), y cuando nos comprometemos a seguirle, ya no lo hacemos normalmente buscando el medro temporal.

Pero puede haber en nuestro ofrecimiento un olvido de las condiciones exigidas para entrar en el Reino espiritual:

«No todo el que me diga ¡Señor, Señor! entrará en el Reino de los cielos, sino el que haga la voluntad de mi Padre celestial» (Mt 7,21). «No podéis servir a Dios y al dinero» (Mt 6,24).

«Si a Mí me han perseguido, también os perseguirán a vosotros» (Jn 15,20).

«Si alguno quiere venir en pos de Mí, niéguese a sí mismo, tome su cruz y sígame» (Mt 16,24).

«Dejad que los muertos entierren a sus muertos» (Lc 9,60).

«Nadie que pone la mano en el arado y vuelve la vista atrás es apto para el Reino de los cielos» (Lc 9,62).

«Si alguno viene a Mí y no pospone a su padre, a su madre, a su mujer, a sus hijos, a sus hermanos, a sus hermanas, y hasta a su propia vida, no puede ser discípulo mío» (Lc 14,26).

Seguir a Jesús no es abonarse a dormir en un lecho de rosas. Lo cual no quiere decir que no debamos apuntarnos a su seguimiento.

Pero hay que hacerlo con conocimiento de causa y aceptando generosamente todas sus consecuencias.

Eso sí: a sabiendas de que las duras condiciones impuestas no son caprichosas ni con el simple fin de mortificar.

Tienen providencialmente razón de causa y efecto en orden a la felicidad futura.

Y, sobre todo, el Señor es buen pagador.

Aunque no debamos estar pasándole facturas continuamente —son muchas más las que nosotros le tendríamos que pagar a El— conviene recordar la pregunta de Pedro un día («Ya lo ves, nosotros lo hemos dejado todo y te hemos seguido, ¿qué recibiremos, pues?») y la respuesta de Jesús: «Nadie que haya dejado, casa, mujer, hermanos, padres o hijos, por el Reino de Dios, quedará sin recibir mucho más al presente y, en el mundo venidero, vida eterna» (Lc 18,29ss).

Así pues, no dudemos en decirle cada día:

—Señor, te seguiré adondequiera que vayas.

Porque, dicho como debe decirse, Le agrada.

¡Y lo agradece!

CUESTIONARIO

— ¿Conozco las exigencias que entraña el seguimiento de Jesús?

— ¿Tengo fe suficiente para aceptar que merece la pena arrostrarlas?

— ¿Cómo vivo mi ofrecimiento a seguirle adondequiera que vaya?

80
«EL QUE QUIERA VENIR EN POS DE MI, NIEGUESE A SI MISMO...» (Mc 8,34)

Abro el Evangelio de San Marcos y leo el pasaje 8,27-35.

Sabido es que los judíos contemporáneos de Jesús tenían un concepto equivocado del Mesías por venir, al que imaginaban como un guerrero triunfador e invencible que había de liberar a su pueblo de la esclavitud de los romanos.

Jesús, que inicialmente no tocó ese tema, cuando tuvo convencidos a sus íntimos de que El era el Mesías esperado, se apresuró a corregir esa concepción equivocada presentándose como el Mesías paciente anunciado por Isaías en los cánticos del Siervo de Yahvé.

El pasaje que acabo de leer refiere ese preciso momento.

Jesús pregunta a sus Apóstoles quién dicen las gentes que es El, y quién piensan ellos que es. Pedro, en nombre de los doce, confiesa la mesianidad de Jesús, y Este inmediatamente les hace el primer anuncio de su Pasión redentora, provocando en Pedro una protesta que Jesús reprende enérgicamente:

—«¡Quítate de mi vista, Satanás! ¡Tú piensas como los hombres, no como Dios!»

El mismo doble episodio es referido por San Mateo 16,13-23.

Marcos, que, como es sabido, recoge la predicación oída de viva voz a San Pedro, acentúa —sin duda como hacía éste— los episodios que le humillan, y silencia modestamente los que le ensalzan. Por ello Marcos no refiere las palabras de elogio que Jesús dirige a Pedro tras la confesión de su mesianidad y que recoge San Mateo:

—«¡Dichoso tu, Simón bar Yona, porque no te ha revelado esto la carne ni la sangre, sino mi Padre que está en los cielos!» (Lc 6,17).

Conviene oir este elogio, porque así resalta más el tremendo contraste con la reprimenda siguiente en la que Jesús asegura que Pedro, al rechazar al Mesías paciente, *no piensa como Dios, sino a lo hombre.*

Han pasado casi veinte siglos, y ninguno de nosotros hoy tiene la más mínima dificultad, ni siente el menor escándalo en aceptar la ignominiosa Pasión redentora del Mesías, que sabemos fue el precio de nuestra rehabilitación. Pero eso no basta.

«La fe sin obras está muerta» —nos recuerda Santiago 2,17.

Hay que aceptar la dimensión paciente de todo cristiano.

Hay que aceptar que «el discípulo no es de mejor condición que su Maestro» (Mt 10,24).

Jesús no ha venido para enseñarnos «teóricamente» el camino que lleva a Dios: —El mismo es el Camino (Jn 14,6).

Y nuestra incorporación a El por el Bautismo identifica nuestro destino con el suyo.

Para triunfar el domingo de Pascua, como El, hay que pasar, como El, por la Pasión del Viernes Santo.

Hemos sido incorporados al Mesías paciente.

Por eso el doble episodio que estamos considerando termina con estas palabras de Jesús:

«Si alguno quiere venir en pos de Mí, niéguese a sí mismo, tome su cruz y sígame.»

¡Ayúdame, Señor!

Quiero corregir en este punto mis ideas, tan equivocadas como las de los judíos de tu tiempo acerca de tu mesianidad.

Grábame a fuego esta verdad: Para estar un día donde Tú estás, tengo que pasar por donde pasaste Tú.

CUESTIONARIO

— ¿Acepto de verdad —y no como simple frase retórica— aquello de que «es necesario pasar por muchas tribulaciones para entrar en el Reino de Dios»? (Hch 14,22).

— ¿Estoy dispuesto a seguir a Jesús por el camino real de la Santa Cruz?

— ¿Me siento identificado con el Mesías paciente que quiso ser mi Camino?

«TOMAD SOBRE VOSOTROS MI YUGO»
(Mt 11,29)

Pienso que Jesús llama «yugo suyo», no al que El nos impone, sino a aquel al que va uncido El.
Y la diferencia es abismal.
Si por ser El quien nos lo impone, su yugo ha de ser forzosamente «suave» en contraposición al «yugo de la esclavitud que nos oprimía» (Gál 5,1) o al yugo de la Ley mosaica «que ni nuestros padres ni nosotros pudimos sobrellevar» (San Pedro en Hch 15,10), la suavidad de su yugo será mucho mayor, si lo lleva El con nosotros, uncido al mismo leño.
Y así es en realidad.
San Ignacio, en su famosa meditación-alegoría del Rey temporal, pone en labios de éste la consabida inverosímil proclama que todos conocemos: «Mi voluntad es de conquistar todo el mundo para Dios. Si alguno quisiere venir conmigo, ha de ser contento de comer como yo, de vestir como yo, de velar como yo, y de luchar como yo, para que teniendo parte conmigo en la pelea, la tenga también en gloria.»
Convengamos en que la proclama es inverosímil.
Si un rey temporal cualquiera intentara una leva de ese estilo, como mucho diría a sus seguidores: «Y conste que estoy dispuesto a comer el mismo rancho que cualquier recluta, a hacer las guardias que me toquen, y a pelear como uno de tantos...»
Y estaría rayando ya en lo inverosímil. Pero a San Ignacio se le fue la alegoría tras la realidad insólita en la que estaba pensando.
Porque en nuestro caso la realidad es ésa.
No es que el Señor se amolde a nuestras privaciones y sufrimientos, lo cual ya sería muy de agradecer.
Es que El va delante en todo eso, para que nos cueste menos.
Las privaciones y sufrimientos que su seguimiento nos impone son apenas un pálido reflejo de los que El pasó por nosotros antes.
No es que El se *unza* a nuestro yugo.
Es que nos invita a uncirnos a su lado en el *suyo*.

Vistas así las cosas, entendemos por qué su yugo es suave. Nuestras privaciones y sufrimientos, «conllevados» por El, son menos pesados.

¡Y qué decir del honor que supone sabernos invitados a poner nuestro cuello en su mismo yugo, ese bendito yugo del que Cristo tiró para la salvación del mundo!

Ahora entiendo la alegría incontenible del Apóstol en medio de las pruebas: «Sobreabundo de gozo en todas nuestras tribulaciones» (2 Cor 7,4).

«Con sumo gusto seguiré gloriándome sobre todo en mis flaquezas, para que habite en mí la fuerza de Cristo. Por eso me complazco en mis flaquezas, en las injurias y en las necesidades, las persecuciones y angustias sufridas por Cristo» (2 Cor 12,10).

Y es que, uncidos al yugo de Cristo, es El quien lleva la mayor carga: «Todo lo puedo en Aquél que me conforta» (Fil 4,13).

Y es un honor contribuir con él a su obra salvadora: «Me alegro por los padecimientos que soporto por vosotros, y completo en mi carne lo que falta a las tribulaciones de Cristo en favor de su Cuerpo que es la Iglesia» (Col 1,24).

Quiero, Señor, someter mi indócil cuello a tu yugo salvador.

Sé que me vas a uncir «con coyundas humanas, con lazos de amor», como cantaba Oseas 11,4.

Me suenan a blasfemia los gritos de los enemigos del Mesías, a los que el Salmista oyó decir:

«Rompamos sus coyundas,
sacudamos su yugo» (Sal 2,3).

Pero parece que en ocasiones estuvieran todos dentro de mí gritando la misma insolencia.

Haz que se callen, Señor.

O al menos hazte sordo.

Y no les hagas caso nunca, por más que griten.

CUESTIONARIO

— ¿Me doy cuenta, cuando sufro, de que Jesús me acompaña y comparte mis privaciones y sufrimientos?

— ¿Me acuerdo de los que El pasó por mí?

— ¿Aprovecho el valor salvífico que tienen mis sufrimientos asumidos por El junto a los suyos?

82

«SI HUBIERAS ESTADO AQUI, NO HABRIA MUERTO MI HERMANO» (Jn 11,21 y 32)

Sorprende encontrar la misma expresión tanto en boca de Marta como en labios de María, cuando Jesús llega a Betania a los cuatro días de la muerte de Lázaro.

Aunque no tenía por qué sorprendernos.

La debieron de repetir conjuntamente ambas hermanas siempre, que, a lo largo de aquellos días, lamentaron la ausencia incomprensible del Maestro.

Porque le habían avisado a tiempo.

Y seguras del afecto que Jesús sentía por los tres hermanos, y convencidas de su omnipotencia curativa, no les cabía la menor duda de que su presencia habría evitado el fatal desenlace.

Por eso, como expresión espontánea de una idea fija que, repetida frecuentemente, llevaban a flor de piel, le formulan de idéntica manera su sentimiento, mitad confianza ciega y mitad reproche cariñoso:

—Si hubieras estado aquí, no había muerto nuestro hermano.

Jesús acepta la velada queja de ambas hermanas, porque ellas le habían avisado a tiempo, pero fue El quien decidió voluntariamente retrasar el viaje. Solicita luego la reafirmación de la fe y confianza de Marta, y termina resucitando a Lázaro.

Se me antoja que el hecho tiene transfondo alegórico.

¡Cuántas cosas a nuestro alrededor se mueren porque Jesús no estaba aquí!

Ese matrimonio cristiano, tan sólido en apariencia ayer e irremediablemente roto hoy.

Esa empresa apostólica, de tanta gloria de Dios, extrañamente fracasada.

Esa vocación frustrada.

Aquel fervor de antaño que se nos fue.

Esos intentos fallidos por evitar las guerras o el terrorismo o el suicidio multitudinario de la droga...

¿Habrían sucedido todas esas muertes, si Jesús hubiera estado junto al hecho de los moribundos?

Seguramente que no.

Tendríamos que repetir como Marta y María:
—Señor, si hubieras estado aquí... ¡no habrían muerto!

Si en el amor entre los esposos cristianos hubiera ocupado Jesús (con sus criterios, con sus normas y consejos, con sus gracias garantizadas por el Sacramento) el lugar que le corresponde, no se habría roto de esa forma —irreparable, según dicen, aunque no es verdad— la convivencia matrimonial.

Si en ese quehacer apostólico que llevábamos entre manos hubiera prevalecido la confianza en la acción del Señor «sin el cual nada podemos» (Jn 15,5) sobre nuestro estéril activismo de sarmientos desconectados de la cepa, no se hubiera venido abajo.

Si la vocación al seguimiento inmediato de Cristo se hubiera entendido primariamente como *llamada a estar con El* (Mc 3,14) y se hubiera plasmado en oración e intimidad, que actualizara su presencia, no habría terminado en esa defección lamentable.

Si no hubiéramos perdido el compás de sus pasos, quedándonos rezagados, no habríamos dejado de sentir que el «corazón nos ardía en el camino» (Lc 24,32) junto a El.

Si en las empresas humanitarias y pacifistas, los hombres no prescindieran sistemáticamente de Dios, único Autor posible de paz y armonía entre los mortales, no resultarían fallidos tantos intentos de ponerle fronteras al mal.

La diferencia entre estos casos y el de Marta y María es que la ausencia de Jesús es culpable en nosotros, mientras que no lo fue en las hermanas de Betania: ellas habían solicitado con angustia y esperanza la presencia de Jesús.

A nosotros, en cambio, se nos olvida que sin El no podemos hacer nada.

O nos empeñamos en prescindir de El.

Sobrecoge el afán sistemático de nuestra sociedad secularizada por desahuciar a Dios de la vida individual y colectiva.

¡Cómo si Dios estorbara!
¡Cómo si se pudiera prescindir de El!

¡Cómo si no fuera verdad lo que cantó el Salmista:

> «Si el Señor no construye la casa,
> en vano sudan los albañiles.
> Si el Señor no defiende la ciudad,
> en vano hacen guardia los centinelas»!

(Sal 12,1)

¡Cómo si en el mundo se pudiera instaurar el reinado imperturbable de los derechos humanos, sin que previamente los hombres reconozcan los derechos de Dios!

Habría que conectar los auriculares de nuestro mundo loco —¡y los nuestros!— a la emisora del Evangelio que nos transmite la voz de Marta y María:
—Señor, si hubieras estado aquí, no habría muerto nuestro hermano.

Si el Señor contara más en nuestras vidas, no habría tantos cadáveres que, si se prolonga la ausencia del Señor, jamás resucitarán.
—¡Ven, Señor, Jesús! ¡El que amas está enfermo!
¡Que no falte tu presencia porque no te invitemos!

CUESTIONARIO

— ¿Damos a Dios el lugar que le corresponde en nuestras vidas?

— ¿Procuramos que presida todas nuestras actividades personales y colectivas?

— ¿Solicitamos su presencia, convencidos de que sólo El puede sanar nuestras deficiencias?

«TODOS TE BUSCAN»
(Mc 1,37)

Me gusta decirle al Señor lo que sus primeros discípulos le dijeron un día a las afueras de Cafarnaum:
Había curado a la suegra de Pedro.
Se corrió la noticia. Y —según refiere San Marcos— «al atardecer, a la puesta del sol, le trajeron todos los enfermos y endemoniados: la ciudad entera estaba agolpada a la puerta». Cuenta que Jesús curó a muchos. Y continúa: «De madrugada, cuando todavía estaba muy oscuro, se levantó, salió y fue a un lugar solitario, y allí se puso a hacer oración. Simón y sus compañeros fueron en su busca. Al encontrarle, le dicen: Todos te buscan.»
Y era verdad: Todos le buscaban.
De distinta manera. Pero Te buscaban.

Amorosamente Te buscaban, porque Te querían bien y no sabían vivir sin Ti:
—María y José, a lo largo de tres interminables días, cuando Te perdiste voluntariamente en Jerusalén (Lc 2,48).
—Zaqueo, cuando por verte se subió al sicomoro (Lc 19,3).
—Las piadosas mujeres (Lc 24) y especialmente María Magdalena (Jn 20,11) junto al sepulcro en la alegre amanecida de la Pascua.
Quizá se equivocaban indagando «entre los parientes y conocidos» (Lc 2,44), o «buscando entre los muertos al que vive» (Lc 22,5) o con fundiéndote con el hortelano (Jn 20,15).
Pero Te buscaban con amor.
Y así quisiera buscarte yo, porque sé que Te complaces en verte así buscado. Y Te gusta preguntar, como si quisieras cerciorarte de que es a Ti a quien buscan... Y los llamas por su nombre, como a María y a Zaqueo...

Otros Te buscaban egoístamente, atraídos por la fama de tus prodigios, o esperando ser curados de sus dolencias.
En cualquier caso, Te agrada que los hombres Te busquen. A los que Te seguían tras la primera multiplicación de los panes, les enseñaste a buscar no el alimento perecedero, sino el

que permanece para la vida eterna (Jn 6,27). Y antes de la segunda dijiste: «Siento compasión por esta gente, porque hace ya tres días que permanecen conmigo, y no tienen qué comer. Si los despido en ayunas a sus casas, desfallecerán en el camino» (Mc 8,2ss).

¡Como si tuvieras que agradecerles Tú que Te siguieran!

Por eso, Señor, porque eres sensible a los que se afanan en buscarte, me gusta repetirte hoy la frase de tus primeros discípulos:

—Todos Te buscan.

Porque también hoy es verdad.

Son legión los hombres y mujeres que, por seguirte, han renunciado a todo: Te buscan con amor.

Muchos —todos quizá— Te buscamos egoístamente. Pero no puede ser de otra manera: Necesitamos totalmente de Ti.

Abundan los que parecen buscar otra cosa, pero a quien buscan es a Ti:

—Esa fila interminable de los que van con su cántaro a llenarlo en los pozos cenagosos del vicio, cuyas aguas no sacian su sed, y que si —como aquella mujer samaritana— conociesen el don de Dios...

—Los que amontonan riquezas y agrandan cada día sus graneros, pensando encontrar en eso la felicidad que no Te han oído decir que está en las Bienaventuranzas:

—Los que equivocadamente buscan en las cosas muertas la vida que no saben reside en Ti.

Quedan desgraciadamente también hoy, los que Te buscan con odio para prenderte, como los esbirros de los fariseos en Getsemaní (Jn 18,4). Pero esos —como Tu dijiste de aquellos— ¡no saben lo que hacen!

Me parece estarte oyendo, como en la mañana de Cafarnaum: «Vayamos a otra parte, a los pueblos vecinos, para que también allí predique: pues para eso ha venido» (Mc 1,38).

Y no es que rechaces a los que —con tantas deficiencias, a veces— Te buscamos.

Es que Te apremia hacerte presente a otros, que todavía no Te buscan porque no saben de Ti... para poder decir un día lo que vislumbró el profeta:

—«Me he hecho encontradizo a quienes no preguntaban por Mí, me he dejado encontrar por quienes no me buscaban» (Is 65,1 citado por Rom 10,20).

¡Así de bueno es el Señor! Pues ¡qué será para los que le buscan!

CUESTIONARIO

— ¿Busco de veras al Señor?
— ¿Lo hago con la certeza de que «el que Le busca, Le encuentra»?
— ¿Me intereso, como El, por hacerle presente a tantas y tantos que, si no Le buscan, es porque no Le conocen?

«¡MAESTRO! HAS HABLADO BIEN»
(Lc 20,39)

Cuando los saduceos, que no creían en la resurrección de los muertos, propusieron a Jesús, para tentarle, el caso de aquella mujer casada sucesivamente con siete maridos, que habría de tener problema de elección en la otra vida, el Maestro respondió diciendo que allí no habrá esposas ni maridos, porque todos seremos como ángeles. Pero afirmó rotundamente la resurrección.

Entonces unos escribas fariseos, partidarios de esa misma creencia, se adhirieron —¡por esta vez!— a la enseñanza de Jesús, y le dijeron:

—Maestro, ¡has hablado bien!

Eso mismo decimos los creyentes en Jesús.
Parece ocioso decirlo.
¿Cómo no va a haber hablado bien la Verdad Infinita?
Y sin embargo, yo quiero hacer de esa frase un estribillo para decirlo siempre y a propósito de todo lo que el Maestro dijo.
Porque nos parecemos todos en muchas cosas a los fariseos.
Una de ellas es esa distinción que frecuentemente hacemos entre los dichos del Señor que nos agradan y aquellos otros que no nos gustan.
La enseñanza de Jesús quedó grabada en la cinta de los Evangelios.
Y los Evangelios la emiten ininterrumpidamente tal como fue.
La mayoría de las veces —es verdad— nos suena a música armoniosa.
Pero a veces disuena con nuestros gustos o apetencias, y hábilmente cambiamos de canal.
No nos atrevemos a decir que ha hablado mal, como Pedro cuando le oyó decir por primera vez que había de padecer y morir (Mt 16,22).
Pero tampoco reconocemos que lo uno es tan verdad como lo otro.
Señor, aunque no te entienda, aunque me desagrade lo que dices, yo quiero siempre decir:
—Maestro ¡has hablado bien!

Y quiero decirlo sin mentir, es decir, quiero sentirlo como Tú.

Quiero creer que tan fruto de tu amor es lo que me agrada de tu mensaje como aquello que va en contra de mis inclinaciones desordenadas.

Aunque no lo entienda así —y aunque no me apetezca— quiero agradecerte por igual que nos dijeras aquello de «Venid a Mí todos los que estáis agobiados, que *Yo os aliviaré*» (Mt 11,28), y aquello otro de «Quien quisiere venir en pos de Mí, *niéguese a sí mismo, tome su cruz y sígame*» (Mt 16,24).

En uno y otro caso siempre quiero sintonizar con tus palabras.

Quiero decirte siempre como los fariseos esta vez:
—Maestro, ¡has hablado bien!

Haz Tú que luego sepa ser consecuente.

Y que sepa decir como tu Madre: «Hágase en mí según tu palabra» (Lc 1,38).

O como Tú en la Oración del Huerto: «No se haga mi voluntad, sino la tuya» (Lc 22,42).

Que detrás de todos los acontecimientos sepa verte y oírte a Ti.

Y que siempre esté seguro de que... ¡has hablado bien!

CUESTIONARIO

— ¿Me resisto a aceptar —o rehuyo considerar— los pasajes del Evangelio que van contra mis gustos?

— ¿Acepto igualmente, como venidos de la mano de Dios, los sucesos favorables o adversos?

— ¿Qué voy a pedir al Señor en este aspecto?

«ALEGRAOS DE QUE VUESTROS NOMBRES ESTEN ESCRITOS EN LOS CIELOS»
(Lc 10,20)

Cuanto más pienso y me abismo en la grandeza infinita de Dios, mejor comprendo a Aristóteles que, sin la luz de la Revelación, no acertaba a imaginar la Providencia.

Que el Infinito se ocupe de estas infinitesimales partículas que somos los hombres, por más que nuestra petulancia nos haga pensar otra cosa, es algo comparable al sueño de una noche de verano. Si El no nos hubiera dicho lo contrario, lo razonable sería pensar, como Aristóteles, que Dios no se ocupa de los hombres.

Pero... ¡nos ha dicho tantas cosas sobre el particular!

Por el Profeta Isaías dijo: «¿Puede olvidar una madre a su niño de pecho sin compadecerse del hijo de sus entrañas? Pues, aunque ésas llegaran a olvidar, yo no te olvido» (Is 49,15).

Y Jesús, que no hablaba de oídas, aseguró: Dios alimenta a los pajarillos, y viste —como no se vistió nunca Salomón— a los lirios del campo (Mt 6,2629). Y vosotros «valéis más que muchos pajarillos» (Lc 12,6). «Sabe vuestro Padre las cosas que necesitáis» (Mt 6,32).

Se comprende que los Apóstoles abunden en la misma idea. San Mateo asegura que en la Encarnación se hizo «Dios con nosotros» (Mt 1,23). San Juan proclama: «De tal manera amó Dios al mundo que le dio a su Hijo Unico» (Jn 3,16). Y San Pablo pondera: «A su propio Hijo no perdonó, sino que lo entregó a la muerte por nosotros» (Rom 8,32). «Amó a su Iglesia y se entregó a Sí mismo por ella» (Ef 5,25).

Todas esta últimas afirmaciones hablan de una Providencia general de Dios sobre los hombres, en la cual gozosamente me siento inmerso.

Pero necesitamos personalizar.

Sólo así vibran con emoción incontenible las cuerdas de nuestra alma.

San Pablo personaliza cuando dice —cosa que igual podemos y debemos decir cada uno de nosotros—: «Me amó y se entregó a Sí mismo por mí» (Gál 2,20).

Y bellamente nos invita a personalizar Jesús cuando, al regreso jubiloso de los 72 discípulos, felices porque «hasta los demonios se les sujetan en nombre del Señor», les responde: «No os alegréis de que los espíritus se os sometan; alegraos de que vuestros nombres estén escritos en los cielos» (Lc 10,20).

Frecuentemente la Revelación habla de un libro en el que Dios tiene escritas las acciones de cada hombre, y del cual se borra a los pecadores impenitentes (Ex 32,32; Sal 69,29). Pero a los que se esfuerzan por seguir a Jesús, y trabajan en su nombre, les asegura el Maestro que el Padre los tiene escritos en su libro. Y ello a pesar de nuestras miserias: para consuelo en medio de nuestras debilidades, y para seguridad de nuestra esperanza. Escribiendo a los Filipenses, San Pablo se dirige a Evodia y a Síntique, para recomendarlas que se pongan de acuerdo —al parecer había disensiones entre ellas—, y ruega a Sícigo que las ayude «ya que lucharon por el Evangelio a mi lado, lo mismo que Clemente y demás colaboradores míos, *cuyos nombres están en el libro de la vida*» (Fil 4,2ss).

Decir que Dios se sabe mi nombre es simplemente afirmar la omnisciencia divina. Pero saber que Dios le tiene amorosamente escrito en un libro es, por encima de la bella metáfora, una realidad consoladora a nivel personal. Como lo es —y yo puedo aplicármelo también— aquella otra imagen gráfica con que Dios decía lo mismo a Jerusalén:

—«En las palmas de mis manos te tengo tatuada» (Is 49,165).

Yo ya sabía por Job (Job 10,8) y por el Salmista (Sal 119,73) que tus manos, Señor, me hicieron. Ahora sé que han escrito mi nombre en el registro de los que amas. Más aún. Sé que en esas manos que me hicieron me tienes grabado a fuego.

Por eso Te canto:

—Señor, me has mirado a los ojos;
sonriendo, has dicho mi nombre.
En la arena he dejado mi barca;
junto a Ti buscaré otro mar.

CUESTIONARIO

— ¿Pienso a menudo en la amorosa Providencia de Dios para conmigo?

— ¿Me domina el afán de ser conocido y estimado de los hombres?

— ¿Por qué no me hace feliz en todo momento saber que mi nombre está inscrito en el libro de la vida?

86

«SE ES MAS FELIZ EN DAR QUE EN RECIBIR»
(Hch 20,35)

La frase es de Jesús, aunque no la consignen los Evangelios. La recoge San Pablo en su discurso de despedida a los Presbíteros de Asia en Mileto. Y la trae a propósito del desprendimiento con que ha procurado trabajar entre ellos.

Jesús conocía el alcance de la frase a nivel divino.

Dios no es feliz por lo que recibe.

Nada ni nadie puede darle algo que El no tenga.

La felicidad en Dios, innata en El, le lleva a dar, porque el Bien es difusivo de Sí mismo.

En sentido contrario, y por la misma razón, la felicidad de las creaturas no está en darle nada a Dios —nada tienen y nada pueden darle que El no tenga—; sino en lo que reciben de Dios, de quien procede «toda dádiva buena y todo don perfecto» (Sant 1,17). «Nadie puede recibir nada si no se lo ha dado el cielo» (Jn 3,27). «¿Qué tienes que no lo haya recibido?» (1 Cor 4,7).

Así las cosas, y mirando a Dios, las criaturas —léase, nosotros— somos felices en recibir, no en dar.

Hay que tener la humildad de reconocerlo así.

Nuestro amor a Dios no puede ser absolutamente desinteresado.

Lo contrario ha sido rechazado por la Iglesia como soberbia inaceptable.

Aspirar a recibir los dones de Dios y el Don de Dios mismo que se nos ha prometido como recompensa es reconocer nuestra insuficiencia y su infinita grandeza. Lo cual no impide —antes está exigiendo— que Le demos todo nuestro agradecimiento y todo nuestro amor.

Dios ha querido, sin embargo, que nosotros, absolutamente indigentes, le podamos dar algo a El, que todo lo tiene: «Lo que hicisteis con uno de estos hermanos míos más pequeños, conmigo lo hicisteis» (Mt 25,40). Así podemos saborear la misma felicidad de Dios, que consiste en dar.

Y es así —en esa dimensión horizontal de hombre a hombre, que Jesús puso de pie— donde su frase tiene vigencia plena:

—Se es más feliz en dar que en recibir.

Lo que de los hombres recibimos vale bien poco.
Lo que a los hombres damos se contabiliza en las cuentas que lleva Dios.
Lo que de los hombres recibo no me puede enriquecer.
Lo que doy a los hombres se me vuelve «tesoro en el cielo, donde no hay polilla ni herrumbre que corroan, ni ladrones que socaven y roben» (Mt 6,20).

Necesitamos, Señor, cambiar profundamente nuestros hábitos mentales en el afán —legítimo y comprensible— de felicidad.

Es frecuente felicitar a los recién casados deseándoles que *sean muy felices*. Mejor sería desearles que *se hagan muy feliz el uno al otro:* que no es lo mismo, y sin embargo, es la única manera de conseguir aquello. Es evidente que se alcanzará mejor la felicidad conjunta, cuando cada uno se empeñe en procurársela al otro, que cuando cada cual vaya buscando la propia.

Me gustaría que se pusiera de moda, Señor, colocar en sitio visible de la casa una cerámica de Talavera con este lema Tuyo:

—Se es más feliz en dar que en recibir.

Yo lo quiero instalar en la morada más interior de mi alma, donde se fraguan las decisiones del comportamiento diario, para que no me domine el afán egoísta de recibir.

No sabemos buscar la felicidad.

Nos empeñamos en que está donde no está.

En tu proclamación de las Bienaventuranzas nos dijiste, Señor, ya bien claro que andábamos llenando nuestro cántaro en fuentes engañosas.

Y lo mismo me dice esta frase Tuya que estoy meditando.

Y, a pesar de todo, nosotros... ¡erre que erre!

Quiero cambiar de fuente.

Si Tu, Señor, viniste «no a ser servido, sino a servir» (Mt 20,28), enséñame a ser como Tú.

Haz que yo busque el bien de mis hermanos y el hacerlos felices, en lugar de esperar que ellos me sirvan y me hagan feliz a mí.

Ya siento el chorro caer dentro de mi cántaro.

¡Gracias, Señor!

CUESTIONARIO

— ¿Me siento feliz con tantas cosas que recibo de Dios?
— ¿Me alegra poderle dar algo en la persona de los necesitados?
— ¿Sé darme a los demás o vivo pendiente de lo que ellos puedan darme?

«Y LOS OTROS NUEVE, ¿DONDE ESTAN?»
(Lc 17,17)

Jesús no solía quejarse de nada.

Intentan las turbas apedrearle en el Templo, y les dice mansamente: «Muchas cosas buenas he hecho entre vosotros. ¿Por cuál de ellas me vais a apedrear?» (Jn 10,32).

Le da una bofetada uno de los guardias en casa de Anás, y se limita a preguntarle: «¿Por qué me pegas?» (Jn 18,23).

Se mofan cruelmente de El los escribas y fariseos, cuando es alzado indefenso en la Cruz, y sus labios se abren para decir: «¡Padre! Perdónalos, que no saben lo que hacen» (Lc 23,34).

Pero, ante la ingratitud de los leprosos curados que se olvidan de volver a dar las gracias, no se resiste a formular su queja dolorida: «¿No eran diez los curados? Y los otros nueve, ¿dónde están? ¿No ha vuelto más que este extranjero para dar gloria a Dios?»

La amarga represión que estas palabras encierran contrasta con el episodio que en este mismo pueblecito de Yenin sitúa la tradición. Se dice que fue aquí donde no quisieron dar hospedaje a Jesús cuando iba camino de Jerusalén. Santiago y Juan, indignados, querían hacer bajar fuego del cielo que consumiese a sus habitantes. Pero Jesús los reprendió: «¡No sabéis de qué espíritu sois!» (Lc 9,51ss).

Ahora se queja.

Algo tendrá de malo la ingratitud cuando Jesús no la aguanta.

El libro IV de los Reyes 5,1417 nos habla de otro leproso, el general sirio Naamán, que, al sentirse curado por Eliseo, volvió a ofrecer presentes al hombre de Dios.

El profeta rechazó el regalo.

Y Naamán comprendió que era a Yahvé a quien tenía que estar agradecido.

Otra enseñanza que no se nos debe olvidar.

La ingratitud, por desgracia, es flor indígena en los jardines humanos. Pero, a fuerza de oir desde niños que es de buena educación ser agradecidos, y porque en el fondo, aunque egoístas, tenemos corazón de carne, no somos del todo insensibles a los beneficios que recibimos, y alguna que otra vez mostramos nuestro agradecimiento a quienes nos quieren o nos hacen favores.

A Dios, que no cesa de querernos y colmarnos de bienes, es a quien más veces dejamos de dar las gracias. Y es a quien debemos todo lo bueno que nos viene de sus criaturas; porque sin El no existirían, y El hizo posible, al crearlas, que disfrutáramos de esa felicidad que nos proporcionan.

En el punto tercero de su famosa *Contemplación para alcanzar amor,* que trae al final de sus *Ejercicios Espirituales,* San Ignacio nos presenta a Dios actuando en las cosas y personas que nos rodean.

Es una forma de decir que todos los beneficios que yo recibo —sea quien fuere el que inmediatamente me los hace— proceden *fontalmente* de Dios, Creador de todos. El, al ponerme en el mundo, puso a mi alrededor a todos los que bien me quieren o me hacen bien, para quererme El y hacerme el bien a través de ellos.

¿Alguien me hace un favor? Dios me lo hace por él.

¿Alguien me alegra cuando estoy triste? Dios pone en quien me alegra la voluntad de hacerlo.

¿Alguien me quiere bien? Es Dios quien me quiere con ese corazón que hizo pensando —cuando lo hizo— que me había de querer a mí.

Jesús dijo una vez que, cuando hubiéremos hecho todo lo mandado —cuando hubiéremos amado a Dios con todas la fuerzas de nuestro pobre corazón— dijéramos: «¡Siervos inútiles somos! Lo que teníamos que hacer eso hemos hecho» (Lc 17,10).

Es evidente que nuestro amor a Dios no puede ser moneda para «comprar» el cielo. Porque el cielo no tiene precio, y con nuestro amor no pagamos ni la infinitésima parte de lo que ya debemos a Dios.

Y sin embargo con ese pobre amor nuestro nos granjeamos el cielo. Porque en la medida en que agradecemos a Dios lo recibido, nos hacemos acreedores —porque así lo quiere El— a recibir lo prometido.

Así agradece y paga el Señor nuestro obligado agradecimiento.

¡Gracias también por esto, Señor!

Y... ¡otra vez en deuda!
Y así por los siglos de los siglos.

CUESTIONARIO

— ¿Me cuento entre los nueve leprosos olvidadizos, o me siento felizmente retratado en el samaritano agradecido?

— ¿Qué lugar ocupa en mi vida espiritual y de oración la acción de gracias a Dios?

— ¿Procuro que mi agradecimiento a las criaturas termine, como es debido, en el Creador que pensó en mí cuando las hizo?

«SIERVO INUTIL SOY»
(Lc 17,10)

Cada vez que en los Ejercicios Espirituales de San Ignacio medito sobre el Principio y Fundamento («El hombrees creado para alabar, hacer reverencia y *servir a Dios*»), me resisto a creer, no que ésa sea —porque lo es— la auténtica definición del quehacer del hombre sobre la tierra, sino que el hombre *sirva de algo* a Dios.

No es que el hombre tenga que servir porque no sirve para otra cosa. Es que a Dios no le sirve ni para eso.

Jesús, a sabiendas —¿cómo no?— de la estima en que Dios tiene al hombre («por nosotros los hombres y por nuestra salvación bajó del cielo»), quiso *para nuestro bien* subrayar nuestra nada a la hora de considerarnos con derechos ante Dios.

El estatuto jurídico de la esclavitud entre los hombres, que negaba al esclavo la condición de persona-sujeto de derechos, era absolutamente injusto. Pero esclavos en sentido fuerte somos nosotros ante Dios, sin ningún derecho propio que exhibir ante El. Todos los que tenemos —esa presuntuosa lista de los Derechos Humanos— los ha puesto El en nosotros.

Partiendo de ahí —nunca mejor dicho que «la humildad es la verdad»—, la grandeza ulterior a la que Dios nos ha elevado gratuitamente aparece como lo que es: la prueba infinita del infinito amor de Dios al hombre.

El verdadero amor o se da entre iguales, o tiende a hacer iguales a los que se quieren.

La distancia entre Dios y nosotros es infinita. Dios, el Señor; nosotros, los nacidos de mujer, «esclavos e hijos de esclava» (Sal 116,16).

Pero Dios en su Hijo «tomó la forma de esclavo, haciéndose semejante a los hombres» (Fil 2,7), «en todo igual a nosotros, menos en el pecado» (Heb 4,15).

Y a nosotros de esclavos nos hizo hijos: «Al llegar la plenitud de los tiempos envió Dios a su Hijo, nacido de mujer, nacido bajo la Ley, para rescatar a los que se hallaban bajo la Ley y para que recibiéramos la filiación adoptiva... De modo que ya no eres esclavo, sino hijo; y si hijo, también heredero por voluntad de Dios» (Gál 4,47). Era la manera más digna y noble de emancipar a un esclavo: comprarlo para adoptarlo como hijo.

Se comprende que Jesús en la Ultima Cena diga a sus discípulos: «Ya no os llamo siervos, sino amigos» (Jn 15,15).

Gracias a que El saltó, bajando, la distancia infinita que nos separaba, formamos parte de la Familia Divina y nos sentamos a su mesa.

Pero siempre debemos recordar la humildad de nuestro linaje.
—¡Siervos inútiles somos!
¡Eso es lo nuestro!
Seguimos sin derecho a exigir nada.
Razón tenía el poeta santo que cantó aquel famoso soneto: «No me mueve mi Dios para quererte»...
Y aquel otro que, glosándolo, escribió:

> No me tienes que dar porque Te alabe,
> porque Tuya es la luz con que mi mente,
> contemplando las cosas todas, sabe
> que las hizo Tu Amor Omnipotente.
> El mundo y cuanto en él alienta y cabe
> me pide que Te cante eternamente.
> Por eso yo no quiero que se acabe
> el hilo de mi voz intermitente.
> Sé que nada Te doy cuando Te canto.
> No necesitas Tu de mi cariño.
> Yo sí del Tuyo siempre... ¡sabes cuánto!
> Quiero que Tu me quieras y me abraces;
> que lo tengo muy claro desde niño:
> ¡Sólo seré feliz, si Tu me haces!

No permitas, Señor, que yo pretenda nunca hacer de mi pobre amor a Ti moneda vil para «comprar» algo tan por encima de todo precio como es la dicha de poseerte eternamente a Ti.

Si te amara con todo mi corazón —¡y estoy bien lejos de ello!— no pagaría con eso la infinitésima parte de la deuda que ya tengo contigo por todo lo que me has dado hasta ahora.

¿Cómo voy a pasarte factura de nada?
¡Siervo inútil soy!

No me queda caudal para comprar lo que me tienes ofrecido.
¡Dámelo Tú, Señor, graciosamente!
De tu infinita liberalidad lo espero.

CUESTIONARIO

— ¿Procuro ahondar a menudo en la nada absoluta de mi origen, o me sorprendo alguna vez pidiendo cuentas a Dios como si lesionara alguno de «mis derechos»?

— ¿Agradezco la altura inconmensurable a que su Hijo, descendiendo, me elevó?

— ¿Me siento siervo inútil y, ya que lo soy por naturaleza, trato de hacer productivos los talentos que el Señor me dio por gracia?

NOVIEMBRE
MES DE LOS
DIFUNTOS

*Nuestras vidas son los ríos
que van a dar a la mar
    que es el morir.
Allá van los señoríos
derechos a se acabar
    y consumir.
Este mundo es el camino
para el otro, que es morada
    sin pesar;
mas cumple tener buen tino
para andar esta jornada
    sin errar.
Partimos cuando nacemos,
andamos mientras vivimos,
    y llegamos
al tiempo que fenecemos:
así que cuando morimos
    descansamos.
Este mundo bueno fue,
si bien usásemos de él,
    como debemos;
porque, según nuestra fe,
es para ganar aquel
    que atendemos.*

(Jorge Manrique)

Te pedimos, Señor, que la claridad de la Resurrección de tu Hijo ilumine las dificultades de nuestra vida: que no temamos ante la oscuridad de la muerte, y podamos llegar un día a la luz que no tiene fin.

(Liturgia de las Horas: Oración de Laudes del sábado del Primer Salterio)

«¡VEN, SEÑOR JESUS!»
(Apoc 22,20)

En el mes de noviembre, oportunamente dedicado al recuerdo de los fieles difuntos, se cierra —con la festividad de Jesucristo Rey— el Año Litúrgico: ese repaso anual que la Iglesia nos invita a hace de los principales episodios o jalones en la historia de nuestra salvación.

La salvación está totalmente hecha por parte de Dios y puesta a nuestra disposición. Los bautizados, por nuestra incorporación a Cristo que nos salva, estamos ya —como dice San Pablo— «salvados en esperanza» (Rom 8,24). Falta el episodio final: la salvación definitiva, que será fruto de la segunda venida de Cristo a juzgar.

La Iglesia, en el penúltimo domingo del año litúrgico, nos recuerda que nos falta ese último tramo en nuestro camino hacia el encuentro definitivo con Dios: la muerte de cada uno a nivel personal, y el final de la historia terrena a nivel de la misión salvadora de la Iglesia.

Aun a trueque de que la llamen aguafiestas, la catequesis litúrgica repite cada año a los bautizados que no están todavía definitivamente salvados: que les falta pasar por la muerte para entrar en la vida verdadera. A los hombres, apegados al vivir terreno, les resulta difícil aceptar que la muerte temporal sea el alumbramiento a la vida que lo es.

Pero Jesús lo dijo bellamente, cuando, al describir en lenguaje apocalíptico la catástrofe final, la comparó con el brotar de las ramas y las yemas en la higuera, que son anuncio de la llegada de la primavera. Tras el invierno de la muerte, florecerá la nueva primavera de la eternidad.

Este recordatorio que la Iglesia nos hace cada año se proclama litúrgicamente el penúltimo Domingo —durante el año—, en el contexto de la celebración eucarística, para que la presencia de Cristo como amigo, que nos abraza en la comunión, aparte de nosotros cualquier miedo al encuentro definitivo cuando nos venga a juzgar.

Se comprende, por ello, que la oración más antigua dirigida a Cristo y conservada en el Nuevo Testamento sea la que recoge el final del Apocalipsis: «Ven, Señor Jesús», y San Pablo conserva en la lengua aramea de la primitiva comunidad cristiana de Jerusalén: ¡Maranatha! (= «Señor, ven»). Y se comprende que se repita en cada Misa, después de la Consagración: «Anunciamos tu Muerte, proclamamos tu Resurrección. ¡Ven, Señor Jesús! También aquí la invocación que alude al encuentro definitivo con Jesús-Juez resuena en el contexto de la Eucaristía, donde se hace presente y nos admite al abrazo de la Comunión Jesús-Amigo.»

Que cada día, al pronunciarla, expresemos con ella nuestra fe en la palabra de Cristo y nuestra confianza en el encuentro definitivo con El.

Y que alguien, al final de nuestra vida, nos de el aviso que Marta le dio a su hermana María: «El Maestro está aquí y te llama.» Y que sepamos interpretar su venida en aquel momento como la respuesta a nuestra oración confiada de hoy y de siempre:

—«Ven, Señor Jesús!»

CUESTIONARIO

— ¿Tenemos fe en que nuestra salvación definitiva solo tendrá lugar después de la muerte?

— ¿Nos ayuda esta fe a ver con serenidad y confianza ese momento crucial?

— ¿Nos preparamos con cada Comunión al encuentro final con Jesucristo Salvador?

«NO ESTA MUERTA, SINO DORMIDA»
(Lc 8,52)

Esto dijo Jesús a los familiares y amigos de Jairo, el jefe de la sinagoga de Cafarnaúm.
Tenía éste una hija de doce años, que enfermó de gravedad. El padre rogó a Jesús que fuera a su casa y le impusiera las manos para curarla. Mientras el Maestro se encaminaba hacia allí, obstaculizado por las turbas que lo apretujaban, alguien llegó de casa de Jairo avisando que todo era ya inútil, porque la niña en el entretanto había muerto.
Jesús dice al padre:
—No temas, cree, y con eso basta.
Llegados a la casa y viendo el alboroto de los que lloraban a gritos, Jesús les dice:
—¿Por qué alborotáis y lloráis? La niña no está muerta, está dormida.
Y tomándola de la mano la puso en pie y se la devolvió a sus padres.

Como tantos otros episodios de la vida del Maestro, éste es —a la vez— rigurosamente histórico, y expresión simbólica de algo que ocurre todos los días.
De cada uno de nosotros, cuando muere, dice Jesús como de la hija de Jairo:
—¡No está muerto. Está dormido!
Así lo dijo de Lázaro, cuando sus hermanas le mandaron aviso de que estaba enfermo:
—Lázaro, nuestro amigo, se ha dormido; pero voy a despertarlo (Jn 11,11).
Sus discípulos, que deseaban tenerlo alejado de Jerusalén, donde ya lo buscaban para matarlo, intentaron bromear con lo del sueño:
—Si duerme, sanará.
Pero El aclaró:
—Lázaro ha muerto.

La muerte es una realidad.
Pero el Señor quiere que los creyentes en El no la consideren como si fuera el fin.

Como canta el Prefacio de Difuntos: «La vida, Señor, de los que en Ti creemos no termina, se transforma; y al deshacerse nuestra morada terrenal, adquirimos una mansión eterna en el cielo.»

El sueño ha sido siempre y sigue siendo en todas las literaturas imagen de la muerte, por su aspecto negativo y por lo que tiene realmente de común con ésta: inmovilidad y falta de conciencia.

Jesús, en cambio, emplea el sueño como contrapuesto a la muerte, basándose en lo que aquél tiene de positivo y claramente diferencial: «El que duerme sigue vivo, y despertará.»

Y en eso dice Jesús —¡extraña paradoja!— coinciden muerte y sueño.

Dímelo muchas veces, Señor.

Dime que la muerte no es muerte, sino un sueño.

Dímelo especialmente cuando lloro desconsoladamente la pérdida de los que se me fueron, y para que no me turbe y alborote la certeza de tener que morir un día.

Creo, Señor. Me fío de tu palabra.

Como tantas veces me he dormido y he vuelto a despertar, creo que lo que llamamos muerte es simplemente un sueño para despertar en Ti. Porque Tú eres «la Resurrección y la Vida. El que cree en Ti, aun cuando muera, vivirá; y todo el que vive y cree en Ti no morirá para siempre» (Jn 11,25ss).

Así lo creo y quiero creerlo siempre.

Aumenta, Señor, mi fe.

CUESTIONARIO

— ¿Creemos firmemente en la otra vida?

— ¿Nos ayuda esta fe a ver con ojos de esperanza nuestra inevitable muerte y la de los que amamos?

— ¿En qué medida esta certeza influye en nuestra vida?

«YO LE RESUCITARE EN El ULTIMO DIA»
(Jn 6,54)

La resurrección —entendida no como vuelta a esta vida para morir otra vez, sino como entrada en la vida inmortal bienaventurada— es artículo de nuestra fe, y una de las verdades con más insistencia enseñadas por Jesús.

Las raíces de esta resurrección gloriosa son múltiples, pero fundamentalmente se concretan en los tres Sacramentos del Bautismo, la Eucaristía y la Confirmación, que la significan y producen.

Todo arranca de nuestra incorporación a Cristo mediante el *Bautismo,* que nos hace participar en su ser y en su actuar. Hechos miembros de su Cuerpo Místico, y mientras no nos separemos de El por el pecado, estamos destinados a seguir su misma suerte. Así como El murió para resucitar y «una vez resucitado, ya no muere más, y la muerte no tiene ya señorío sobre El» (Rom 6,9), también nosotros morimos para resucitar: «Porque si nos hemos hecho una misma cosa con El por una muerte semejante a la suya, también lo seremos por una resurrección semejante» (Rom 6,5). «Si hemos muerto con Cristo —el Bautismo, según San Pablo, es una inserción en la muerte de Jesús—, creemos que también viviremos con El» (Rom 6,8). «Si hemos muerto con El —repite escribiendo a Timoteo—, también viviremos con El» (2 Tim 2,11). Esta comunidad de destino, que el Bautismo establece entre Cristo y los bautizados, explica la confianza con que la Iglesia pide para sus difuntos que «así como han compartido ya la muerte de Jesucristo, compartan también con él la gloria de la resurrección».

Pero hay más.

Nuestra incorporación a Cristo nos hace participar de su vida divina.

Y la *Eucaristía* alimenta, es vida. Dice Jesús: «Lo mismo que el Padre, que vive, me ha enviado, y Yo vivo por el Padre, también el que me coma vivirá por Mí» (Jn 6,57).

Por ello, la Eucaristía es fuente de vida eterna y prenda de nuestra futura resurrección: «El que como mi Carne —afirma Jesús en Cafarnaúm— y bebe mi Sangre tiene vida eterna, y Yo le resucitaré en el último día» (Jn 6,54).

Por último, esta vida divina participada —que, por ser divina, es eterna, y asegura por ello la resurrección definitiva— vino a nosotros por obra y gracia del Espíritu Santo, cuando en el Bautismo «renacimos del agua y del Espíritu Santo» (Jn 3,5). En el rito de los exorcismos bautismales, el ministro, soplando sobre cada uno de nosotros, dijo: «Sal de este niño —o de esta niña—, espíritu inmundo, y da lugar al Espíritu de Dios.» Con ello, nuestro cuerpo quedó convertido en «Templo del Espíritu Santo, que está en nosotros» (1 Cor 6,19).

Y esta posesión permanente del Espíritu Santo, que la *Confirmación* perpetúa en nosotros, mientras no le expulsemos por el pecado, constituye la prenda más segura de la resurrección que esperamos: «Si el Espíritu de Aquél que resucitó a Jesús de entre los muertos —escribe San Pablo a los Romanos— habita en vosotros, Aquél que resucitó a Cristo de entre los muertos dará también la vida a vuestros cuerpos mortales por su Espíritu que habita en vosotros» (Rom 8,11).

Esta es nuestra fe.

Profesándola hacemos nuestro su maravilloso contenido.

Es la única condición que se nos pone: «En verdad, en verdad os digo: el que cree tiene vida eterna» (Jn 6,47). «Yo soy la Resurrección: El que cree en Mí, aunque muera, vivirá; y todo el que vive y cree en Mí no morirá jamás» (Jn 11,25ss). «No se turbe vuestro corazón. Creéis en Dios, creed también en Mí. En la Casa de mi Padre hay muchas mansiones... voy a prepararos un lugar. Y cuando haya ido y os haya preparado un lugar, volveré y os tomaré conmigo, para que donde esté Yo estéis también vosotros» (Jn 14,13).

Te estoy oyendo con emoción, Señor.

Me parece que al final me preguntas como a Marta:

—¿Crees esto?

Pues yo, como ella, te contesto:

—«Sí, Señor. Yo creo que Tú eres el Cristo, el Hijo de Dios, el que tenía que venir al mundo» (Jn 11,27).

Como ella, no necesito esperar a que resucites a Lázaro.

Pero después que lo has resucitado y, sobre todo, después de haber resucitado Tú, tengo que decirte con Tomás:

—¡Señor mío y Dios mío!
O como el padre del paralítico del Evangelio:
—Creo, Señor, pero ayuda Tú mi incredulidad.
O como los Apóstoles:
—Auméntame la fe.

CUESTIONARIO

— ¿Hago frecuentes actos de fe en la resurrección futura?

— ¿Procuro vivir sin eclipses mi incorporación a Cristo y la presencia del Espíritu Santo en mi alma?

— ¿Pienso que cada vez que comulgo estoy sembrando en mi cuerpo semilla de inmortalidad?

«¡ANIMO! SOY YO. NO TENGAIS MIEDO»
(Mt 14,27; Mc 6,50; Jn 6,20)

El episodio sigue inmediatamente a la primera multiplicación de los panes y lo peces, y es uno de los pocos de la vida pública de Jesús en los que Juan coincide con los evangelistas sinópticos. Una vez realizado el milagro, dándose cuenta Jesús de que intentaban venir a tomarle por la fuerza para hacerle Rey, obligó a los discípulos a subir a la barca y a ir por delante de El a la otra orilla, mientras El despedía a la gente y se retiraba, solo, al monte para orar. Entrada la noche, Jesús seguía en tierra. Soplaba un viento fuerte, y el mar comenzó a encresparse y la barca era zarandeada por las olas. Cuando habían recorrido unos veinticinco o treinta estadios —como cinco kilómetros—, hacia la cuarta vigilia de la noche —entre las tres y las seis de la madrugada—, Jesús vino hacia ellos caminando sobre el mar, y quería pasarlos de largo. Ellos se turbaron y decían: ¡Es un fantasma!, y de miedo se pusieron a gritar. Pero El les dijo: «¡Animo! Soy Yo. No tengáis miedo.»

A menudo el Señor nos hace subir a la barca en la oscuridad, y permite que sea zarandeada por las olas.
Todo entonces se nos antojan fantasmas. Y echamos la culpa al viento, y nos sublevamos contra los presuntos causantes de nuestros males.
Nos cuesta reconocer que detrás pueda estar el Señor. ¡Qué bien nos vendría oír su voz en la oscuridad, asegurándonos que el aparente fantasma es El! ¡Qué hermoso sería oírle decir en la noche: ¡Animo! Soy Yo. No tengáis miedo. Y ¿por qué no lo oímos, si esa es la verdad?
Una vez se levantó contra mí una tormenta.
Me parecía saber de dónde soplaba el viento.
Y cobraron cuerpo ante mis ojos los fantasmas de mis enemigos.
Pero me equivocaba.
No eran ellos.
Eras Tú quien encrespabas las olas a mi alrededor, intentando que yo Te reconociera detrás. ¡Cuanto sufrimiento me habría

ahorrado, si hubiera oído tu voz y hubiera tenido la certeza de que estabas junto a mí... ¡la certeza de que eras Tú...!

Otras veces es la barca de mi Iglesia la que veo zozobrar. Y se me olvida que no se puede hundir.. porque en ella vas Tú.

No te veo.

Pero si, al menos, supiera oír tu voz: ¡Animo! Soy Yo. No tengáis miedo, hombres de poca fe.

Grábame dentro del alma, que detrás del viento, detrás de las olas y de las tempestades, detrás de esos enemigos que a lo más tienen poder para —matar el cuerpo, pero no pueden matar el alma— (Mt 10,28), estás Tu, Señor, andando sobre las aguas, para quitarme el miedo.

Un día vendrá la Muerte.

Y no me parecerá un mero fantasma. Pero lo será: ¡Fantasma y sólo fantasma!

Aquel día, Señor, vente a mí andando sobre las aguas.

Y grítame fuerte para que Te oiga: ¡Animo! Soy Yo. No tengas miedo.

Mi fe —esa fe que es puro don y regalo tuyo— te verá en la oscuridad.

Y te diré con Pedro: «Mándame ir a Ti sobre las aguas.»

Y Tú me dirás: «Ven.»

Y no me hundiré, no, porque Tú me tenderás la mano.

Y dejaré de ser alma de poca fe... porque Te veré cara a cara.

¡Amén!

CUESTIONARIO

— ¿Procuro ver detrás de los acontecimientos desagradables la mano del Señor?

— ¿Me tranquiliza *de verdad* esa visión?

— ¿Estoy convencido de que a mi lado está siempre El, y procuro —ya que El me la brinda— asirme de su mano?

AUTODEFINICIONES
DE JESUS

*A Jesús le pidieron muchas
veces que dijera si era
Cristo: Así las turbas en
la Fiesta de la Dedicación
(Jn 10,24), y el Sanedrín
el Viernes Santo (Lc 22,67).
 Y más exactamente le
preguntaron:
  ¿Quién eres Tú? (Jn 8,25).*

* Jesús respondió con
numerosas autodefiniciones,
que comienzan: «Yo soy»,
y que recoge sobre todo
San Juan.*

* Aducimos algunas.*

Ahora que la noche es tan pura,
y que no hay nadie más que Tú,
 dime quién eres.
Dime quién eres y por qué me visitas,
por qué bajas a mí que estoy tan necesitado,
y por qué te separas sin decirme tu nombre.
Ahora que la noche es tan pura,
y no hay nadie más que Tú,
 dime quién eres.

  (Liturgia de las Horas: Himno de Vísperas
  del lunes del Segundo Salterio)

«YO SOY EL CAMINO...»
(Jn 14,6)

Jesús se estaba despidiendo de los suyos en la Ultima Cena.

Y decía: «En la casa de mi Padre hay muchas mansiones; si no, os lo habría dicho. Y cuando haya ido y os haya preparado un lugar, volveré y os tomaré conmigo, para que donde esté Yo, estéis también vosotros. Y a donde Yo voy sabéis el camino.»
Le dice Tomás:
—Señor, no sabemos adónde vas, ¿cómo podemos saber el camino?
Dícele Jesús:
—Yo soy el Camino, la Verdad y la Vida. Nadie va al Padre sino por Mí» (Jn 14,26).

¡Jesús, Camino! Expresión riquísima en contenido.
Jesús es Camino, en primer lugar, porque nos enseñó con su palabra cómo se va a Dios y cómo se entra en la vida. Sólo El lo sabe.

Nadie sabe cómo se «sube al cielo, sino el que bajó del cielo» (Jn 3,13).

«Nadie conoce al Padre, sino el Hijo, y aquel a quien el Hijo se lo quiera revelar» (Mt 11,27).

Y nadie conoce la entrada en la vida, sino Aquél «en el que estaba la vida, que era luz de los hombres... que ilumina todo hombre que viene a este mundo» (Jn 1,4.9).

Pero Jesús no se limitó a dejarnos un mapa de carreteras con indicación de los caminos que llevan a Dios. Adelantándose al poeta que cantó «Se hace camino al andar», Jesús nos trazó el verdadero Camino con sus pasos por la vida.

Decía el Catecismo antiguo que «el Hijo de Dios se hizo hombre para redimirnos y para darnos ejemplo de vida».

Y así fue en efecto.

Sus sandalias nos abrieron, a través de los espinos y malezas apretadas, la vereda de la obediencia («Aun siendo Hijo, con lo que padeció aprendió la obediencia»: Heb 5,8). La desobediencia de Adán nos había extraviado, es decir, nos había hecho perder el camino, que la espesura de arbustos salvajes hacía irrastreable. Jesús, «hecho obediente hasta la muerte y muerte de Cruz» (Fil 2,8), despejó la única senda que nos puede reconducir a la Casa del Padre, con la simple condición de que pongamos nuestras pisadas sobre las huellas que dejaron sus pies.

Hay todavía más. Jesús *en persona* es el obligado Camino al Padre. El es, por la unión hipostática de la Segunda Persona de la Santísima Trinidad con la naturaleza humana asumida en la Encarnación, el puente que hace posible el paso de la orilla de Dios a la del hombre y viceversa. Su afirmación es tajante: «Nadie va al Padre sino por Mí». Para eso vino al mundo: para unir las dos orillas. A través de El Dios se hace presente entre nosotros: Emmanuel = Dios con nosotros. Y a través de El, incorporados a él por el Bautismo, los hombres «tenemos acceso al Padre en un mismo Espíritu» (Ef 2,18).

Por eso, la noche en que nació los ángeles cantaron *esa nueva circulación en doble sentido* —de los hombres hacia Dios y de Dios hacia los hombres— que la Encarnación ha hecho posible: ¡Gloria a Dios en las alturas, y en la tierra paz a los hombres!

—«Por Cristo, con El y en El, a Ti, Dios Padre Todopoderoso, en la unidad del Espíritu Santo, todo honor y toda gloria» (Final de las anáforas de la Misa).

—«Todo proviene de Dios, que nos reconcilia consigo por Cristo» (2 Cor 5,18).

¡Jesús, Camino!

CUESTIONARIO

— ¿Reconozco en la enseñanza de Jesús el único camino para ir a Dios?

— ¿Trato de seguir sus pasos en la obediencia al Divino Querer?

— ¿Aprovecho la mediación de su Humanidad asumida por el Verbo para relacionarme con Dios?

«YO SOY LA VERDAD...»
(Jn 14,6)

En el histórico diálogo con Pilato dijo Jesús: «Yo he nacido y he venido al mundo para dar testimonio de la verdad» (Jn 18,37).
Como Juan el Bautista, que hizo lo mismo (Jn 5,33), Jesús es para nosotros el auténtico «testigo de la luz».
El «testigo de la luz (de la luna)» era una figura importantísima en la liturgia judaica del tiempo de Cristo. El calendario, marco obligado de la Liturgia, era lunar. Los meses correspondían al ciclo lunar completo (veintiocho días y algunas horas). El comienzo de los meses no era fijo; dependía de cuando fuera visible la luna nueva, que podía ser en la noche del 28 o en la siguiente. Si en la primera se veía la luna en Jerusalén, se anunciaba a toda Palestina, por fogatas encadenadas en los montes, desde la capital a la periferia del país. Las fogatas en la noche del 28 indicaban que el siguiente día era 1 del nuevo mes; mientras que su ausencia quería decir que el mes acabado tenía veintinueve días. Pero si alguien en alguno de los pueblos cercanos a Jerusalén veía la luna en la noche del 28 y por la ausencia de fogatas descubría que en Jerusalén no la habían visto, debía emprender viaje a la capital para ser ante los sacerdotes «Testigo de la luna» nueva. Podía recorrer mayor distancia, si era sábado, de la que estaba permitida en día festivo. Y al jurar como testigo pronunciaba el nombre de Yahvé que los laicos no podían pronunciar nunca y los sacerdotes sólo en el ejercicio de sus funciones. El «testigo de la luna» daba fe de haber visto lo que en Jerusalén no se había visto, y su testimonio hacia ley.

Jesús, además de ser, en cuanto Dios, «la luz verdadera que ilumina a todo hombre que viene a este mundo» (Jn 1,9), es para nosotros en cuanto hombre, el verdadero y auténtico «Testigo de la Luz»: «La gracia y *la verdad* nos ha llegado por Jesucristo» (Jn 1,17). Porque «a Dios nadie lo ha visto jamás. El Hijo Unico, que está en el seno del Padre, nos lo ha enseñado» (Jn 1,18).
El nos ha revelado la vida interna de la Trinidad.
El nos ha hecho saber que Dios nos quiere como Padre, y

que nos hace, incorporándonos a su Unigénito, verdaderos hijos.

El ha simplificado las cláusulas de la Nueva Alianza entre Dios y los hombres, centrándolas en el doble y único mandamiento del amor a Dios y al prójimo.

Más aún. Su misma Persona, la Segunda de la Santísima Trinidad, hecha hombre por la Encarnación, es por eso mismo, y prescindiendo de sus enseñanzas conceptuales, la gran revelación, manifestación o epifanía de Dios.

El es «la imagen de Dios invisible» (Col 1,15), hasta el extremo de poder decir: «Si me conocierais a Mí, conoceríais también a mi Padre» (Jn 8,19). «El que me ha visto a Mí, ha visto al Padre» (Jn 14,9).

¡Lástima que Pilatos, en aquella memorable conversación del Pretorio, no esperó la respuesta de Jesús a su pregunta escéptica: ¿Qué es la verdad? Quizá le hubiera respondido como a los judíos de Jerusalén: «Lo que desde el principio estoy diciendo» (Jn 8,25), es decir, eso que los Evangelistas nos han conservado como dicho por El sobre Sí mismo.

Dímelo a mí, Señor, que yo sí que aguardo tu respuesta con espíritu de fe.

Repíteme siempre que «La Verdad eres Tú».

«Tú solo tienes palabras de vida eterna» (Jn 6,68).

El mundo está lleno de mentiras, y de verdades a medias, y de promesas falaces.

Tú sólo eres «Fiel» y «Veraz», como cantó el Vidente de Patmos en el Apocalipsis 3,7 y 19,11.

Yo me fío de Ti.

¡Creo, Señor¡ Auméntame la fe (Lc 17,5).

¡Ayuda mi incredulidad! (Mc 9,23).

CUESTIONARIO

— ¿Tiene mi fe la firmeza que debe tener como fundada en la palabra de la Suma Verdad?

— ¿Busco en las palabras de Jesús luz para iluminar mi camino hacia Dios?

— ¿Me fío de El?

«YO SOY LA VIDA...»
(Jn 14,6)

Ningún puro hombre, que estuviera en su sano juicio, ha dicho jamás una cosa semejante. Y Tú, Señor, fuiste siempre el modelo perfecto del más consumado equilibrio. ¡Tú eres lo que dices! ¡Tú eres la vida!

Cristo es el Verbo de Dios hecho carne. Y «por El —por el Verbo— fueron hechas todas las cosas, y sin El no se hizo nada de cuanto existe. En El estaba la vida» (Jn 1,34). Cristo es, por tanto, en cuanto Dios, la fuente de toda vida natural.

Pero cuando Jesús dice que El es la Vida, se refiere principalmente a la Vida Divina, sobrenaturalmente comunicada a través de El a los hombres. Bien claro lo dijo en la sinagoga de Cafarnaúm: «Lo mismo que el Padre, que vive, me ha enviado y Yo vivo por el Padre, también el que Me coma vivirá por Mí» (Jn 6,57). Y en Jerusalén, junto a la piscina de Bethesda: «Como el Padre tiene vida en sí mismo, así también le ha dado al Hijo tener vida en sí mismo» (Jn 5,26). Y a Nicodemo, cuando fue a verle de noche: «Tanto amó Dios al mundo que le dio a su Hijo Unico para que todo el que crea en El no perezca, sino que tenga la vida eterna» (Jn 3,16).

Con este calificativo de «eterna» designa Jesús la vida que El nos trae, para distinguirla de esa otra vida mortal, recibida también de El, pero que se acaba con la muerte.

—Es una vida que *se da solamente a los que creen y aceptan la palabra de Jesús.*

El ha venido «para que todo el que crea tenga por El vida eterna» (Jn 3,15).

«En verdad, en verdad os digo: El que crea tiene vida eterna» (Jn 6,47).

«El que escucha mi palabra y cree en el que me ha enviado tiene vida eterna» (Jn 5,24).

«Si alguno guarda mi palabra, no verá la muerte jamás» (Jn 8,51ss).

Por eso pudo Jesús decir en su Oración Sacerdotal: «Esta es la vida eterna: que Te conozcan a Ti el único Dios verdadero, y al que Tú has enviado, Jesucristo» (Jn 17,3).

—Es una vida que *se alimenta con la Eucaristía*.

Jesús se dice a Sí mismo «el pan de vida» (Jn 6,35 y 48), «el pan vivo bajado del cielo» (Jn 6,51), «que da la vida al mundo» (Jn 6,33).

Por eso pudo afirmar: «Si uno come de este pan, vivirá para siempre» (Jn 6,51 y 58). Y concluye: «Si no comierais la Carne del Hijo del Hombre y no bebierais su Sangre, no tendréis vida en vosotros. El que come mi Carne y bebe mi Sangre tiene vida eterna, y Yo le resucitaré el último día» (Jn 6,53-54).

Cada Comunión es una semilla de inmortalidad que se siembra en la pobre maceta de barro de nuestro cuerpo mortal y garantiza su futura resurrección.

—Porque la vida que Jesús nos trae *va más allá de la muerte corporal*.

Jesús le dijo a Marta antes de resucitar a Lázaro: «Yo soy la Resurrección. El que cree en Mí, aunque muera, vivirá. Y todo el que vive y cree en Mí no morirá jamás. ¿Crees esto?» (Jn 11,25ss).

Como Marta, Señor, «yo creo que Tú eres el Cristo, el Hijo de Dios, el que tenía que venir al mundo» (Jn 11,27).

Creo que Tú eres la Vida.

Creo que, como Te vio San Juan en el Apocalipsis, Tú eres «el Viviente: estuviste muerto, pero ahora vives por los siglos de los siglos, y tienes las llaves de la Muerte» (Ap 1,18).

Creo que viniste al mundo «para que tuviéramos vida y la tuviéramos abundante» (Jn 10,10).

Y creo que ahora en el cielo «estás vivo siempre para interceder por nosotros» (Heb 7,25), y eres » el Cordero que está en medio del trono, y apacientas a los tuyos y los guías a los manantiales de las aguas de la vida» (Apoc 7,17).

—«¡Dame, Señor, de ese agua!» (Jn 4,15).

CUESTIONARIO

— ¿Doy gracias a Dios por la vida natural que de El he recibido?
— ¿Trato de hacer mía por la fe y la aceptación de su palabra la vida sobrenatural que Jesús vino a traernos?
— ¿La alimento debidamente con la Eucaristía?

«YO SOY LA LUZ DEL MUNDO...»
(Jn 8,12)

El lema del 45 Congreso Eucarístico Internacional de Sevilla «Cristo, luz de los Pueblos» quiso ser —en la intención de Juan Pablo II— «profesión solemne de la fe de la Iglesia en aquella universalidad que nace del amor, y que hace cinco siglos impulsó a los misioneros españoles a lanzarse a la exaltante aventura apostólica de anunciar el mensaje de salvación a los hermanos de la otra orilla del Océano» (Palabras a los Obispos de las provincias eclesiásticas de Granada y Sevilla).

El homenaje de la Catolicidad a Jesús Eucaristía subrayó esta vez la condición de Luz del Mundo con que las fuentes de la Revelación definen a Cristo, y que impulsó a los misioneros de todos los tiempos en su quehacer evangelizador.

En el primer Canto profético del Siervo de Yahvé (Is 42,6), el Profeta vislumbró al futuro Mesías como *destinado a ser luz de las gentes,* superando las fronteras restrictivas del pueblo elegido del Antiguo Testamento.

Y en los umbrales del Nuevo, Simeón proclama a Jesús, a quien sostiene en sus brazos, «Salvación que Dios ha preparado a la vista de todos los pueblos, luz para iluminar a los gentiles» (Lc 2,30-32).

Por su parte, el padre del Bautista aseguró que venía «para iluminar a los que viven en tinieblas y sombras de muerte»(Lc 1,79).

Pero será el mismo Jesús quien solemnemente lo afirmará: «Yo soy la Luz del Mundo. El que me siga no caminará en tinieblas, sino que tendrá la luz de la vida» (Jn 8,12). «Yo, la Luz, he venido al mundo para que todo el que cree en Mí no siga en las tinieblas» (Jn 12,46).

Con razón San Mateo (4,16) aplica al comienzo de la predicación en Galilea las palabras con que Isaías 9,1 anunciaba el nacimiento del futuro Emmanuel:

«El pueblo que habitaba en tinieblas
vio una luz grande.
A los que habitaban en parajes de sombra de muerte
una luz les ha amanecido».

Y el autor del Cuarto Evangelio repite insistentemente la misma idea: «Era la luz verdadera que ilumina a todo hombre que viene a este mundo» o «la luz verdadera que viene a este mundo para iluminar a todo hombre» —según la doble versión posible de Juan 1,9— «La luz brilló en las tinieblas y las tinieblas no la comprendieron» (Jn 1,5). «Vino la luz del mundo, y los hombres amaron más las tinieblas que la luz» (Jn 3,13).

Jesús es la Luz del Mundo, no por sus aportaciones a las ciencias y a las artes, sino porque «fuera de El no ha sido dado bajo el sol a los hombres otro nombre por el que podamos ser salvos» (Hch 4,10).

Para los que creemos en la trascendencia, los más preciados logros humanos en ciencias y artes no pasan de ser —cuando se emplean bien— simples mejoras pasajeras de esta tienda de campaña donde pasamos los hombres nuestra breve peregrinación hacia la Patria. La luz verdadera es la que nos abre el camino para el encuentro con Dios, que «habita una luz inaccesible» (1 Tim 6,16). Y Cristo no sólo vino a decirnos por dónde se va; vino a ser El mismo el camino: «Yo soy el Camino... y nadie va al Padre sino por Mí» (Jn 14,60).

«Mientras estoy en el mundo —dijo Jesús un día— Yo soy la Luz del Mundo» (Jn 9,5).

Y en la Ultima Cena, en la Oración Sacerdotal dijo: «Yo ya no estoy en el mundo» (Jn 17,11).

Pero antes les había prometido: «No os dejaré huérfanos. Volveré a vosotros» (Jn 14,18 y 16,22).

Y después de Resucitado aseguró: «He aquí que Yo estoy con vosotros todos los días hasta el fin del mundo» (Mt 28,20).

En la Eucaristía, la Luz del Mundo sigue iluminando a todos los que vivimos en tinieblas y en sombra de muerte.

«¡Señor, que se abran nuestros ojos y veamos!» (Mt 20,33).

CUESTIONARIO

— ¿En qué sentido es Cristo luz para mí y en qué sentido lo será para el mundo?

— ¿Es la palabra de Jesús luz que ilumina todos mis pasos, o hay zonas de mi vida que se organizan a espaldas de esa luz?

— ¿Qué voy a hacer para que la luz de Cristo llegue a todos los que me rodean...y al mundo entero?

«YO SOY LA CEPA Y VOSOTROS LOS SARMIENTOS» (Jn 15,5)

El primer efecto del Bautismo —esa puerta de oro por la que entramos a formar parte del designio salvífico de Dios— es nuestra inserción en Cristo. Jesús lo expresó con la imagen de la cepa y los sarmientos, y San Pablo con la del olivo y las ramas del acebuche que se le injertan (Rom 11,16-24).

Las dos metáforas resaltan la dimensión vertical del necesario influjo salvador de Cristo en los bautizados.

Jesús lo dijo claramente.

«Lo mismo que el sarmiento no puede dar fruto por sí mismo si no permanece en la cepa, así tampoco vosotros si no permanecéis en Mí... El que permanece en Mí y Yo en él, ése da mucho fruto; porque separados de Mí no podéis hacer nada» (Jn 15,4ss).

Y algo parecido asegura San Pablo cuando recomienda a los cristianos de Roma, provenientes del paganismo, que no se engrían de haber sido llamados a sustituir al pueblo elegido:

«Tu —olivo silvestre— fuiste injertado... y hecho partícipe... de la raíz y de la savia del olivo» (Rom 11,17).

Detrás de ambas metáforas se esconde una realidad sobrecogedora. El bautizado, a raíz de su inserción en Cristo «en el que reside toda la Plenitud de la Divinidad corporalmente» (Col 2,9), participa de la vida divina que de El pasa a nosotros y nos hace «partícipes de la naturaleza divina» (2 Pe 1,4) y, por tanto, hijos de Dios en sentido real y no meramente metafórico.

Haz, Señor, que yo no pierda mi capacidad de asombro ante tamaña grandeza.

Haz que caiga en la cuenta de lo que esto significa.

Porque no es imaginación calenturienta mía esto que estoy pensando.

Son afirmaciones tuyas y de tus Apóstoles, asistidos —después de Pentecostés— por el Espíritu que Tu aseguraste los había de «llevar hasta la verdad completa» (Jn 16,13), enseñándoles todo y garantizando la recta interpretación de todas tus enseñanzas» (Jn 14,26).

Y una de tus enseñanzas había sido ésta:

—«El Padre que vive me ha enviado, y Yo vivo por el Padre; de la misma manera el que me come vivirá por Mí» (Jn 6,57). «Si no coméis la Carne del Hijo del Hombre y no bebéis su Sangre, no tenéis vida en vosotros. El que come mi Carne y Bebe mi Sangre tiene vida eterna» (Jn 6,53).

De poco serviría nacer a la vida divina, si no dispusiéramos de alimento apropiado para mantener esa vida. Afortunadamente, lo que el Bautismo nos dio, lo conserva y aumenta el alimento divino de la Eucaristía.

«Renacer del agua y del Espíritu Santo» (Jn 3,5) es injertarse en Ti como sarmiento en la cepa, como acebuche en el olivo auténtico; recibirte en la Eucaristía es tener la seguridad de que la savia divina sigue recorriendo la venas de nuestro ser, para que podamos decir sin exageración retórica con tu Apóstol Pablo: «No vivo yo, sino que es Cristo quien vive en mí» (Gál 2,20).

No permitas, Señor, que ninguno de tus bautizados seamos nunca «sarmientos secos» (Jn 15,6), ni » ramas desgajadas» (Rom 11,17ss).

Quiero fundirme en el tronco donde he sido injertado. ¡Ahora y siempre!
«No permitas que me aparte de Ti.
En la hora de mi muerte, llámame.
Y mándame ir a Ti,
para que con tus santos Te alabe
por los siglos de los siglos.»

CUESTIONARIO

— ¿Vivo mi Cristianismo como lo que es en realidad: inserción en Cristo por el Bautismo?

— ¿Es Cristo —sus enseñanzas y su actuación— la savia que alimenta y rige mi vida entera?

— ¿Podría yo decir como San Pablo —y tengo que poder decirlo— que «no vivo yo, sino que es Cristo quien vive en mí»? (Gál 2,20).

«UNO SOLO ES VUESTRO MAESTRO...»
(Mt 23,8)

Tus Evangelistas, Señor, han conservado en tu propia lengua el título con el que todos te conocían, incluso los que ignoraban tu nombre, cuando estabas en carne mortal entre nosotros.
Te llamaban «el Rabí».
Así, con artículo.
Eras el Rabí por excelencia, el Maestro.
Como si ese fuera tu nombre de pila.
Te llamaban Maestro todos.

Tus «discípulos», naturalmente: Los seguidores de Juan que él encaminó hacia Ti y que querían saber dónde habitabas (Jn 1,38); Nicodemo, cuando fue a verte de noche (Jn 3,2); aquél que estaba dispuesto a seguirte adonde quiera que fueras (Mt 8,19); el joven rico que preguntaba lo que había que hacer para conseguir la vida eterna (Mc 10, 17.20); los hijos del Zebedeo que te pedían los primeros puestos en tu futuro Reino (Mc 10,35); Juan, cuando tenía celos de los que echaban demonios en tu nombre sin pertenecer a tu grupo (Mc 9,38), y sobre todos, María Magdalena, cuando te reconoció Resucitado (Jn 20,16).

Maestro te llamaban, a su manera, los fariseos, saduceos y herodianos, cuando pretendían comprometerte tratando de que te pronunciaras sobre el primer mandamiento en la Ley (Mt 22,36), sobre la resurrección de los muertos (Mc 12,19) o sobre el tributo al César (Mt 22,16) respectivamente; muchos de los que te pedían algún milagro; los que te exigían que hicieras callar a las muchedumbres el Domingo de Ramos (Lc 19,39); los que te presentaron a la adúltera (Jn 8,4), y aquél que te quería juez o repartidor de la herencia con su hermano (Lc 12,13).

Y porque era un apelativo cariñoso, con él te designó —para disimular— Judas al preguntar si era él quien te iba a traicionar (Mt 26,25), y cuando te besó para entregarte en Getsemaní (Mt 26,41).

Cuando los tuyos lo empleaban, refiriéndose a Ti, se les llenaba la boca y les daba saltos de gozo el corazón.

Tristísimo lo tenía por la reciente muerte de su hermano María, la de Betania; pero se lo alegró su hermana Marta cuando le dijo: El Maestro está aquí y te llama. ¡Cómo me gustaría que alguien me lo dijera cuando me vaya a morir!

Porque Tú eres, Señor, mi Maestro, mi único Maestro.

No sólo porque lo sabes todo, sino porque has venido expresamente para enseñarnos: «Yo para esto he nacido, y para esto he venido al mundo: para dar testimonio de la verdad» (Jn 18,37).

Y porque eres Maestro-Amigo. Un día dijiste: «Vosotros sois mis amigos... No os llamo ya siervos, porque el siervo no sabe lo que hace su amo; a vosotros os ha llamado amigos, porque *todo lo que he oído a mi Padre os lo he dado a conocer*» (Jn 15,14ss).

No hacía falta que nos dijeras que no ambicionáramos que nos llamaran Rabí (Mt 23,8): No nos va a ningún mortal este título tan tuyo. Tampoco era necesario recordarnos —¿o quizá sí?— que el único Maestro eres Tú. Lo sabemos y estamos convencidos: «Tú solo tienes palabras de vida eterna» (Jn 6,68). Pero se nos podía olvidar.

Recuérdanoslo siempre.

Sobre todo tiende a olvidársenos aquello de que el «discípulo» debe parecerse a su Maestro. Con razón nos dijiste: «Me llamáis *el Maestro* y decís bien, porque lo soy... Ejemplo os he dado, para que también vosotros hagáis como Yo he hecho con vosotros» (Jn 13,13.15).

A sabiendas de que tienes mucho que enseñarme, déjame decirte con el fariseo Simón:

¡Maestro, di!

Y haz que, como los dueños del Cenáculo, a la simple indicación de lo que «el Maestro dice» (Mt 26,18), yo te sepa preparar la habitación para la Pascua.

CUESTIONARIO

— ¿Reconozco a Jesús como el único Maestro, o me dejo influenciar por los criterios del mundo contrarios a los de El?
— ¿Me siento obligado, como discípulo de Jesús, a imitar su comportamiento?
— ¿Se me nota que pertenezco a su escuela?

«NADIE VA AL PADRE SINO POR MI»
(Jn 14,6)

Para ser embajador o mediador entre dos pueblos o naciones basta con ser persona humana y obtener la representación que le convierta a uno en interlocutor válido para ambas partes.
Otra cosa es la mediación entre el Creador y sus creaturas.
La necesidad tan hondamente sentida por los hombres de establecer relaciones con la Divinidad hizo que los filósofos paganos imaginaran una cadena interminable de «mediadores» entre Dios y los hombres: mediadores fantásticos, creaciones de ciencia-ficción, que, a pesar de todo y como es natural, no lograban llenar la distancia infinita que separa lo Divino de lo humano.
Sólo Dios pudo dar ese salto.
La Encarnación del Verbo en Cristo Jesús —verdadero Dios y hombre verdadero a la vez— salva esa infinita distancia. Por eso Jesús es para los creyentes «el único mediador entre Dios y los hombres» (1 Tim 2,5), «siempre vivo para interceder en su favor» (Heb 7,25), «que está a la diestra de Dios y que intercede por nosotros» (Rom 8,34).

Los que física y visiblemente tocaron a Jesús en carne mortal o después de resucitado, y los que sacramentalmente lo hacemos en la Eucaristía, contactamos con Dios.
Así como suena: Contactamos con Dios.
De este contacto divino hablaba con visible estremecimiento el Apóstol San Juan, cuando al principio de su Primera Carta se refería a «lo he hemos oído, lo que hemos visto con nuestros ojos, lo que contemplamos y tocaron nuestras manos» (1 Jn 1,1).
Y Jesús afirmaba: «El que me ha visto a Mí ha visto al Padre» (Jn 14,9).
Dios y los hombres somos las dos orillas de un profundo y ancho río, y el puente, Cristo.
Con razón le llamamos Pontífice, porque «hace puente», o mejor, es el puente que Dios ha tendido para hacerse accesible a los hombres. El cielo y la tierra se juntan en Cristo.
Por El bajan de Dios a nosotros sus gracias, y por El suben de nosotros a Dios nuestras pobres adoraciones, alabanzas y pe-

ticiones. Dios ha querido que todo nos venga por Jesús, y que por su medio vaya todo de nosotros a Dios.

A la luz de esta profunda verdad cobra pleno sentido la promesa de Jesús: «Todo lo que pidierais al Padre en mi nombre os lo dará» (Jn 16,24). Sólo su voz tiene potencia suficiente para llegar hasta Dios.

Y entendemos su tajante afirmación: «Nadie va al Padre sino por Mí».

El es el Camino obligado.

Que nadie intente cruzar a nado la anchura infinita del río que nos separa de Dios.

El «puente» acorta distancias.

Si lo empleamos, llegaremos a Dios. Con razón la Liturgia de la Iglesia termina siempre sus oraciones diciendo: «Por Jesucristo Nuestro Señor». Porque «por Cristo, con El y en El a Dios Padre Todopoderoso en la unidad del Espíritu Santo todo honor y toda gloria».

Yo no pretendo, Señor, cruzar a nado.

Tampoco tengo embarcación apropiada para enviarte a través de ese mar infinito la pobre mercancía de mis obsequios. Pero he leído en tu Apóstol: «... Y todo cuanto hagáis de palabra o de obra, hacedlo todo en el nombre del Señor Jesús, dando gracias por su medio al Padre» (Col 3,17; Ef 5,19ss).

¡Qué alegría me da saber que mi pobre paquete postal va de esa manera certificado, asegurado y por correo exprés!

¡Y tengo el «buzón» tan a mano...!

CUESTIONARIO

— ¿Estoy convencido de que Jesús en cuanto hombre es mi Mediador nato para ir a Dios?

— ¿Me aprovecho de esta mediación de Cristo y la hago cauce obligado de mis alabanzas y peticiones a Dios?

— ¿Me doy cuenta de que el contacto con Dios sólo es posible para nosotros en Cristo Jesús?

«YO TE BENDIGO, PADRE»
(Mt 11,25ss; Lc 10,21ss)

Con frecuencia los Evangelistas refieren que Jesús se retiraba sólo a orar, y que a veces pasaba la noche entera orando. Pero casi nunca nos dicen cuál era el contenido de su oración. Aparte de que nos enseñó cómo teníamos que orar nosotros, conocemos por extenso su Oración Sacerdotal en la Ultima Cena (Jn 17,126), la sustancia de su Oración en el Huerto (Mt 26,39.42 y par.); la invocación al Padre antes de resucitar a Lázaro (Jn 11, 41ss); sus peticiones desde la Cruz (Lc 23,34; 23,46; Mt 27,46 y par.), y poco más (nótese Jn 12,27ss).

Ello hace especialmente interesante esta inesperada explosión del Corazón de Cristo, que, en medio de la gente, prorrumpe en alabanzas al Padre, y que nos han conservado San Mateo y San Lucas:

«Jesús se estremeció de gozo en el Espíritu Santo, y exclamó.

—Yo te bendigo, Padre, Señor del cielo y de la tierra porque has ocultado estas cosas a sabios e inteligentes y se las ha revelado a pequeños. Sí, Padre, pues tal ha sido tu beneplácito. Todo me ha sido entregado por mi Padre, y nadie conoce bien al Hijo sino el Padre, ni al Padre le conoce bien nadie sino el Hijo y aquel a quien el Hijo se lo quiera revelar.»

Jesús alaba al Padre porque su Providencia ha dispuesto que la revelación de la vida divina de la Trinidad se haga a los sencillos humildes, y no a los sabios engreídos. Y afirma de paso la gratuidad absoluta de esta revelación, que nadie puede merecer y que Dios da a quien quiere, justamente a los humildes y sencillos.

Sin duda se trata de un aspecto importante en la Historia salvífica, cuando Dios ha querido dejar constancia del gozo que Jesús experimentó al comprobarlo. Se diría —hablando a nuestra manera humana— que es algo visceral en Dios esta predilección por los humildes.

Así lo cantó María:

> «... dispersa a los soberbios de corazón:
> derriba del trono a los poderosos
> y enaltece a los humildes»
>
> (Lc 1,51ss)

Así lo afirmó reiteradamente Jesús:

> «El que se ensalza será humillado,
> y el que se humilla será enaltecido»
>
> (Lc 14,11; 18,14)

Así lo rubricó San Pedro glosando a Prov 3,34:

> «Dios a los soberbios resiste,
> y a los humildes da su gracia»
>
> (1 Pe 5,5)

Sin ese amor de Dios a la pequeñez e insignificancia no se comprendería su preocupación por el hombre —menos que un grano de polvo frente a la inmensidad de Dios.

Tiene razón Jesús para, estremecido de gozo, agradecer, en nombre nuestro, al Padre su Providencia y, más concretamente, su predilección por los pequeños.

Quizá no hemos ponderado bastante el hecho de que la predicación del Enviado del Padre tuvo como destinatarios inmediatamente a los habitantes, mayoritariamente analfabetos, de Galilea y de las ciudades junto al Lago de Tiberíades, y no a los sabios filósofos que deambulaban por las calles y el Agora de Atenas.

En el lenguaje asequible para aquellos ha quedado escrito el Evangelio, de manera que lo puedan entender los humildes y sencillos de todos los tiempos.

No se excluye en esta amorosa disposición divina a los sabios y entendidos, como se hubiera excluido a los ignorantes si Jesús hubiera hablado en el lenguaje de los filósofos.

Pero los sabios de este mundo tendrán que aceptar sin escándalo el humilde ropaje con que Jesús quiso cubrir sus enseñanzas.

Quiero hacer mía, Señor, la alabanza que por ello diriges al Padre.

Quiero darle gracias por haber establecido diálogo con nosotros, pobres hombres.

Gracias por haberse revelado en términos asequibles a los sencillos e ignorantes.

Haz, Señor, que nos contemos entre ellos.

CUESTIONARIO

— ¿En qué grupo nos encontramos: en el de los que presumen de sabios, o en el de la gente sencilla?

— ¿Nos alegramos de que el Señor tenga predilección por los sencillos?

— ¿Nos esforzamos por conseguir la verdadera humildad?

«PADRE, TE DOY GRACIAS POR HABERME ESCUCHADO» (Jn 11,41)

Esta acción de gracias de Jesús a su Padre no debería caerse nunca de nuestros labios, sobre todo cada vez que el Señor nos concede lo que le pedimos.
Solemos ser muy pedigüeños, pero poco agradecidos.
Por eso damos más tiempo a la oración de petición que a la de acción de gracias.
Y debería ser para nosotros motivo de agradecimiento, no solo la obtención de lo que pedimos a Dios, sino el hecho de que nos admita a hablar con El y se digne escucharnos.
A menudo, entre nosotros, encontrar alguien que nos quiera escuchar es ya un consuelo en nuestras cuitas, aunque no pueda ayudarnos de otro modo, y aunque no tenga soluciones que ofrecernos, ni palabras apropiadas que decirnos.
Ese «¡Gracias por haberme escuchado!», que nos sale tan sinceramente del alma en tales ocasiones se nos debe quedar corto cuando se trata del Señor. Por muy acostumbrados que estemos a la conversación habitual con El, y por muy frecuentes que sean las audiencias que nos concede, tenemos que reconocer y calibrar de manera sobrecogedora la dignación que por su parte supone esa disponibilidad del Infinito para escuchar a sus diminutas criaturas.
Es obligado que, al final de un rato de oración, le digamos:

—¡Padre! Te doy gracias por haberme escuchado.
Pero Jesús pronunció esas palabras junto a la tumba de Lázaro, antes de invocar al Padre pidiendo la vuelta a la vida de su amigo de Betania.
Dio por hecho, antes de comenzar su oración, que el Padre le escucharía y despacharía favorablemente su petición. Tan convencido estaba que lo afirmó ya en pretérito:

—Gracias, porque *me has escuchado*.
Así hacían los profetas.
Cuando el Señor les adelantaba el futuro, veían con tal claridad lo que iba a suceder, que lo referían en pretérito, como cosa sucedida ya.

Así hacía el siervo paciente del Salmo 22, que tan al vivo describe los sufrimientos del Mesías futuro.

En medio de su profunda angustia, que parte del grito desgarrador «Dios mío, Dios mío, ¿por qué me has abandonado?», multiplica sus afirmaciones de confianza en el Señor, y termina agradeciendo en pretérito la ayuda de Dios que da por recibida, y celebrando por ello un banquete ritual de acción de gracias.

Y así quisiera hacer yo, Señor.

Tengo motivos sobrados, cuando me dispongo a pedirte algo en nombre de tu Hijo, para estar seguro anticipadamente de que siempre me escuchas.

Y es todo... ¡tan fácil!

No necesito gritarte: que tienes muy buen oído.

No tengo que andar pidiendo audiencia con antelación: Las puertas de tu despacho están siempre abiertas para mí. Nunca tengo que hacer cola en la antecámara: Tú siempre sales a mi encuentro como si no tuvieras que recibir a nadie más que a mí.

Antes de que mi mano temblorosa apriete el botón del timbre de tu puerta, suena tu voz desde dentro diciéndome que pase.

Y antes de que te diga mis necesidades, te las sabes todas Tú.

Decididamente, voy a encerrar siempre mi oración —como con doble paréntesis, al empezar y al acabar— pronunciando antes y después esa preciosa frase de Jesús:

—Padre, te doy gracias porque me has escuchado.

Por supuesto, voy a decirla siempre al acabar, cuando resulta gramaticalmente correcta.

Pero también antes de empezar, porque, aunque parezca error gramatical, para mí es por anticipado deliciosamente cierta.

CUESTIONARIO

— ¿Me acuerdo de dar gracias al Señor cuando me concede lo que le pido?

— ¿Se las doy por el hecho de admitirme a hablar con El?

— ¿Se las doy por anticipado cuando estoy seguro de que me va a conceder lo que me dispongo a pedirle?

EUCARISTIA

Qué bien sé yo la fonte que mana y corre,
    aunque es de noche.
Aquella eterna fonte está escondida,
qué bien sé yo do tiene su manida,
    aunque es de noche.
Su origen no lo sé, pues no le tiene,
mas sé que todo origen de ella viene,
    aunque es de noche.
Aquesta eterna fonte está escondida
en este vivo Pan por darnos Vida,
    aunque es de noche.
Aquí se está llamando a las criaturas,
y de esta agua se hartan, aunque a oscuras,
    porque es de noche.
Aquesta viva fonte que deseo
en este Pan de Vida yo la veo,
    aunque es de noche.

(San Juan de la Cruz)

«El que come mi Carne y bebe mi Sangre tiene vida eterna, y Yo le resucitaré en el último día»

(Jn 6,54)

«SUBIO A LA BARCA DONDE ELLOS...»
(Mc 6,51)

Llamamos Viático en lenguaje cristiano a la última Comunión que se administra al enfermo en trance de muerte.
¡Muy acertado el nombre!
Porque «viático» es el conjunto de provisiones para un viaje, y no hay mejor provisión que el Cuerpo y la Sangre de Cristo, «Primogénito de entre los muertos» (Col 1,18), para el viaje al más allá, que deseamos terminar en las playas de la Vida Eterna. «El que come mi Carne y bebe mi Sangre —dijo El— tiene vida eterna, y Yo le resucitaré en el último día... El que come de este Pan vivirá eternamente» (Jn 6,54.58).
Lo propio y lo extraordinario de este «Viático» es que *no es una cosa,* como sería un seguro de vida eterna o un billete de entrada para el cielo. Es la *compañía personal de Cristo* para ese último tramo del viaje a la eternidad.

Se moría un piadoso Adorador Nocturno.
Había recibido con plena conciencia el Santo Viático.
Momentos después alguien le preguntó:
—¿Qué tal te sientes?
Y él contestó:
—Con el «Práctico» a bordo, muy seguro... y muy bien.
Este sí que sabía lo que es el Viático.
Se encontraba en la última etapa de su travesía, junto a la bocana del puerto.

Y tenía conciencia de haber recibido, no un manual perfecto de abordaje, ni una brújula para orientarse, ni un motor con mandos automáticos provistos de radar para sortear el malecón y llegar suavemente al atracadero, sino algo más tranquilizador que todo eso: El «Práctico» del puerto, el único conocedor de la otra orilla, había entrado en su barca, cuyos mandos él dejaba en sus manos confiadamente. Con tal Práctico a bordo, ¿quién no va a estar seguro?
Quiero pensar así cuando reciba el Viático.
Pero yo sé algo más.

Mi fe me asegura que Jesús Eucaristía no es viático solo para el tramo final del viaje. Lo es para el largo caminar de cada hombre desde la cuna al sepulcro.

Tú, Señor, no eres sólo el «Práctico» obligado para la llegada al puerto. Lo eres para toda la travesía.

Tú eres «el Alfa y la Omega, el primero y el último, el principio y el fin» (Ap 22,13).

Tú conoces, como nadie, el punto de partida y el punto de llagada.

Sólo Tú conoces —¡porque eres el Camino!— cuál es la Ruta obligada por donde hay que ir.

Contigo a mi lado estoy seguro de no equivocar jamás el rumbo.

Contigo a bordo, aunque aparentemente «Te duermas sobre el cabezal de popa» (Mc 4,38), no hay por qué tener miedo a las tempestades.

Repetidas veces en el Evangelio se dice que Jesús *subió a la barca* de sus discípulos, o con ellos, o donde ellos...

Me gusta, Señor, saber que has subido a la mía.

Y lo sé... desde el día de mi Primera Comunión.

Tú, Señor, en mi barca, compañero de todas mis rutas.

En ocasiones «intentas» o simulas pasar de largo, como la noche en que venías andando sobre las aguas de Tiberíades (Mc 6,48), o como la tarde en que llegabais anocheciendo a Emaús (Lc 24,28).

Y es que Te gusta que Te invitemos a subir a la barca o a entrar en casa a cenar.

Entra en mi casa, Señor.

Sube a mi barca.

Duérmete, si tienes sueño, en el cabezal de popa.

Pero... ¡llévame al puerto!

CUESTIONARIO

— ¿Me doy cuenta de lo que significa el Viático y se lo agradezco de antemano al Señor?

— ¿Concibo la Eucaristía como lo que es: Compañía personal de Cristo a lo largo de mi viaje hacia el Padre?

— ¿Vivo la seguridad de saber a Jesús viajando conmigo en la misma barca?

«SI LOS DESPIDO EN AYUNAS... DESFALLECERAN EN EL CAMINO» (Mc 8,3)

Es delicioso leer en San Marcos la introducción que Jesús hace a la segunda multiplicación de los panes:

«Llamando a Sí a sus discípulos, les dijo:

—Me da compasión de esta gente, porque llevan ya tres días conmigo, y no tienen qué comer. Y si les mando a su casa en ayunas, desfallecerán por el camino; ya que algunos vinieron de muy lejos» (Mc 8,13).

Parece como si fueras Tú, Señor, el que tenías que agradecer a aquellas turbas el haber acudido a Ti viniendo de muy lejos.

¿No eres Tú más bien quien llevas —no tres días sino casi dos mil años— con nosotros?

Tú sí que has venido de lejos... ¡para hacernos compañía!

Somos nosotros —¡y no Tú!— quienes tenemos que estar agradecidos.

Y porque no te sufría el corazón mandar a su casa en ayunas a aquella muchedumbre, ante el miedo de que desfallecieran en el camino, multiplicaste los panes y los peces.

Es lo que has hecho al instituir la Eucaristía: Multiplicar tu Cuerpo y tu Sangre para alimento de los hombres, que, peregrinos en este Valle de Lágrimas, andan el largo y complicado camino hacia la Casa del Padre.

Si hubieran de hacerlo en ayunas, desfallecerían en el camino.

Cuando Elías, extenuado por la accidentada fuga de la persecución de Jezabel, se durmió junto a las retamas de Berseba, un ángel le despertó y mostrándole una hogaza de pan y un cántaro de agua, le dijo: «Levántate y come, que es muy largo el camino que te queda por andar» (3 Re 19,7). Y anduvo fortalecido con aquel alimento hasta el Monte de Dios, Horeb.

Porque es largo y empinado —y agotador, por lo mismo— el camino que cada hombre tiene que recorrer contra corriente hasta llegar al Monte que es Dios, Jesús multiplicó su presencia entre nosotros como alimento: «Mi Carne es verdadera comida, y mi Sangre verdadera bebida» (Jn 6,55).

No nos tienes que agradecer, Señor, que vayamos contigo.

Somos nosotros quienes tenemos que agradecerte el haberte compadecido de nosotros, y el habértenos dado en alimento para que no desfalleciéramos en el camino.

Da pena ver sin embargo, tantos hombres desmayados en las cunetas.

Nadie les enseñó a cantar:

> No podemos caminar
> con hambre bajo el sol.
> Danos siempre el mismo Pan:
> tu Cuerpo y Sangre, Señor.

Y no se han enterado todavía de que Tú te adelantaste a remediar nuestras carencias con el alimento que no perece ni deja perecer, sino que da vida eterna (Jn 6,27).

¡Gracias, Señor, muchas gracias!

Ten compasión —hoy como entonces— de tantos caminantes que viven lejos... muy lejos... ¡de Ti!

CUESTIONARIO

— ¿Agradezco debidamente que el Señor haya «venido de lejos» para que yo Le tenga cerca de mí?

— ¿Siento compasión como El hacia los que todavía no saben que Cristo es alimento de los caminantes por la vida?

— ¿Busco y sé encontrar en la Eucaristía la fuerza que necesito para no desfallecer en el camino?

«EL REINO DE LOS CIELOS SE PARECE A UN BANQUETE» (Mt 22,2)

El Reino de los Cielos —tanto en su estadio terreno como en su realización definitiva en la gloria— es comparado frecuentemente por Jesús y el autor del Apocalipsis con un banquete —concretamente una cena— de bodas.

Conocida es la parábola de los invitados al banquete de bodas que San Mateo introduce así: «El Reino de los cielos se parece a un Rey que celebró el banquete de bodas de su Hijo» (Mt 22,214).

Se refiere evidentemente al *estadio terreno del Reino,* puesto que alude alegóricamente a la reprobación de Israel, que no acepta al Mesías, a la vocación de los gentiles, que ocupan su lugar.

Las bodas son o la unión hipostática del Verbo de Dios con la naturaleza humana, como pensaron muchos Santos Padres, o el desposorio de Cristo con la Iglesia, que parece más en consonancia con el resto del Nuevo Testamento.

Y para celebrarlo, Dios organiza un banquete.

Yo sé que no se trata, Señor, de una simple metáfora.

Las bodas de tu Hijo son fuente de fecundidad espiritual. Lo dijo El: «... para que tengan vida y la tengan en abundancia» (Jn 10,10).

Para celebrarlas y como alimento de esa vida divina que nos trae, instituiste en la Ultima Cena el Banquete Eucarístico: «Tomad y comed... Bebed todos de ella» (Mt 26,26ss). «Mi carne es verdadera comida y mi sangre verdadera bebida... Como mi Padre, que vive, me ha enviado y Yo vivo por el Padre, también el que coma vivirá por mí» (Jn 6,55-57).

San Lucas llama cena, sin más, al banquete de la parábola de los invitados (Lc 14,15-24).

Y Cena es el Banquete de Bodas —banquete real y no simplemente metafórico— al que se compara el Reino de Dios *en su estadio definitivo.*

A ese estadio final se refiere la parábola de las 10 vírgenes (Mt 25,113), al afirmar que sólo las cinco prudentes «que estaban preparadas entraron con El al Banquete de Bodas» (Mt 25,10).

Y de un final glorioso hablan los bienaventurados al decir en el Apocalipsis: «Alegrémonos y regocijémonos y demos gloria a Dios, porque han llegado las Bodas del Cordero... ¡Dichosos los invitados al Banquete de Bodas del Cordero!» (Ap 19,79).

La oferta del banquete —en su doble estadio: terreno y celeste— y la invitación a tomar parte en él es *universal* («A cuantos encontréis, invitadlos a las bodas»: Mt 22,9) y, para nuestro bien, *apremiante* («Obligad a entrar hasta que se llene mi casa»: Lc 14,23).

¡Ojalá me obligaras de verdad, Señor!

Porque, desgraciadamente, puedo rechazar la invitación, como aquellos primeros invitados de la parábola.

Una invitación que tanto me honra, y que se me hace con tanto amor: «Mira que estoy a la puerta y llamo. Si alguno oye mi voz y me abre la puerta, entraré en su casa, y cenaré con él, y él conmigo» (Ap 3,20).

¡Como la tarde aquella en Emaús!

O como en el definitivo atardecer, cuando, según tu promesa, lo serás todo para tus invitados: anfitrión, alimento... ¡y servidor!

—«¡Dichosos los siervos que el Señor, al venir, encuentre despiertos! Os aseguro que se ceñirá, los hará ponerse a la mesa, y pasando de uno a otro los servirá» (Lc 12,37).

¡Inconcebible, Señor, si no lo hubieras dicho Tú!

No permitas que me excuse de aceptar tu invitación.

Que no me quite, Señor, ni para dormir, la veste nupcial.

Que no me falte aceite en la alcuza para atizar mi lámpara.

Que no me duerma, Señor, para que me encuentres despierto.

Lo demás te lo diré en la «sobremesa» eterna.

¡Amén!

CUESTIONARIO

— ¿Vivo mi condición de cristiano con la alegría del invitado a un banquete de bodas?

— ¿Me excuso alguna vez de aceptar la invitación que Dios me hace?

— ¿Pienso con gozo en el banquete eterno?

«¡DICHOSOS LOS INVITADOS AL BANQUETE DE BODAS DEL CORDERO!» (Ap 19,9)

En cierta ocasión, uno de los comensales invitados con Jesús a comer en casa de un fariseo comentó: «¡Dichoso el que pueda comer en el Reino de Dios!» (Lc 14,15).

La frase del anónimo comensal se explica en el ambiente de expectación mesiánica que sin duda dominaba la conversación de los convidados juntamente con Jesús a aquel banquete.

Responde, por otra parte, a la concepción materialista que del Mesías futuro y de su reino en la tierra tenían los judíos de aquel tiempo.

Es comprensible que un piadoso fariseo envidiara la suerte de los que un día se pudieran sentar a la mesa con el Rey mesiánico.

Jesús aprovechó la ocasión para hacer ver a los presentes que el rechazo de su mensaje equivalía a despreciar la invitación de Dios al banquete del Reino, y que por ello los primeros invitados, que eran ellos, iban a ser sustituidos por el desecho del pueblo judío —los pobres y los impuros de Israel («plazas y calles de la ciudad»)— y por los paganos (errantes por los «caminos y las cercas») (Lc 14, 1624; Mt 22,210).

Sorprende, sin embargo, que Jesús conservara la imagen material del banquete para expresar la naturaleza espiritual y trascendente del Reino de Dios tanto en su estadio terreno como en la etapa final de la gloria.

Y es que ya Isaías había descrito como un banquete divino los tiempos mesiánicos: «Hará Yahvé Sebaot a todos los pueblos en este monte un convite de manjares frescos, convite de buenos vinos, manjares suculentos, vinos depurados» (Is 25,6).

Por ello Jesús habla repetidas veces del banquete mesiánico: «Vendrán muchos de Oriente y Occidente y *se sentarán a la mesa* con Abraham, Isaac y Jacob en el Reino de los cielos» (Mt 8,11). «No beberé de este producto de la vid —dijo en la Ultima Cena— hasta aquel día en que *lo beba nuevo en el Reino de Dios*» (Mc 14,25; Mt 26,29). Y en la misma ocasión añadió: «Dispongo un Reino para vosotros como mi Padre lo dispuso para

Mí, para que *comáis y bebáis a mi mesa en mi Reino*» (Lc 22,29ss).

Y lo llama «banquete de bodas»: Los discípulos eran «los invitados a la boda», que no debían «ponerse tristes mientras el novio estaba con ellos» (Mt 9,15). En la parábola de las 10 vírgenes, «las que estaban preparadas —cuando llegó el novio— entraron con él *al banquete de boda*» (Mt 25,10). Y en el relato del Primer Evangelista Jesús introduce la parábola de los invitados con éstas palabras: «El Reino de los Cielos es semejante a un Rey que celebró *el banquete de bodas de su Hijo*» (Mt 22,2). Y con las *Bodas del Cordero* en la Jerusalén celestial termina San Juan su Apocalipsis, y oye a un ángel decir: «¡Dichosos los invitados *al Banquete de Bodas del Cordero!*» (19,9).

Yo sé que no se trata, Señor de una simple metáfora.
Tu Reino aquí en la Tierra es *un banquete de bodas*.
Gracias a tus desposorios con la naturaleza humana que asumiste, se ha hecho posible tu presencia visible entre nosotros «para que tuviéramos vida y la tuviéramos abundante» (Jn 10,10). Para celebrar ese inefable matrimonio, y como alimento de esa vida, instituiste, Señor, el Banquete Eucarístico: «El que come mi carne y bebe mi sangre tiene vida eterna... Lo mismo que el Padre que vive me ha enviado y Yo vivo por el Padre, también el que me coma vivirá por Mí» (Jn 6,54.57).

Y banquete real —no metafórico— será la posesión perpetua de tu Divinidad en el cielo.

Haz, Señor, que yo responda agradecido a tu generosa y gratuita invitación.

Golpea fuerte a mi puerta... por si me duermo.

Repíteme con paciencia —como al ángel tibio de Laodicea— tu amorosa llamada: «Mira que estoy a la puerta y llamo. Si alguno oye mi voz y me abre la puerta, entraré en su casa, y cenaré con él y él conmigo» (Ap 3,20).

¡Y me llamarán dichoso todas las generaciones!

... Como a tu Madre, la primera que Te abrió.

CUESTIONARIO

— ¿Agradezco la invitación generosa de Dios al Banquete de su Reino, primero aquí y luego en la gloria?
— ¿Me siento dichoso de participar en él?
— ¿Lamento la desgracia de los que no aceptan la invitación, y me presto a ayudarles para que respondan debidamente?

106
«SEÑOR, DANOS SIEMPRE DE ESTE PAN»
(Jn 6,34)

Cuando Jesús multiplicó los panes la primera vez en la orilla oriental del Tiberíades, y las turbas, entusiasmadas por ello, se le adelantaron a la otra orilla bordeando el lago, el Maestro se quejó de que le buscaran afanosamente «no porque habéis visto señales, sino porque habéis comido de los panes y os habéis saciado. Obrad, no por el alimento perecedero, sino por el alimento que permanece para la vida eterna y que os dará el Hijo del Hombre» (Jn 6,26ss).

Había en estas palabras de Jesús, junto a la queja por el egoísmo materialista de las gentes, una primera velada alusión al Sacramento de la Eucaristía, que iba a ser el tema de su siguiente discurso (Jn 6,34-58).

Las turbas, a medio entender, pero barruntando que se trataba de algo bueno, le dijeron:

—Señor, danos siempre de este pan.

¡Preciosa oración!

Ellos no sabían a ciencia cierta lo que pedían, porque aún no les había explicado el Señor claramente lo que era el Pan eucarístico.

Nosotros sí lo sabemos.

Su oración imprecisa debe ser, cuando nosotros la pronunciamos, expresión de una clara conciencia iluminada por la fe.

Ante la maravilla de la Eucaristía, nosotros, con mayor conocimiento de causa que las turbas de Cafarnaúm, tenemos que repetir fervorosamente: ¡Señor, danos siempre de este pan!

Ocurre, sin embargo, que el Señor se ha adelantado a esa nuestra petición.

Se nos da diariamente, y hasta más de una vez al día.

Y en el Sagrario lo tenemos siempre a nuestra disposición.

No tenemos que pedirle ese pan.

Más que su don, gratuitamente concedido de antemano, lo que tenemos que pedirle son las ganas de comerlo.

A menudo estamos inapetentes.

Nos conviene repetir la oración en su forma original, para escuchar el reproche del Señor por nuestra inapetencia: El Pan que me pides, ya lo tienes al alcance de tus manos, ¿por qué no lo comes... o lo comes con tan pocas ganas?

Acaso nos convenga formular esa oración de otra manera:
—¡Señor, danos siempre apetito de ese pan!

Aparte de que la inapetencia nos lleva a no comer, lo que se come sin ganas alimenta menos.

Luego hay la multitud inmensa de los que no comen nunca el Pan eucarístico porque no saben que existe, y lógicamente —por no saber que existe— no lo piden.

Yo sí lo sé.

Y pensando en ellos, me permito, Señor, repetirte esa misma oración en una tercera forma:

—Señor, diles —a los que no lo saben— que existe ese pan... y dales hambre de él... y dáselo siempre... ¡como a mí!

Y cámbianos a todos el «metabolismo» espiritual.

Que la Comunión nos «asimile» a Ti, para que como Tú vives por el Padre, los que te comemos vivamos por Ti.

CUESTIONARIO

— ¿Con qué frecuencia y con qué apetito nos alimentamos del Pan eucarístico?

— ¿Pedimos para que quienes no lo conocen se enteren de que este Pan da la vida eterna?

— ¿Qué hacemos para difundir la auténtica piedad eucarística?

«¡SEÑOR, DAME DE ESE AGUA!»
(Jn 4,15)

Conocida es la escena de Jesús y la mujer samaritana junto al Pozo de Jacob, que refiere San Juan 4,1-42.

Cuando la mujer está sacando agua con su cántaro, Jesús le pide de beber.

Ella se extraña de que un judío se rebaje a pedir agua a una samaritana, y Jesús le contesta:

—«Si conocieras el don de Dios y quién es el que te dice ¡Dame de beber!, tu le hubieras pedido, y El te hubiera dado agua viva.»

El escepticismo de la mujer es comprensible: ¿De qué agua le está hablando? Jesús aclara:

—«Todo el que bebiere de ese agua tendrá otra vez sed; mas quien bebiere del agua que Yo le diere no tendrá sed jamás, sino que el agua que Yo le daré se hará en él fuente de agua que salta hasta la vida eterna.»

La mujer no lo entiende del todo.

Pero en buena lógica y a nivel de lo que materialmente suenan las palabras de Jesús, le dice —quizá con cierta ironía—:

—«Señor, dame de ese agua, para que me quite la sed y no tenga que venir acá a sacarla.»

El episodio es histórico.

Pero, a su vez, es una exacta alegoría de la historia humana y del designio salvífico de Dios.

La Historia es un continuo ir y venir de los hombres a las fuentes donde piensan encontrar el agua que sacie su incontenible sed de felicidad.

Junto a los pozos se forman interminables colas, y las disputas por llegar a ellos acarrean continuos altercados y guerras y muertes.

El mensaje salvífico divino, proclamado por Jesús, consiste en decirnos repetidas veces que la felicidad a la que Dios nos tiene destinados, y cuya sed ineludible ha puesto El en nosotros, no se obtiene bebiendo en los pozos que abrieron los hombres acá.

No está la bienaventuranza en la posesión de tesoros terrenos, que la polilla corroe y los ladrones roban. «¡Bienaventurados los pobres, los sufridos, los que tienen hambre, los que lloran, los que padecen persecución por la justicia!»

Lo había dicho ya el Espíritu Santo por Jeremías:

«Dos maldades ha cometido mi pueblo:
Me abandonaron a Mí, fuente de agua viva,
y se cavaron cisternas:
cisternas rotas que no retienen el agua»

(Jer 2,13)

La felicidad está en Dios, y solo en El.

Su fuente es la Eucaristía que nos asegura la vida eterna.

Solo Dios y su eterna posesión puede apagar la sed incontenible que abrasa el corazón del hombre, creado para El. Lo expresó bellamente San Agustín: «Hiciste, Señor, nuestro corazón para Ti, y andará inquieto nuestro corazón hasta que descanse en Ti.»

Esta es la verdad, la única verdad.

Con mayor conocimiento de causa que la mujer samaritana, digámosle a Jesús frecuentemente:

—¡Señor, danos siempre de ese agua, para que nos quite la sed, y para que no andemos buscando inútilmente en los pozos de acá fuentes que no pueden saciarnos!

CUESTIONARIO

— ¿En qué medida nos dejamos llevar de la corriente que busca la felicidad en las cosas de este mundo?

— ¿Creemos de verdad que la felicidad está en las Bienaventuranzas?

— ¿Le pedimos al Señor que tire de nosotros hacia Sí?

«SEÑOR, YO NO SOY DIGNO»
(Mt 8,8; Lc 7,6)

Las conocemos de sobra, estas palabras del Centurión, que repetimos cada vez que comulgamos.

Y son una buena oración con que expresar nuestra falta absoluta de merecimientos para el honor de la visita de Jesús en la Comunión. Porque no hay entre todos los seres creados ninguno que sea digno de recibir al Señor dentro de sí.

El Centurión del Evangelio se consideraba indigno de que el Señor pisara las baldosas de su casa.

Y dijo una frase que, con mayor motivo, repetimos nosotros, cuando Jesús se dispone a dejarse comer, y a entrar, como alimento, en nuestro interior.

Pero esa frase tiene, en los labios del centurión, un sentido mucho más profundo.

Expresa su agradecimiento, no solo por la dignación del Infinito que desciende a la humilde choza de su criatura, sino por el hecho de que venga a ella sin necesidad.

Nuestro hombre se había limitado a hacer que presentaran a Jesús el caso de su «criado enfermo y a punto de morir». Al enterarse de que el Maestro ha dicho: «Yo mismo iré a curarlo», y de que se ha puesto en camino para venir a su casa, es cuando sale personalmente a su encuentro y le dice: «Señor, no soy digno de que entres bajo mi techo: basta que lo digas de palabra y mi criado quedará sano. Porque también yo, que soy un subalterno, tengo soldados a mis órdenes, y digo a éste: «Vete», y va; y a otro: «Ven» y viene; y a mi siervo: «Haz esto» y lo hace» (Mt 8,89).

El Centurión tenía muy claro que Jesús podía hacer el milagro sin necesidad de desplazarse.

Y así se habría evitado, además, el escándalo de los fariseos que consideraban impureza entrar en casa de un pagano.

La venida de Jesús a su casa era demasiada e innecesaria condescendencia.

Por eso su oración nos debe servir a nosotros para algo más que reconocer nuestra indignidad ante el honor de una Comunión.

Debe ser expresión de nuestro más profundo agradecimiento porque Dios no ha querido, como pudo haberlo hecho, salvarnos a distancia y por decreto.

Ha querido hacerlo por contacto y cercanía, haciéndose hombre, y metiéndose en el pozo de nuestra miseria y podredumbre, a cambio de que pudiéramos verle y tocarle.

Y no se ha limitado a alimentarnos con su Palabra («No sólo de pan vive el hombre, sino de toda palabra que sale de la boca de Dios»: Ex 8,3); se nos ha dado a Sí mismo en alimento.

El Centurión sabía por experiencia que todo esto no era necesario: que el Señor se lo podía ahorrar, y que sin ello nos podría salvar de igual manera, porque nada se resiste a su voz de mando. Si a él, que era subalterno, le obedecían sus subordinados, a Dios que manda sobre todos no le hacía falta desplazarse para salvarnos, ni dejarse comer para alimentarnos...

No es extraño que Jesús alabe la fe del militar pagano: «Os aseguro —dijo— que en Israel no he encontrado tanta fe.»

Quiero, Señor, repetirte con el Centurión:

—Señor, yo no soy digno de que entres en mi casa, porque no merece ese honor mi indignidad, y porque no es necesario que Tú te acerques tanto a mi miseria.

Gracias porque nos honras con tu visita.

Pero gracias, sobre todo, porque te acercas sin necesidad, por puro amor. Quiero decirte esto mismo siempre que recite, antes de comulgar, la bellísima y profundísima oración del Centurión.

CUESTIONARIO

— ¿Hemos dado gracias alguna vez al Señor porque, pudiendo habernos salvado por decreto y a distancia, quiso hacerlo en persona, viniendo hasta nosotros?

— ¿Tenemos la fe del Centurión?

— ¿Procuramos tener sus disposiciones, cuando el Señor se acerca a nosotros en la Comunión?

«CON SOLO TOCAR SU MANTO ME CURARE»
(Mt 9, 21; Mc 5,28)

Así pensaba aquella buena mujer del Evangelio, que padecía flujo de sangre y que —según San Marcos 5,26— «había sufrido mucho con muchos médicos y había gastado todos su bienes sin provecho alguno, antes bien yendo a peor».

Confiaba en el poder de Jesús, pero sentía vergüenza de confesar su mal, que entre los judíos, además de ser humillante, constituía impureza legal (Lev 15,25).

Consecuentemente con aquella su fe, aprovechó las apreturas de las turbas que acompañaban a Jesús camino de la casa de Jairo, y por detrás —a hurtadillas— logró tocar la orla de su manto.

Al instante quedó curada.

Jesús hizo público el suceso, no para avergonzar a la buena hemorroisa, sino para elogiar su fe, y para enseñanza nuestra.

Se volvió hacia atrás y preguntó.

—¿Quién me ha tocado los vestidos?

La pregunta parecía ociosa e improcedente.

Así pensó San Pedro, el cual contestó:

—Estás viendo que el gentío te oprime —al pie de la letra, según San Marcos, «te está despellejando»— y preguntas: ¿Quién me ha tocado?

«Pero Jesús le dijo:

—Alguien me ha *tocado,* porque he sentido que una fuerza ha salido de Mí.

Viéndose descubierta, la mujer se acercó temblorosa, y postrándose ante El, contó delante de todo el pueblo por qué razón le había tocado. El le dijo:

—Hija, tu fe te ha salvado, vete en paz.»

En efecto, grande fue la fe de esta mujer.

Y extraordinaria la enseñanza de su comportamiento para todos nosotros, los seguidores de Jesús.

El contacto con el Señor tiene poder para curar todas las dolencias.

Pero hay dos maneras de tocar al Señor: con fe o por rutina.

Muchos de la turba, a empellones y aprovechando la aglomeración, habían logrado el contacto material con Jesús, satisfaciendo así su vanidad al poder presumir de haber tocado las ropas del famoso Rabí. No sentían necesidad de ser curados de nada. Sólo aquella buena mujer tocó la orla de su manto con fe y anhelando el influjo benéfico de Jesús.

Y fue curada.

¿Cómo es tu contacto con el Señor en la Eucaristía?

Aquí no tocas la orla de su manto, sino su mismo Cuerpo y Sangre, verdadera, real y sustancialmente presentes en el Sacramento.

¡Cuántas veces acaso, envuelto gregaria y multitudinariamente con la turba, te rozas con El maquinalmente, o, a lo sumo, feliz y contento con la suerte que tu fe te depara!

¡Qué pena que no te sientas necesitado de curación!

Porque El sigue siendo el mismo. De su Cuerpo —hoy como entonces— puede seguir saliendo la misma fuerza que en aquella ocasión curó a la hemorroisa.

¡Señor, tu Cuerpo y tu Sangre en la Eucaristía son mucho más que la orla de tu manto! ¡Haz que yo sepa, cada vez que comulgo, aprovechar el contacto con la fuente de salvación que tengo tan a mano!

CUESTIONARIO

— ¿Hasta qué punto son mis comuniones rutinarias?

— ¿Conozco las dolencias de mi alma y me siento necesitado de curación?

— ¿En cuál de ellas voy a pensar cuando contacte con el Señor en la comunión?

«LAS MIGAJAS QUE CAEN DE LA MESA»
(Mt 15,27; Mc 7,28)

Era muy buena y humilde aquella mujer cananea.

Jesús, en cumplimiento de las profecías, y para ajustarse al plan providencial de Dios que había prometido la salvación mesiánica a través del pueblo de Israel, limitó su actuación personal a la geografía de Palestina.

Al salir una vez al territorio pagano de Tiro y Sidón una buena mujer se le acercó pidiendo que curase a su hija.

Jesús se negó en principio alegando que su misión personal tenía como inmediato destinatario «las ovejas perdidas de la casa de Israel». Y ante la insistencia perseverante de la mujer cananea, le dijo empleando la terminología usual en Israel: «No está bien tomar el pan de los hijos y echárselo a los perritos.»

Aunque dulcificada con el diminutivo, la ofensiva expresión judía contra los gentiles hubo de sonar a los oídos de la mujer desagradablemente. Pero con una humildad y delicadeza escalofriantes contestó sumisa:

—Sí, Señor. Pero también los perritos comen de las migajas que caen de la mesa de sus amos.

Jesús no se pudo contener. Y ponderó:

—¡Mujer! grande es tu fe.

No es corriente entre nosotros la actitud de esta mujer.

Al más ligero rechazo del Señor, o a su simple sordera —aparente y momentánea— a nuestros gritos, la reacción suele ser en nosotros de protesta y de queja.

¡Como si estuviéramos en posesión de todos los derechos! ¡Qué trabajo nos cuesta reconocer que para El somos menos que un perrito! ¡Y qué lejos estamos de la fidelidad y mansedumbre del simpático animal, amigo del hombre, para con su amo!

La mujer cananea —como humilde perrito— respondió con cariño al sopapo no menos cariñoso del Señor, lamiendo sumisa y pacientemente su mano.

Yo no sé si supo lo que dijo.

Pero las migajas que caigan de tu mesa, Señor, deben ser un manjar suculento.

Con las sobras de cinco panes, que un día multiplicaste —y después de comer cinco mil hombres— se llenaron doce cestos (Mc 6,42). Y Tú mandaste recogerlas para que no se perdieran (Jn 6,12).

Hizo bien la mujer cananea en contentarse con eso.

¿Me dejas que yo también recoja las migajas que queden? Quiero ser tu perrito faldero.

¿Qué?

¿Que no me dejas?

¡Ya lo sé!

No te sufre el corazón verme así, merodeando por debajo de los asientos.

Y te empeñas en sentarme a la mesa, junto al Padre, y al lado de los otros hijos.

¡Perrito, no! ¡Hijo!

Si eran ricas las migajas, ¡qué será el manjar entero!

Me aseguran que, en tu mesa, tu Cuerpo es la comida y tu Sangre la bebida.

¡Señor, yo no soy digno!

Ya sé por qué no quieres que recoja las migajas.

En tu mesa no las hay.

Tú te das todo Tú: Tu Cuerpo, tu Sangre, tu Alma, tu Divinidad.

—«¡Tomad y comed!... ¡Tomad y bebed!»

Si amar es dar...

¡Gracias, Señor!

¿Me dejas, como a un perrito, lamer tu mano?

CUESTIONARIO

— ¿Me considero indigno de sentarme a la Mesa del Señor?

— ¿Reconozco que con solo las migajas podría darme por satisfecho?

— ¿Cómo agradezco el suculento Banquete de la Eucaristía?

«¡ES DURO ESTE LENGUAJE! ¿QUIEN PUEDE ESCUCHARLO?» (Jn 6,60)

Cuando el Evangelio o la predicación de la Iglesia, haciéndose eco de tu Palabra, nos hablan, Señor, de sacrificios, o renuncias; cuando los acontecimientos, ordenados por tu Providencia y signos por ello de tu voluntad para con nosotros, resultan desagradables, se nos escapa decir lo que dijeron las turbas en Cafarnaúm al oír que tenían que comer tu Carne y beber tu Sangre:

—«¡Es duro este lenguaje! ¿Quién puede escucharlo?»

Esta es una oración que nunca debemos rezar.

No permitas, Señor, que yo la diga nunca.

Porque no es verdad... ¡no es verdad!

Nada que Tú nos mandes, nada que Tú permitas para nuestro bien, puede ser duro aunque lo parezca.

Tú, que no puedes engañarte ni engañarnos, dijiste: «Tomad sobre vosotros mi yugo... Porque mi yugo es suave y mi carga liviana» (Mt 11,29-30).

Yo lo creo, Señor, aunque a mis débiles fuerzas parezca duro y pesado, Y es que Tú has querido —uncido al mismo yugo, que por eso llamas tuyo— llevarlo con nosotros. ¡Tú, conmigo!

Todo es cuestión de entender el alcance que tiene el sacrificio.

Cuando hemos caído en la cuenta de lo que significa tu promesa eucarística en Cafarnaúm, a nadie se nos ocurre decir que es duro tu lenguaje de entonces. Nadie es capaz de imaginar cosa más blanda ni hermosa que esa presencia tuya bajo las especies del pan y del vino, hecha alimento para nuestras almas.

¿Qué te dijeron, Señor, cuando más tarde te recibieron en la Comunión los que aquel día en Cafarnaúm se quejaban de que era duro tu lenguaje?

¿Verdad que les pesó de haberlo dicho?

Tu hacías que lo recordaran —haz que lo recuerde yo— para comprobación de la ignorancia de los hombres cuando nos quejamos de tus designios que no entendemos.

Algún día, Señor, —cuando comprenda el valor de los sacrificios y renuncias— me avergonzaré de haber criticado la dureza de tus planes sobre mí.

Haz que sea pronto, Señor, para que no te rece nunca más esa oración que tus amigos nunca debemos rezar.

Y haz que sintamos la ayuda de tu cuello uncido al mismo yugo de nuestra carga. Que eso debe ser lo que tu Apóstol aseguraba cuando escribía: «Fiel es Dios que no permitirá seáis tentados sobre vuestras fuerzas. Antes bien, con la tentación os dará ayuda para poderla resistir con éxito» (1 Cor 10,13).

No permitas que la proximidad del sufrimiento impida la perspectiva luminosa del premio.

Siempre será verdad lo que dijiste un día: «La mujer, cuando ha dado a luz al niño, ya no se acuerda del aprieto por el gozo de que ha nacido un hombre en el mundo» (Jn 16,21). Y lo que dijo tu Apóstol: «Pienso que los sufrimientos del tiempo presente no son comparables con la gloria que se ha de manifestar en nosotros» (Rom 8,18). «En efecto, la *leve* tribulación de un *momento* nos produce, sobre toda medida, un *pesado* caudal de gloria *eterna*» (2 Cor 4,17).

¡Dame, Señor, esta seguridad!

CUESTIONARIO

— ¿Me lamento a menudo de las tribulaciones que el Señor me envía?

— ¿Recuerdo que el Señor quiso pasar por ellas antes que yo?

— ¿Tengo fe ciega en que nunca serán superiores a las fuerzas que para sobrellevarlas me va a conceder?

EUCARISTIA Y EVANGELIO

La celebración en Sevilla de 45 Congreso Eucarístico Internacional del 7 al 13 de junio de 1993 bajo el lema «Cristo, Luz de los Pueblos» ha pretendido ser, en memoria del V Centenario del Descubrimiento y Evangelización de América, una llamada a la nueva evangelización que muchos pueblos cristianos están necesitando en nuestros días.

Es un acierto teológico esta correlación entre Eucaristía y Evangelio.

Evangelio es la Buena Noticia que a los hombres trajo la venida de Cristo.

Es el hecho mismo de que Cristo Dios vino al mundo para redimirnos y darnos ejemplo de vida.

Por eso, difundir el Evangelio no es tanto propagar entre los hombres las enseñanzas de Cristo, cuanto hacer que Cristo en persona llegue a todos los hombres.

El Cristianismo no es una ideología.

No es la simple adhesión a las enseñanzas de Cristo, como el aristotelismo es —y no pasa de ser— la adhesión a las enseñanzas de Aristóteles.

El Cristianismo es la adhesión personal a la persona de Cristo. La Gran Noticia no es, por tanto, —con serlo mucho— el conjunto de verdades que Cristo Dios nos enseñó; es el hecho mismo de que Cristo —Dios hecho Hombre— vino al mundo para estar con nosotros.

Por esta razón el Evangelio, la Buena Noticia por excelencia, es la Eucaristía.

Cristo no vino *para pasar a la Historia* abriendo en ella un surco, por muy hondo, dilatado e importante que se pueda imaginar.

Eso hubiera sido ya una Gran Noticia.

Pero hay más: Cristo vino para *quedar inmerso en la Historia humana,* compañero de viaje perpetuo con todos los caminantes que pisamos los senderos de la Tierra.

Y esto es mayor Noticia.

Este es el Evangelio en su plenitud.

Evangelizar es, por tanto, perpetuar la Eucaristía.

Si la Evangelización auténtica solo es tal cuando lleva a los hombres la presencia personal de Cristo, no sería completa una Evangelización que se limitara a la siembra conceptual de la doctrina enseñada por Jesús.

La Gran Noticia que el Cristianismo tiene que llevar a los hombres es el contacto personal de Dios con ellos, cosa que se verifica a través de Cristo en la Eucaristía.

Andan rozando la herejía quienes pretenden separar —como si fueran separables— Evangelización y Sacramentos.

Cierto que la vivencia sacramental solo es posible tras una previa catequesis conceptual. Pero ésta sin aquella *no es auténtica evangelización.*

De lo dicho se infieren tres consecuencias:

1.ª La nueva evangelización tiene que tender como fin primario a la vivencia de la Eucaristía. Tenemos que reavivarla en nosotros y en los demás continuamente.

2.ª Esta vivencia exige la preocupación por conocer y practicar las enseñanzas de Cristo a quien nos adherimos personalmente por el Sacramento. Ser almas eucarísticas supone comprometernos a adquirir progresivamente una mejor formación cristiana.

3.ª Contribuir a la nueva evangelización implica colaborar en la catequesis de la Iglesia —con la palabra y el ejemplo— y ayudar a los hombres a establecer contacto con Cristo Eucaristía.

La Luz del Mundo desde la Eucaristía sigue iluminando a todos «los que viven en tinieblas y sombras de muerte». Solo mirándola verán la luz verdadera.

CUESTIONARIO

— Examinar cómo andamos y qué tendríamos que hacer para mejorar en cada uno de los últimos tres puntos.

MARIA

Quiero seguirte a Ti, flor de las flores,
siempre decir cantar de tus loores,
non me partir
de Te servir,
mejor de las mejores.

(Arcipreste de Hita)

Y en retorno de amor y fe sincera,
jamás sin tu recuerdo he de vivir:
Tuya será mi lágrima postrera...
Hasta que muera, Madre, hasta que muera,
me acordaré de Ti.
Tú en pago, Madre, cuando llegue el plazo
de alzar el vuelo al celestial confín,
estrechándome a Ti con dulce abrazo
no me apartes jamás de tu regazo,
¡no me apartes de Ti!

(P. Julio Alarcón:
A la Virgen del Recuerdo)

«HAS HALLADO GRACIA A LOS OJOS DE DIOS» (Lc 1,30)

Se lo dijo el ángel a la Virgen cuando ésta se turbó ante el saludo lisonjero del Enviado de Dios.
Y fue como si le dijera: ¡Lo que oyes! «Agraciadísima» será tu nombre. El Señor te saluda y está contigo... como estuvo con los Patriarcas y adalides de tu Pueblo... y dentro de unos instantes, como no estuvo nunca ni estará jamás con nadie. ¡Le has robado el corazón a Dios!
—«Has hallado gracia a los ojos de Dios.»
¡Y eso es lo que vale!
¡No el aplauso y estima de los hombres!
El Emperador Romano, allá se está en Roma, y no piensa en Ti.
El Rey Herodes, en Jerusalén, no sabe siquiera que existes.
Los mozos no te dicen cosas cuando vas a la fuente... porque ¡vas tan recatada!
No te importe, Señora: Dios en el cielo piensa en Ti. Desde toda la eternidad.

Cuando Dios en su trono de corales.
sostenido por siete querubines,
señalaba a a los mares sus confines
y trazaba las rutas siderales;
cuando el sol no doraba los trigales,
ni exhalaban perfume los jazmines,
ni formaban los árboles jardines
ni las cañas en flor cañaverales;
cuando estaba sin lámparas el cielo,
sin viñedos y olivos el Carmelo,
y sin palmas los huertos de En-Gaddí;
cuando no había céfiros ni brisa,
ni ternura de abrazos y sonrisa...
¡en su mente el Señor pensaba en Ti!

Te pensó para Madre de su Hijo, que un día —y ese día es hoy— se iba a hacer Hombre en tus entrañas.

Todos los buenos hijos quieren a sus madres después de nacidos, porque les dieron el ser y en sus entrañas fueron gestados.

El Verbo de Dios quiso a María antes de nacer, y la escogió —no le vino dada como a nosotros la nuestra— para que le proporcionara la humanidad que, formada en las entrañas de la Virgen, había de asumir Él.

Desde que Dios es Dios, María figura en su proyecto eterno, inseparablemente unida al Redentor. Y porque Este, en el plan divino, había de vencer al pecado y a la muerte, quiso Dios que María fuera preservada inmune de cualquier pecado desde el instante de su Inmaculada Concepción, y estableció su resurrección anticipada subiéndola en cuerpo y alma a los cielos.

Así hace las cosas Dios.

Los piropos de Dios son sacramentos: Producen lo que significan.

Por boca del ángel te llamó «Agraciadísima». Y te dijo que habías hallado gracia a los ojos de Dios.

¡Y ya lo ves!

También lo vemos nosotros —y nos alegramos.

Como lo viste Tú: «Ha puesto el Señor los ojos en la poquedad de su esclava.» Y «ha hecho en favor mío cosas grandes —¡grandísimas!— el Todopoderoso». Por eso «Me llamarán bienaventurada todas las generaciones». Aquí está la nuestra: Una generación, pecadora como todas y loca más que ninguna.

Pero no se nos traba la lengua.

Nos queda voz para sumarnos al coro de los que te llaman Bienaventurada.

Y lo hacemos con gozo:

—¡Bendita Tú entre las mujeres!

CUESTIONARIO

— ¿Me complazco en el agrado de Dios, o ando mendigando el de los hombres?
— ¿Pienso alguna vez que desde toda la eternidad ocupo un lugar, aunque modesto, en la mente del Señor?
— ¿Lo agradezco cantando como la Virgen el *Magnificat?*

114
«HAGASE EN MI SEGUN TU PALABRA»
(Lc 1,38)

Los profetas presentaron la redención de los tiempos mesiánicos como una nueva creación.

Al «¡Hágase!» todopoderoso de Dios creador, que en Gen 1,3 señala el comienzo del mundo con la aparición de la luz, corresponde como un eco en Lc 1,38 el «¡Hágase!» de María, que introduce en el mundo al Redentor. «Hágase la luz. Y la luz fue hecha» = «Hágase en mí según tu palabra» (Lc 1,38). «Y la Palabra se hizo carne y fijó su tienda entre nosotros» (Jn 1,14).

Pero lo que en boca de Dios era una orden, en labios de María es un acto de sometimiento amoroso al Divino Querer.

La Redención venía a restablecer el orden trastocado por el pecado del hombre: «Por la desobediencia de un solo hombre la Humanidad quedó constituida en pecadora; por la obediencia de uno solo la Humanidad quedará constituida justa» (Rom 5,19). Si la desobediencia del Primer Adán nos perdió, la obediencia del Segundo Adán nos había de rehabilitar.

Y dado que el Hijo de Dios «se hizo hombre para redimirnos y para darnos ejemplo de vida», por la obediencia a imitación del Salvador hará suya cada hombre la redención que para todos obtuvo Cristo.

Porque en la nueva creación tiene que colaborar el hombre. «Dios que te creó a ti sin ti, no te salvará a ti sin ti» —dijo San Agustín con frase lapidaria.

No nos salvamos nosotros; nos salva Dios.

Jesús mereció y obtuvo —¡El sólo para todos!— la salvación.

Pero Dios exige, para aplicarnos esa salvación, la personal cooperación de cada uno: cooperación que adquiere su eficacia salvadora, no del valor de nuestras buenas obras, sino de los méritos de Cristo con el cual nos unimos en la medida en que, como El, nos sometemos al Divino Querer.

Esa cooperación, absolutamente necesaria en la actual Providencia Divina para la aplicación a cada hombre de la salvación obtenida por Cristo para todos, quiso Dios en cierto modo pedírsela a la Humanidad para la realización misma del hecho salvífico.

La pidió y la obtuvo de María con el «Sí» a la encarnación del Verbo en sus entrañas.

Con razón San Bernardo presenta poéticamente a la Humanidad entera pendiente de la respuesta de María al mensaje del ángel.

Por eso el «Hágase» de la Virgen tiene acentos de amorosa y agradecida aceptación del plan divino que nosotros debemos hacer nuestro.

Y por eso también el «Hágase» de María tiene que ser modélico para todos los cristianos. Pronunciándolo con Ella reconocemos que la salvación es don gratuito de Dios. Y haciéndolo programa de toda nuestra vida, prestamos la cooperación que Dios nos pide para ser salvados por El.

San Pablo asegura que el quehacer del cristiano es conseguir que Cristo nazca, crezca y se desarrolle en cada uno de nosotros.

Si le preguntamos a su Madre qué hizo Ella para conseguirlo, nos va a responder con su «Hágase», que hacer, hacer, lo que se dice hacer, Ella no hizo nada.

Simplemente dejó hacer.
Dijo que sí a Dios.
Dijo «¡Hágase!»
Eso es lo que hay que hacer.

¡Es tan consolador y tan grato dejarse llevar por El, cogidos de la mano, a la salvación!

CUESTIONARIO

— ¿Acostumbro a ver en los acontecimientos que me afectan la voluntad de Dios?

— ¿La acepto con la misma sumisión, tanto si contradice mis deseos como si se ajusta a ellos?

— ¿En qué medida la aceptación amorosa de la voluntad divina constituye el centro de mi vida espiritual?

«BENDITA TU ENTRE LAS MUJERES»
(Lc 1,42)

Así aclamó Isabel a María, cuando ésta la visitó en Ain Karem:
—¡Bendita tu entre las mujeres,
y bendito el fruto de tu vientre!

La aclamación subraya el reconocimiento de la superioridad de la Virgen por parte de una mujer extraordinariamente favorecida con la gracia de la fecundidad milagrosa de la vejez. «Isabel —le había dicho el ángel a María— ha concebido en su vejez, y ya está de seis meses la que llamaban estéril» (Lc 1,36).

Para Isabel, lo suyo —con ser fuera de lo normal— había sucedido otras veces en la historia de su Pueblo: Estériles y ancianos habían concebido... Sara la mujer de Abraham, la madre de Sansón, y Ana la esposa de Elcana y madre de Samuel. Lo de María —concepción virginal— no había ocurrido nunca. Y es que no iba a ser madre de ningún Patriarca ni Profeta, sino del mismo Dios. «¿De dónde a mí me venga a mí la Madre de mi Señor?» (Lc 1,43).

La expresión ¡Bendita tú entre las mujeres! recurre otras dos veces en el Antiguo Testamento.

En el Cántico de Débora, que recoge el Libro de los Jueces, se dice de Yael, la mujer de Yéber el quenita, porque atravesó con un clavo las sienes del general cananeo Sísara, adversario de Israel:

> «¡Bendita entre las mujeres Yael,
> la mujer de Yéber el quenita!
> Entre las mujeres que habitan en tienda
> ¡bendita sea!»
>
> (Jueces 5,24)

Y en el Libro de Judit se canta de la protagonista, que cortó la cabeza de Holofernes:

> «¡Bendita seas, hija de Dios Altísimo,

más que todas las mujeres de la tierra!
¡Y bendito sea Dios, el Señor,
Creador del cielo y de la tierra,
que te ha guiado para cortar la cabeza
del jefe de nuestros enemigos!»

(Judit 13,18)

No le van a María alabanzas por esos motivos.
Ella no se distinguió por proezas guerreras.
Como no se entienda así el haber contribuido —y es proeza guerrera inigualable— a machacar la cabeza de la Serpiente Infernal (Gen 3,15).

Pero Isabel dijo lo que dijo de María por otros motivos.
La llamó bendita entre las mujeres... ¡por el fruto de su vientre!
Como aquella mujer de la turba que le dijo a Jesús aquel piropo:
—«¡Dichoso el vientre que Te llevó,
y los pechos que Te alimentaron!» (Lc 11,27).
Eso sí le va a María.
Y sólo a Ella.
Y si Jesús añadió a la buena mujer de la turba: «¡Dichoso más bien el que oye la Palabra de Dios y la cumple!», Isabel se encarga de asegurarnos que así lo hizo María: «Dichosa Tú por haber creído que se cumplirán en Ti las palabras que te ha dicho el Señor.»
También esto le va a María: «Aquí está la esclava del Señor. Hágase en mí según tu Palabra» (Lc 1,38).
Y más que a nadie.
¿No nos tiemblan de gozo los labios cuando rezamos cada día: «Bendita Tú eres entre todas la mujeres»?

Yo sé, Madre, que la Maternidad divina es en Ti privilegio singular, y que en eso eres admirable —¡bendita entre todas las mujeres!—, pero no imitable.
Sin embargo, en tu escucha de la Palabra de Dios y su puesta en práctica, todos te podemos imitar.
Y Jesús ha dicho:

—«Todo el que cumpla la voluntad de mi Padre celestial, ése es mi hermano, mi hermana y mi madre» (Mt 12,50).
Así de bonito.
¡Y de verdad!
Madre, me quiero parecer a Ti.

CUESTIONARIO

— ¿Tenemos idea clara de la verdadera grandeza de María?
— ¿La honramos como Dios la honró y quiere que sea honrada?
— ¿La vemos, a pesar de eso, cercana e imitable?

«¡DICHOSA TU, LA CREYENTE!»
(Lc 1,45)

Con esta bella alabanza expresa Isabel, en el episodio de la Visitación, la respuesta de María al don de Dios que la había escogido para Madre de su Hijo.

Así lo afirmaba Juan Pablo II en la Encíclica *Redemptoris Mater*: «La plenitud de la gracia anunciada por el ángel significa *el don de Dios* mismo; la fe de María, proclamada por Isabel en la Visitación, indica cómo la Virgen de Nazaret *ha respondido* a ese don» (n. 12).

La aclamación de la Madre del Bautista tiene cierto deje de tristeza y de santa envidia resignada. Se adivina que está comparando la suerte de la Virgen con la desgracia de Zacarías, que se había quedado mudo por su falta de fe. Pero es sobre todo —y abiertamente— un elogio positivo a la fe de María.

La forma literaria de la frase de Isabel es un macarismo o bienaventuranza.

Bienaventuranza singular... ¡y en singular!

Normalmente los macarismos o bienaventuranzas son plurales. Se refieren a todos los afectados por la condición expresada.

Bienaventurados *todos los que sean* pobres de espíritu; bienaventurados *todos* los limpios de corazón, etc.

La Bienaventuranza de la Fe, que Jesús había de formular en plural después de Resucitado («Bienaventurados los que, sin ver, creerán»: Jn 20,29), no se refiere en nuestro caso a *todos los que crean* en general, sino a la mujer *concreta* que Isabel tiene delante, y a la que llama bienaventurada *porque ha creído*. Aunque la expresión original griega parece formulada en tercera persona («¡Dichosa la que ha creído!»), su verdadera traducción en el contexto es la que encabeza muestra reflexión de hoy: «¡Dichosa Tú, la Creyente!»

«La que ha creído», que expresa a la vez el sujeto y el motivo de la bienaventuranza, es en boca de Isabel un epíteto (en griego, un participio aoristo), que viene a ser un sobrenombre característico y distintivo de la Virgen, como lo es en la pluma de Jn 11,2 «la que ungió» dicho de la hermana de Lázaro. Este título, aplicado a María la de Betania, es como la nota característica, el apodo constituyente de la propia identidad con la que había de pasar a la historia: ¡La Ungidora!. «Dondequiera que se proclame este Evangelio en todo el mundo —sentenció Jesús— se hablará también de lo que ésta ha hecho, para memoria suya» (Mt 26,13).

Paralelamente, el término «la Creyente» empleado por Isabel con referencia a la madre de Jesús —y de factura literaria idéntica al anterior—, será el calificativo con que la Virgen pasará a la historia.

Dondequiera que se proclame el Evangelio, María será aclamada como «la Creyente» por excelencia.

Tenía razón, Señora, la buena de Isabel para decirte ese piropo.

Tu fe es excepcional.

Al fin y al cabo, lo de ellos, lo de Isabel y Zacarías —eso de concebir a pesar de la esterilidad y vejez— había ocurrido ya otras veces: en Abraham y Sara, en los padres de Samuel... y en los de Sansón.

Pero lo tuyo, en cambio —eso de concebir sin obra de varón— era totalmente nuevo, algo inaudito, cosa nunca vista.

Tú eres, Madre, la primera Creyente cristiana.

¡La Madre de todos los creyentes en Cristo!

Quiero parecerme a Ti.

Como uno más de los muchos que, a tu ejemplo, han creído y creen en Dios; de los muchos que se han fiado y se fían de El, aunque en ocasiones —como te pasaba a Ti— no Le entiendan, y su Providencia les resulte desconcertante.

Quiero creer y fiarme siempre, con los ojos cerrados, y el corazón abierto a la confianza en el Padre.

¡Como Tú, Madre, como Tú!

CUESTIONARIO

— ¿Calibramos debidamente los quilates de la fe de María en medio de las dificultades con que Dios la probó?

— ¿Procuramos parecernos a Ella?

— ¿Acudimos a Ella confiadamente cuando flaquea nuestra fe?

«HA MIRADO EL SEÑOR LA POQUEDAD DE SU ESCLAVA» (Lc 1,48)

Es el primer motivo que esgrime María para cantar alborozada su *Magnificat*.

Con parecidas palabras oraba a Dios Ana, la futura madre de Samuel. Atribulada por el oprobio de la esterilidad, tan ominoso entre los judíos de entonces, por estimarse castigo del Señor, la pobre mujer del Antiguo Testamento pedía a Dios que «se dignara mirar la aflicción de su esclava» (1 Sam 1,11). María, dispuesta como estaba a guardar virginidad perpetua, no sentía aflicción por no ser madre.

Su acción de gracias no es por haberla librado de la esterilidad, ni de ninguna otra angustia, sino por haber puesto los ojos en su pequeñez para hacer —El y sólo El— cosas grandes en Ella, para Ella y a través de Ella.

El *Magnificat* de María viene a ser así el modelo ejemplar de toda religiosidad humana y de toda oración de los hombres a Dios. El símbolo es un triángulo.

La base horizontal, pegada al suelo, es nuestra insignificancia, nuestra pequeñez y poquedad ultramicroscópica, cuyo reconocimiento por nuestra parte es la raíz de la religiosidad. El vértice en lo alto es la Omnipotencia y Grandeza Infinita de Dios, y los lados que de allí descienden encerrando y abrazando la poquedad de la base es la benevolencia generosa del Señor que se complace en «exaltar a los humildes», en «colmar de bienes a los hambrientos», y en «acoger con misericordia a sus siervos».

María sabe que las cosas son así.

Se reconoce partícula infinitesimal ante Dios: «He aquí la esclava del Señor, Hágase en mí según tu palabra» (Lc 1,38).

Confiesa alborozada la grandeza infinita del «Todopoderoso, cuyo nombre es santo y cuya misericordia se extiende de generación en generación sobre los que le temen» (Lc 1,49ss).

Y se deshace en agradecimiento, porque el Señor «el Todopoderoso, el Infinito— «ha puesto sus ojos en la poquedad de su esclava» (Lc 1,48).

Si tuviéramos nosotros esa misma conciencia de nuestra indignidad, si de verdad no nos consideráramos merecedores de la atención del Señor, jamás protestaríamos cuando nos parece que no se ocupa de nosotros, y en cambio nos sentiríamos extraordinariamente felices, y no encontraríamos palabras apropiadas para agradecerle la mirada complaciente y enriquecedora que tantas veces se digna posar sobre nuestra absoluta y total insignificancia.

¡Qué resonancia tiene, cuando se piensa así, repetir internamente, y dicho en nombre propio, lo que de sí cantó María:
—Ha mirado el Señor la poquedad de este su esclavo, que soy yo!
Porque esa mirada no es más que el comienzo.
Luego vendrá la experiencia de que «ha hecho en mi favor cosas grandes el Todopoderoso», y la certeza de que mi suerte es envidiable, porque gracias a eso «me llamarán feliz todas las generaciones».

Tu mirada, Señor, es amor.
Como cuando miraste al joven del Evangelio.
Algo vio tu evangelista cuando se decidió a escribir: «Y fijando en él su mirada, le amó» (Mc 10,21).
Y Tú no amas «de palabra o de boquilla, sino con obras y de verdad» (1 Jn 3,18).

Tu Madre, asunta en cuerpo y alma a los cielos, nos lo podría seguir diciendo desde allí como anticipadamente lo cantó en el *Magnificat:*
—«Porque ha mirado el Señor la poquedad de su esclava desde ahora me llamarán bienaventurada todas las generaciones».
Yo he experimentado ya sobre mí el comienzo: «Has fijado, Señor, tus ojos en mi poquedad».
Y estoy seguro del final: ¡Bienaventurado por todas las generaciones!

CUESTIONARIO

— ¿Te sientes, como María, objeto de la mirada amorosa del Señor?
— ¿Te reconoces, como Ella, poca cosa ante Dios?
— ¿Confiesas y cantas ambas cosas en tu *Magnificat* particular?

«HA HECHO EN MI COSAS GRANDES EL TODOPODEROSO» (Lc 1,49)

El Cántico del *Magníficat* es la respuesta de la Virgen a las alabanzas de Isabel.

Con él María refiere a Dios los méritos que su prima creía encontrar en ella.

Viene a decir: Si soy «bendita entre las mujeres», si soy «la Madre de tu Señor», si se me puede llamar «bienaventurada por haber creído», todo es obra de Dios: ¡Ha hecho en mí cosas grandes el Todopoderoso!

Lo mismo —aunque en menor escala— puede y debe decir cada uno de nosotros.

Todo lo bueno —poco o mucho— que hay en nosotros es obra de Dios.

No habrá nunca motivo razonable para ninguna tentación de vanidad.

Con razón escribía San Pablo: «¿Qué tienes que no hayas recibido? Y si lo has recibido, ¿a qué gloriarte como si no lo hubieras recibido?» (1 Cor 4,7).

Pero no basta con no sentir vanidad.

Hay que sentirse deudores y, por ello, obligados a dar gracias a Dios.

Lo bueno es digno de alabanza.

Si lo bueno que hay en nosotros no es nuestro, se comprende que no deba ser motivo de vanidad personal. Pero si todo lo bueno que hay en nosotros es obra de Dios, a Dios se le debe por ello alabanza y agradecimiento.

Así hizo María —ahora y en toda su vida— con el cántico del *Magníficat.*

Como la tierra en el mes de mayo —que la piedad cristiana le dedica de una manera especial— paga con flores las caricias del sol, la Virgen agradeció siempre con su encendido cántico de alabanza los beneficios de Dios.

Si honrar a María es, sobre todo, imitarla, sus devotos debemos repetir a menudo con ella el canto del «Magníficat».

Confesemos abiertamente, como Ella, que «ha hecho en nosotros cosas grandes el Todopoderoso».
Así es.
No podemos ni debemos ocultarlo bajo pretexto de falsa humildad.
Reconocer que le debemos mucho a Dios es sentirnos obligados a corresponder generosamente; mientras que achichar —bajo capa de humildad— la lista de beneficios recibidos hace que nos sintamos menos deudores a la hora de devolver, duplicados, los talentos que nos fueron concedidos.
Sobre las maravillas que en María cantaba Isabel, Ella se refería, sin duda, en su cántico a la maravilla suprema de llevar al Hijo de Dios hecho hombre dentro de sí. Hace unas horas le había dado un vuelco el corazón, al pasar por Quiryat Yearim («La Ciudad de los Bosques») donde estuvo tantos años el Arca de la Alianza.
Ella sí que lo era.
¿Y tú, cuando comulgas, no?
¡Ha hecho en mí cosas grandes el Todopoderoso!
Lo más grande... quedarse en la Eucaristía, y albergarse en mi pobre pecho cuando comulgo.
¡Quién fuera, como Ella, para este menester, Arca de madera incorruptible!

CUESTIONARIO

— ¿Qué lugar ocupa en nuestra vida de piedad la acción de gracias a Dios por los dones que de El hemos recibido?
— ¿Repasamos alguna vez la lista interminable de sus beneficios?
— ¿Cómo los agradecemos?

«TU PADRE Y YO TE BUSCABAMOS SIN CONSUELO» (Lc 2,49)

Con estas palabras sintetiza María, al encontrar en el Templo al Niño Jesús perdido, la angustia afanosa de aquellos tres interminables días de búsqueda.

Ella sabía el destino trágico que según las profecías del Siervo de Yahvé, había de correr su Hijo.

Pero ignoraba el cómo y el cuándo.

Forzosamente hubo de pensar si sería ése el momento, y si ella y José podrían ser culpados de negligencia. Con todo el heroico dominio de sus sentimientos que la caracterizaba, no pudo evitar —¿o no quiso Dios que lo hiciera?— la formulación de su queja amorosa:

—«Hijo, ¿por qué nos has hecho esto? Tu padre y yo te hemos estado buscando sin consuelo.»

A mi me gusta, Señora, que le dijeras esto al Niño.

Y le agradezco a San Lucas que lo consignara en su Evangelio.

Nos viene muy bien a nosotros.

Por dos motivos: como rasgo de obligada imitación, y como especial incentivo de confianza en la intercesión de nuestra Madre.

María no era culpable.

Porque no había habido —¡de ninguna manera!— negligencia alguna por parte de los padres en la pérdida del Niño, voluntaria y expresamente tramada por El.

Y a pesar de todo, María le buscó afanosamente, con el alma transida de angustia, a lo largo de tres días.

Mira y aprende, alma mía.

Casi siempre que yo le pierdo, es por mi culpa.

Déjame, Madre, que entonces sepa sufrir con tu propio corazón la angustia de la ausencia, y sepa, en alas de tu mismo amor, emprender sin descanso la búsqueda.

Sopla sobre las ascuas mortecinas de mi trágica soledad insensible, y cogiendo mi mano, dirige mis pasos sin parar hasta el punto y la hora del feliz y enriquecedor encuentro.

Y si alguna vez —que también suele hacerlo— el Señor juega conmigo al escondite, haz que, aun sin culpa, yo me sienta a disgusto sin El, y sepa responder al juego, y le busque con ansia hasta encontrarle... ¡como Tú, Madre!

¡Qué bien hizo el Espíritu Santo en inspirar a San Lucas que anotara tus palabras!

Esas palabras no son solo para mí un modelo a imitar. Son además motivo de confianza.

Jesús quiso que María fuera, no solo Madre suya, sino también nuestra.

Y ello nos hace pensar que su angustiosa búsqueda de Jesús perdido se repite cada vez que sus otros hijos, «los hermanos pequeños de Jesús» (Mt 25,40), nos perdemos.

Podemos estar seguros de que Ella se mueve y nos busca.

Hazlo, Señora, así, siempre que perdamos comba: bien porque nos desviemos del camino, bien porque nos rezaguemos en el seguimiento de Jesús. Tan perdido como el que abandona el rumbo, está el que —al igual que Pedro— «sigue a Jesús de lejos» (Lc 22,54): termina arrimándose, para calentarse, a la primera lumbre de cualquier patio... y renegando del Maestro.

Estamos seguros, Madre, de que estamos contigo —o Tú con nosotros—, cuando nos afanamos en la búsqueda y retorno de los alejados, que voluntariamente y de forma estable han dado la espalda a sus compromisos bautismales, y han montado su vida al margen de la Iglesia.

Pregúntales Tú —con el mismo cariño con que le preguntaste a Jesús— por qué han hecho eso.

Y diles con tu voz de terciopelo que los estás buscando con angustia como le buscaste a El.

Te lo pedimos, Señora, por el dolor y el gozo que experimentaste en la pérdida y hallazgo de Jesús.

Recuérdale a tu Hijo lo que solemnemente proclamó desde la Cruz: «No saben lo que hacen» (Lc 23,34).

Y haz que ellos y nosotros —como Jesús cuando del Templo bajó contigo a Nazaret— te estemos siempre «sujetos» (Lc 2,51).

Llévanos de tu mano, como le llevaste a El en el viaje de regreso, para que nunca más nos volvamos a perder.

CUESTIONARIO

— ¿Siento, como María, la pérdida o alejamiento del Señor?
— ¿Me afano por vivir en su presencia y cercanía?
— ¿Pido a Dios y pongo lo que está de mi parte para conseguir el retorno de los alejados?

«Y LES ESTABA SUJETO...»
(Lc 2,51)

Con esta breve frase resume San Lucas los casi veinte años de vida oculta de Jesús que van desde su pérdida y hallazgo en el Templo hasta el comienzo de su vida pública.
Y no es que Jesús en esos veinte años no hiciera otra cosa.
Es que el Espíritu Santo quiso de esa manera que fijáramos nuestra atención en el hecho singular de que el Señor del Universo quisiera vivir sumiso a María y a José.
Yo no acierto a imaginarme lo que va a ser el cielo.
Pero estoy seguro de que en la plenitud de gozo que allí tendremos no echaremos en falta las pequeñas dosis de felicidad que acá en la tierra pudimos disfrutar. Y en eso baso yo la poderosa intercesión de María y de José: Acostumbrados a la obediencia de Jesús aquí en la tierra y al honor de que sus deseos fueran órdenes para El, no serían felices en el cielo si hubieran perdido esa prerrogativa. Es indudable, por tanto, que en el cielo Jesús les sigue estando sujeto: Sigue sin saber negarles nada que ellos le pidan.
«Les estaba sujeto»... porque quiso.
¡Y les está sujeto!... porque quiere.

¿Sólo a María y a José?
Pienso que a muchos más.
Sorprende la sujeción con que Jesús se acomoda a la voluntad de sus ministros en la Iglesia.
Dice uno: Yo te bautizo; ¡y bautiza El!
Dice: Yo te perdono... ¡y perdona El!
Dice: Esto es mi Cuerpo... Esta es mi Sangre... ¡y el pan y el vino se convierten en el Cuerpo y en la Sangre de Jesús!
Le mandan, y va... al pecho de los que comulgan, al lecho de los enfermos, al escondite del Sagrario o a la Procesión del Corpus...

¿Sólo a María y a José? ¿Sólo a sus ministros?
También a mí.

Abro mi boca, y entra dentro de mí. Pongo mi lengua y se

aposenta en ella. Voy a visitarle, y me recibe siempre. Pido, y me escucha. Llamo, y me abre. Le busco, y siempre le encuentro.
Como María y José, Le tengo siempre conmigo... ¡y mando en El!
Porque El lo ha querido así.
Porque ha empeñado su palabra:
«Si alguno me ama... mi Padre le amará, y vendremos a El, y haremos morada en él» (Jn 14,23).
«Todo lo que pidierais al Padre en mi nombre os será concedido» (Jn 14,13; 15,7.16; 16,23).
«Donde estén dos o más reunidos en mi nombre, allí estoy Yo en medio de ellos» (Mt 18,20).

De nosotros depende.
En nuestras manos está.
Con solo reunirnos en tu nombre, o pedir en tu nombre, o amarte, o creer en Ti, o comer tu Carne y beber tu Sangre, estamos seguros de tenerte con nosotros, y —¡aunque parezca mentira!— a nuestra disposición y al servicio nuestro.
¡Eso es amarnos, Señor!
A ver si así —de una vez para siempre— aprendemos nosotros que amarte es estar sometidos a tu Divino Querer.

CUESTIONARIO

— ¿Me he parado alguna vez a ponderar la maravilla de tener a Dios a mi disposición?
— ¿No sería lo más razonable que fuera yo quien me pusiera incondicionalmente a disposición de Dios?
— ¿Está mi voluntad continua y completamente sometida al Divino Querer?

«¡DICHOSO EL VIENTRE QUE TE LLEVO!»
(Lc 11,27)

De labios de mujer salió este bello piropo dirigido a Jesús. Lo dijo una mujer anónima, «una mujer de la turba»... ¡Con santa envidia!
¡Tantas habían soñado —quizá ella misma— con ser la madre del Mesías esperado...!
Pero ya era tarde. Porque el Mesías estaba ya allí.
Ella no conoce tal vez a la mujer afortunada que lo ha gestado en su seno y lo ha criado a sus pechos. Pero envidia su suerte. ¡Dichosa ella!

Déjala, Señor, que se desahogue.
Déjala que se lamente de no haber sido la elegida.
De todos modos, no le guarda rencor a tu Madre: «¡Dichoso el vientre que te llevó, y los pechos que te alimentaron!»
A nosotros nos gusta repetir, pensando en Ella, el piropo que a Ti te dirigió la «mujer de la turba».
Lo decimos gozosos... ¡y sin envidia!
Como acaso Te lo dijo más tarde aquella buena mujer si, hecha cristiana, Te recibió y Te tuvo dentro de sí por la Comunión.

El cristiano, que Te recibe en la Eucaristía, ya no envidia a tu Madre por haberte llevado en su seno. Te ha oído decir en la sinagoga de Cafarnaúm: «El que come mi Carne y bebe mi Sangre, permanece en Mí, y Yo en él» (Jn 6,56). De cada uno de nosotros pudo decir la «mujer de la turba»: «¡Dichoso el vientre que te llevó!»

Y si se trata de alimentarte, como Ella te alimentó a sus pechos, también dijiste Tú: «Tuve hambre y me diste de comer, tuve sed y me diste de beber... Cuando lo hiciste con uno de estos hermanos más pequeños, conmigo lo hiciste» (Mt 25,35.40).

Y si es por eso de oírte que la llamabas cariñosamente madre, se siente uno feliz al leer en el Evangelio que un día «extendiendo la mano hacia tus discípulos» dijiste: «He aquí a mi madre y a mis hermanos. Porque todo el que hace la voluntad de mi Padre que está en los cielos, ése es mi hermano, y mi hermana,... y mi madre» (Mt 12,49ss).

A mi manera yo —como María— Te llevo, Señor, dentro de mí; y Te alimento, cuando me ocupo de tus hermanos; y oigo que me llamas madre...

Siento ganas de buscar a la buena «mujer de la turba», para decirle que tu Madre con mayúscula fue la humilde doncella de Nazaret a quien alabó sin conocer en aquella ocasión; pero que lo que dijo entonces con toda razón, pensando en Ella, lo puede decir —como lo digo lleno de gozo yo— pensando en Ella... y pensando en mi... ¡gracias a Ti!, cuando Te comulgo.

¡Dichoso el vientre que te llevó! ¡Y dichoso el cristiano que Te comulga!

¡Dichosos los pechos que Te alimentaros! ¡ Y dichosos los que Te alimentan en la persona de tus hermanos necesitados!

¡Feliz tu Madre! Y felices los que oyen tu palabra y la cumplen, porque en eso se parecen a tu Madre y Tú los quieres como a Ella!

CUESTIONARIO

— ¿Estimo como es debido la dignidad excelsa a la que el Señor elevó a María haciéndola Madre de su Hijo?

— ¿Agradezco al Señor el honor inconmensurable que me dispensa al albergarse dentro de mí por la Comunión?

— ¿Aprovecho la oportunidad que me brinda de alimentarle a El en la persona de los necesitados?

«MADRE DEL REDENTOR»

Con este título saluda a la Virgen una antigua antífona del final del Oficio Divino, especialmente usada en el tiempo litúrgico de Adviento y Navidad.

Efectivamente, «la madre de Jesús» (Jn 2,1; Hch 1,14), a la que Isabel llama «la Madre de mi Señor» en el episodio de la Visitación (Lc 1,43), es de manera especial *Madre del Redentor.* Para que Jesús fuera nuestro Redentor, como lo es en el orden actual de la Providencia, necesitó tener madre.

Dios pudo realizar la salvación humana *a distancia,* por un decreto divino que concediera a los hombres amnistía completa de sus pecados, y les devolviera la inicial categoría de hijos suyos a la que gratuitamente los había elevado al crearlos.

Pero quiso hacerlo *de cerca* decidiendo que la Segunda Persona de la Santísima Trinidad se hiciera verdadero hombre y, como tal, en nombre de la Humanidad pecadora, ofreciese al Padre una satisfacción vicaria, que, al ser hecha por una Persona Divina, tuviera valor infinito y mereciera realmente el perdón de Dios.

Para ello, se hizo *necesario* —en la otra hipótesis no hubiera sido así— que el Verbo se encarnara en el seno de una mujer.

Y para cumplir ese cometido —*ineludible* en el actual proyecto querido por Dios— fue elegida gratuitamente María.

¡Enhorabuena, Madre!

Tuviste la suerte de ser elegida para la función necesaria de Madre del Salvador.

Con razón el ángel, al saludarte en nombre de Dios, te llamó «Agraciadísima = Llena de gracia».

El que vino a salvarnos tenía que tener madre, y Dios te hizo a Ti la Madre del Dios-Hombre Salvador.

La acción salvadora de Jesús se expresa frecuentemente con el término «Redención», que en el Antiguo Testamento era una de las funciones inherentes a la institución jurídica del *Go'el* o Redentor.

Dicha función consistía en rescatar al miembro de la familia que eventualmente hubiera sido reducido a esclavitud.

Y el derecho y obligación de *Go'elato* correspondía al *consanguíneo más próximo* del afectado por la desgracia. Así lo ejerció Abraham, cuando su sobrino Lot fue hecho cautivo en la invasión de los cuatro reyes confederados (Gen 14,11-16).

Y aquí surge de nuevo la necesidad de la Maternidad que Dios asignó a María.

Para que Cristo fuera nuestro Redentor era *preciso* que se hiciera *miembro de nuestra familia:* consanguíneo, hermano.

Sólo así, hecho «Primogénito entre muchos hermanos» (Rom 8,29), pudo ejercer en favor nuestro el oficio de Redentor, librándonos de la esclavitud del pecado y del demonio.

Y por disposición divina, fue María quien —sin obra de varón— hizo al Verbo consanguíneo nuestro.

Cada vez que paladeo el dulcísimo título de Redentor, siento que lo hizo posible tu Maternidad, ¡oh, María!

Por ello Te veo inmersa en la profundidad más honda del misterio de mi salvación.

Tu dignidad me sobrecoge.

No tengo miedo a excederme en agradecimiento y amor.

Lo que temo es no llegar, y quedarme corto.

Si Dios quiso que le fueras *necesaria* para su plan salvífico, ¿cómo no has de ser *imprescindible* para mí?

¡Madre del Redentor!

¡Madre del Liberador de cautivos!

Enséñame a seguir siendo, como Tú, ¡esclavo del Señor!

CUESTIONARIO

— ¿Me doy cuenta de la importancia que en el plan salvífico tiene la Madre del Redentor?

— ¿Aprecio como es debido el papel de María en mi salvación personal?

— ¿Se corresponde con esta visión teológica mi devoción a la Virgen?

«NO TIENEN VINO»
(Jn 2,3)

María en los planes de Dios, aparte de haber sido predestinada para Madre de su Hijo y Corredentora con El, tiene una función modélica y ejemplar para todos los bautizados, cuyo verdadero y único modelo es Cristo, pero que necesitaban —para no excusarse con el pretexto de que Jesús era Dios— ver su ejemplaridad reflejada en un espejo puramente humano.

Cuando hablamos con el Señor, como Jesús cuando lo hacía, debemos sentirnos solidarios con toda la Humanidad, lo cual nos obliga a orar por las necesidades de los demás.

En eso María es modelo perfecto del orante cristiano.

Lo es, de manera especial, en el episodio de las Bodas de Canaá, cuando presenta a su Hijo la situación humillante en que estaban a punto de encontrarse los nuevos esposos y sus familiares:

—«¡No tienen vino!»

Muchas cosas podemos y debemos aprender en esa oración de María.

La primera, su *brevedad*. La Virgen sabe que basta con presentar al Señor las necesidades. Fue consejo de Jesús: «Cuando oréis, no parloteéis neciamente como los gentiles, los cuales se imaginan que por su mucha palabrería serán escuchados. Vosotros no os parezcáis a ellos» (Mt 6,6ss).

Luego, la *confianza*. Ante la aparente repulsa de Jesús, que dice no haber llegado su hora, Ella da por hecho que la va a escuchar, y ordena a los criados que hagan lo que El les diga. Cierto que María pudo hacer esto, porque es la «Omnipotencia suplicante». Pero a todos ha prometido el Señor que lo que pidiésemos en su nombre nos será concedido.

Sorprende, en tercer lugar, el *carácter material* del contenido de la petición: ¡No tienen vino! María se ocupa también de las necesidades materiales de los hombres, y nos enseña a incluirlas en nuestras peticiones para nosotros y para los demás.

Finalmente, la Virgen solicita de Jesús el milagro *sin que se lo pidan* —y antes, incluso, de que adviertan la necesidad— los interesados. Ello acrecienta consoladoramente nuestra confianza en su intercesión. Porque no sólo aboga por nosotros recomendando lo que pedimos, sino que está siempre atenta a remediar nuestras carencias, aún antes de que nosotros las percibamos y se las presentemos al Señor.

En todo esto María debe ser modelo del orante cristiano.

Como Ella, debemos sentir las necesidades todas de nuestros hermanos los hombres y presentárselas a Jesús en nuestra oración.

Por supuesto, y ante todo, las necesidades espirituales; pero sin descuidar las materiales y terrenas.

Hemos de hacer nuestras, cuando oramos, las intenciones generales de la Iglesia universal y del propio Prelado, como también las especiales encomiendas que nos hagan las diversas comunidades o particulares.

Y como Ella en Canaá, le vamos a pedir a Jesús todo lo que los hombres necesitan sin saberlo, y que, por no saberlo, no lo piden.

—Señor, no tienen vino.

—Tú sabes, Señor, cuántas cosas les hacen falta —nos faltan a todos— y no nos damos cuenta de que nos faltan.

Remédialas Tú, Señor.

CUESTIONARIO

— ¿Estamos plenamente convencidos de que María es la «Omnipotencia suplicante», y sabemos por que?

— ¿Tenemos *fe práctica* en la eficacia de la oración?

— ¿Presentamos al Señor en nuestras oraciones las necesidades de los demás?

«PERSEVERABAN ORANDO... CON MARIA, LA MADRE DE JESUS» (Hch 1,14)

El acontecimiento histórico de la Venida del Espíritu Santo sobre los Apóstoles el día de Pentecostés señala el comienzo real de la Historia de la Iglesia, que, animada por el Espíritu, tiene la misión de aplicar a los hombres de todos los tiempos los bienes merecidos por Cristo.

Vivir hoy con plenitud y responsabilidad nuestra pertenencia a esa Comunidad Salvadora nos exige revivir continuamente la actitud de la Iglesia primitiva, que se dejó invadir por el Espíritu en el primer Pentecostés cristiano.

Conocemos esa actitud por el testimonio del Evangelista San Lucas, el cual nos refiere que, fieles a la consigna de Jesús poco antes de su Ascensión (Lc 24,49; Hch 1,4), los Apóstoles se recogieron durante nueve días en el Cenáculo a la espera de lo prometido.

Nueve días de oración perseverante hasta «ser revestidos de poder desde lo alto» (Lc 24,49).

Y oración con María: «Todos ellos perseveraban en la oración, con un mismo espíritu, en compañía de algunas mujeres, de la Madre de Jesús y de sus hermanos» (Hch 1,14).

Fue la primera «novena» que se celebró en la Iglesia: Novena al Espíritu Santo.

Dirigió los rezos la Virgen Nuestra Señora.

Ella sabía mucho de venidas santificadoras del Espíritu y conocedora de su eficacia, esperaba con ilusionada seguridad su acción visible sobre la Iglesia.

Llena de gracia desde el primer instante de su Concepción, anhelaba su venida santificadora sobre la Iglesia naciente.

Beneficiaria de la acción del Espíritu, que la cubrió con su sombra al concebir sin obra de varón, virginalmente, al Hijo de Dios hecho hombre y Hermano mayor nuestro, adivinaba que la venida de ese mismo Espíritu sobre la Iglesia la habría de hacer Madre virginal de los hijos adoptivos de Dios.

Las cuerdas tensas de su alma, pulsadas por el Espíritu, habían producido, a lo largo de toda su vida, una perpetua y armoniosa sintonía con el Divino Querer, y presentía el maravilloso concierto de santidad que la acción del Paráclito había de hacer sonar en los ámbitos de la Iglesia.

Podemos imaginar, por consiguiente, lo que para los reunidos en el Cenáculo supuso durante aquellos nueve días la presencia y la oración inspirada de la Virgen.

Por algo Jesús no se la había llevado consigo el día de la Ascensión.

La Iglesia naciente la necesitaba para aprender a andar, cogida de su mano, como sostenido por Ella cuando niño había dado Él sus primeros y vacilantes pasos sobre la tierra.

Y porque el punto de apoyo de la Iglesia en su difícil caminar por la Historia será siempre la oración, el Señor quiso que Ella iniciara a los Apóstoles en ese quehacer. Quiso que, presididos por Ella, comenzaran a hacerlo en comunión de intenciones y con perseverancia («Perseveraban en oración con un mismo espíritu»).

Nuestra oración perseverante, que debe atraer sobre nosotros y sobre toda la Iglesia la imprescindible acción santificadora del Espíritu, será mucho más eficaz y más en consonancia con los planes de Dios, si la hacemos en unión con María.

En unión con María ora la Iglesia cuando practica y recomienda a sus hijos el rezo del Santo Rosario, en cuyo tercer misterio glorioso se recuerdan los comienzos de esa andadura histórica que la Iglesia emprendió de la mano de María.

Volvamos a menudo a los orígenes.

Contribuyamos a que la Iglesia de hoy «persevere en la oración... con María, la Madre de Jesús».

Y estemos seguros de que, cuando oramos con María, estamos preparándonos para el nuevo Pentecostés permanente del Espíritu.

Pidámosla que repita con nosotros, como seguramente repitió entonces con los Apóstoles en aquella oración perseverante del Cenáculo, la plegaria oficial de la Iglesia:

«Ven, oh Santo Espíritu, llena los corazones de tus fieles y enciende en ellos el fuego de tu amor.»

CUESTIONARIO

— ¿Pedimos con insistencia la acción del Espíritu Santo en nuestras almas?
— ¿Procuramos hacer nuestra oración en compañía de la Virgen?
— ¿Apreciamos debidamente la oración comunitaria?

«¡CUAN RICA TU TE ALEJAS...!»

El día 15 de agosto celebramos anualmente los católicos el dogma consolador de la Asunción de Nuestra Señora en cuerpo y alma a los cielos. Con seguridad la Dormición de María —así llama la tradición cristiana antigua a la muerte de la Virgen— hubo de producir en los primitivos cristianos de Jerusalén una profundísima sensación de orfandad, que no se curaría del todo con la revelación de su Asunción a los cielos.

Pudieron decirle a la Señora, como decía Fray Luis de León a la nube que el día de la Ascensión ocultó a los Apóstoles la vista de Jesús Resucitado.

«Cuán rica tu te alejas,
cuán pobres y cuán ciegos ¡ay! nos dejas...»

Pero como canta el Prefacio de la Ascensión del Señor, la fe nos asegura que Jesús no se fue a los cielos para desentenderse de los problemas humanos, pues el autor de la Carta a los Hebreos nos certifica que en el cielo sigue «siempre vivo para interceder por nosotros» (Heb 7,25).

Algo parecido podría decirse de Nuestra Señora.

No fue asunta a los cielos exclusivamente para ser coronada Reina de los Cielos y tierra como Reina Madre que es del Rey del universo. Tampoco Ella fue subida a los cielos para desentenderse de los problemas humanos.

Dante en su *Divina Comedia,* cuando en su fantástico viaje de ultratumba llega al cielo y encuentra a la Virgen, la describe como la «divina facendiera del Paradiso» (= la perpetua Atareada del Paraíso). Así expresaba el poeta la función de Medianera Universal de todas las gracias que el pueblo cristiano atribuye a María.

El Unico Mediador entre Dios y los hombres es Cristo Jesús (1 Tim 2,5). Pero Dios, que quiso darnos a Jesús por medio de María, y «con El nos dio todas las cosas» (Rom 8,33), hizo así de la Virgen Madre el cauce de toda gracia y bendición.

Secretaria de Dios en su relación con los hombres, María sigue en el cielo intercediendo por nosotros, abogada ante Dios de nuestras peticiones y mensajera de las respuestas divinas favorables a la necesidades humanas.

Más aún. Como en Canaá, muchas veces se adelanta a presentar al Señor nuestras carencias, aun antes de que nosotros las advirtamos. Sigue, como allí, dando vueltas por las bodegas humanas, y asomándose solícita a las tinajas en las que acaso comienza a faltar el vino, para poner remedio con su intercesión, en esos casos ni solicitaba ni esperada.

Al celebrar la Fiesta anual de la Asunción de María en cuerpo y alma a los cielos, no puede faltar nuestra acción de gracias a Dios por el honor y la misión mediadora concedidos a María.

Le damos gracias por haber puesto en sus manos de Madre solícita la suerte de los discípulos de su Hijo.

Y aunque el Misterio de la Asunción de María es admirable, pero no imitable, sin embargo es perfectamente modélico y ejemplar el quehacer intercesor de María y su generosidad para interesarse por las necesidades de los demás.

¿Por qué no intentamos parecernos a ella?

CUESTIONARIO

— ¿Tenemos claro el alcance del título de Medianera Universal que damos a María?
— ¿La podemos imitar en eso de alguna manera?
— ¿Cómo?

PASAJES BIBLICOS QUE FIGURAN COMO LEMA DE LOS DISTINTOS CAPITULOS

1 SAMUEL 3,5.6.8	3
3,9.10	5
SALMOS 51,17	1
DANIEL 3,57	6
MATEO 2,2	40
2,12	41
4,17	34
5,14	23
6,6	8
6,8 y 32	10
6,9	15
6,9	16
6,10	17
6,10	18
6,11	19
6,12	20
6,13	21
6,13	22
7,7	7
8,2	73
8,8	108
8,18	59
8,25	32
9,21	109
10,8	26
10,20	67
11,25	100
11,29	81
13,36	69
14,27	92
14,28	76
15,27	110
16,21	57
17,4	77
17,23	57
18,26	43
20,6	27
20,19	57
20,33	71
22,2	104
23,8	98
26,39	42
27,46	52
28,7	58
28,20	65
MARCOS 1,37	83
1,40	73
6,50	92
6,51	102
7,28	110
8,3	103
8,31	57
8,34	80
9,5	77
9,24	72
10,34	57
6,13	21
6,13	22
7,7	7
8,2	73
8,8	108
10,34	57
14,36	42
15,34	52
16,15	25
LUCAS 1,30	113

1,38	114
1,42	115
1,45	116
1,48	117
1,49	118
2,10	39
2,14	37
2,14	38
2,49	119
2,51	120
5,12	73
7,4	13
7,6	108
7,40	4
8,52	90
9,22	57
9,33	77
9,57	79
10,2	11
10,20	85
10,21	100
10,39	28
10,41	29
10,42	30
11,1	14
11,2	16
11,2	17
11,3	19
11,4	20
11,4	21
11,4	22
11,9	7
11,27	121
12,37	36
17,5	68
17,10	88
17,17	87
18,33	57
22,15	331
22,20	45
22,32	12
23,34	47
23,43	48
23,46	55
24,15	60
24,29	61

JUAN 2,3	123
4,15	107
5,7	74
6,20	92
6,34	106
6,54	91
8,12	96
11,3	70
11,21	82
11,32	82
11,28	2
11,36	46
11,41	101
14,6	99
14,6	93
14,6	94
14,6	95
14,8	75
15,15	97
15,16	9
16,23	9
19,25	49
19,26	50
19,27	51
19,28	53
19,30	54
19,30	55

20,28	62	1 Cor 12,27	24
20,29	63	15,55	59
21,15.16.17	53		
		Gálatas 3,27	24
Hechos 1,11	31	1 Tim 6,17	35
1,14	124		
20,35	86	Apoc 19,9	105
22,10	78	22,20	89

N.B.—Lós números que se dan como referencia corresponden a los que encabezan los capítulos.

CLASIFICACION DE LOS TEXTOS QUE ENCABEZAN LOS DISTINTOS CAPITULOS POR SU NATURALEZA Y ORIGEN

ORACIONES:

Jesús .... 15 a 22, 42, 47, 52, 55, 100, 101
María 114, 123
Apóstoles 14, 32, 62, 64, 68, 69, 75, 76, 78, 89
Gente en el Evangelio ... 14, 32, 62, 64, 68, 69, 75, 76, 78, 89
Antiguo Testamento 1, 5, 6

FRASES:

Jesús. 7, 8, 9, 10, 11, 12, 23, 25, 26, 27, 29, 30, 33 34, 36, 45, 48, 50, 51, 53, 54, 57, 63, 65, 67, 80, 81, 85, 86, 87, 90, 91, 92, 93, 94, 95, 96, 97, 98, 99, 103, 104
María 117, 118, 119
Angeles 31, 37, 38, 39, 58, 113
Apóstoles 24, 35, 59, 66, 77, 83, 105
Gente en el Evangelio. 2, 40, 43, 46, 82, 84, 109, 110, 111, 115, 116
Antiguo Testamento 3
Redaccionales 28, 41, 49, 56, 60, 102, 120, 124
Varios 44, 88, 112, 122, 125

CELEBRACIONES LITÚRGICAS CUYAS LECTURAS DEL MISAL SE CORRESPONDEN CON ALGUNO DE LOS CAPITULOS DE ESTE LIBRO

ADVIENTO

(Se consideran apropiados los nn. 17, 32, 33, 34, 89)

1.ª Semana:	Lunes	108
	Martes	100
	Sábado	26
2.ª Semana:	Miercóles	81
4.ª Semana:	Domingo - B	113, 114
	Domingo - C	115, 116
20 diciembre		113, 114
21 diciembre		115, 116
22 diciembre		117, 118

NAVIDAD

Misa de Gallo	37, 38, 39
Misa del día	96 (A propósito de Jn 1,9)
Maternidad de María (1 enero)	122
Fiesta de la Sagrada Familia - C	119, 120
II Domingo después de Navidad	96

EPIFANIA

Solemnidad	40, 41
7 enero	34
9 enero	92, 102
11 enero	73

CUARESMA

(Aparte de los nn. de ese apartado en el Indice General, se recomiendan nn. 20 y 34)

Miércoles de Ceniza	8
Jueves siguiente al miércoles de Ceniza	57
1.ª Semana: Domingo A - B - C	57
Martes	10 y nn. 15 a 22
Jueves	7
2.ª Semana: Domingo A - B - C	77
Martes	98
Miércoles	57
3.ª Semana: Domingo - A	107
Martes	43
4.ª Semana: Martes	74
5.ª Semana: Domingo - A	2, 46, 70, 82, 101
Lunes (opción para el ciclo C)	96
Jueves Santo	42 (o cualquier nn. de EUCARISTIA)
Viernes Santo	nn. 47 a 56
Vigilia Pascual - A	58

PASCUA

(Aparte de los nn. indicados en el Indice General para este apartado, se recomienda el 59)

Miércoles de Pascua	60, 61
Sábado de Pascua	25
2.ª Semana: Domingo - A - B - C	62, 63
Sábado	92
3.ª Semana: Domingo - A	60, 61
Domingo - C	64
Martes	106
Viernes	91
Sábado	111
4.ª Semana: Viernes	93, 94, 95
Sábado	75

5.ª Semana:	Domingo - A	75, 93, 94, 95,	99
	Domingo - B		97
	Miércoles		97
	Viernes		9
6.ª Semana:	Domingo - B		9
	Sábado		9
7.ª Semana:	Domingo - A (2.ª lectura)		124
	Domingo - C (2.ª lectura)		89
Ascensión - A			65
B			25
(1.ª lectura)			31

PENTECOSTES

(Se recomiendan los nn. 67 y 124)
Fiesta del Sagrado Corazón - A 100

TIEMPO DURANTE EL AÑO

1.ª Semana:	Miércoles (años pares: 1.ª lectura)	3, 5
	Miércoles (Ev.)	83
	Jueves	73
2.ª Semana:	Domingo - B (1.ª lectura)	3, 5
	Domingo - C	123
3.ª Semana:	Domingo - A	34
	Domingo - C (2.ª lectura)	24
4.ª Semana:	Martes	90
5.ª Semana:	Domingo - A	23
	Domingo - B	83
	Jueves	110
	Sábado	103
6.ª Semana:	Domingo - B	73
	Jueves	57
	Viernes	80
	Sábado	77
7.ª Semana:	Lunes	72
	Martes	57

8.ª	Semana:	Domingo - A	10
		Domingo - C (2.ª lectura)	59
		Miércoles	57
		Jueves .... 71 (versión de Mc)	
9.ª	Semana:	Domingo - C 13, 108	
10.ª	Semana:	Martes	23
11.ª	Semana:	Domingo - A	26
		Domingo - C	4
		Miércoles	8
		Jueves	10
12.ª	Semana:	Domingo - C .... 57, 80 (versión Lc)	
		Domingo - C (2.ª lectura)	66
		Viernes	73
		Sábado	108
13.ª	Semana:	Domingo - B 90, 109	
		Domingo - C	79
		Lunes	79
		Martes	32
14.ª	Semana:	Domingo - A 81, 100	
		Domingo - C 11, 85	
		Lunes	109
		Jueves	26
		Viernes	67
15.ª	Semana:	Miércoles	100
		Jueves	81
16.ª	Semana:	Domingo - C 28, 29, 30	
17.ª	Semana:	Domingo - C .... 7, nn. 14 a 17 y 19 a 22	
		Martes	69
18.ª	Semana:	Domingo - B	106
		Martes 92, 76	
		Miércoles	110
		Jueves	57
19.ª	Semana:	Domingo - A 76, 92	
		Domingo - C	36
		Lunes	57
		Jueves	43
20.ª	Semana:	Domingo - A	110
		Domingo - B	91

		Miércoles	27
		Jueves	104
		Sábado	98
21.ª	Semana:	Domingo - B	111
22.ª	Semana:	Domingo - A	57
24.ª	Semana:	Domingo - A	43
		Domingo - B	80, 57
		Lunes	13, 108
		Martes (1.ª lectura)	24
		Jueves	4
25.ª	Semana:	Domingo - A	27
		Domingo - B	57
		Viernes	57
26.ª	Semana:	Miércoles	79
		Jueves	11
		Sábado	85, 100
27.ª	Semana:	Domingo - C	68, 88
		Martes	28, 29, 30
		Miércoles	13, 16, 17, 19 a 22
		Jueves	7
		Sábado	121
		Sábado (1.ª lectura)	66
28.ª	Semana:	Domingo - A	104
		Domingo - C	87
29.ª	Semana:	Martes	36
31.ª	Semana:	Domingo - A	98
32.ª	Semana:	Lunes	68
		Martes	88
		Miércoles	87
33.ª	Semana:	Sábado	84
34.ª	Semana:	Solemnidad de Cristo Rey - C	48
		Jueves (años pares)	105

SANTORAL

8 diciembre: Inmaculada	113, 114
26 diciembre: San Esteban	67
25 enero: - Conversión de San Pablo	25
- (1.ª lectura)	78
19 marzo: San José	119, 120
25 marzo: Anunciación	113, 114
25 abril: San Marcos	25
3 mayo: San Felipe y Santiago	75, 93, 94, 95, 99
4 mayo: San Matías	9
15 mayo: San Isidro	97
17 mayo: San Pascual Bailón	81, 100
30 mayo: San Fernando	85
31 mayo: Visitación de Ntra. Sra.	115, 116, 117, 118
11 junio: San Bernabé	26
28 junio: Vigilia de S. Pedro y S. Pablo	64
3 julio: Santo Tomás Apóstol	62, 63
29 julio: Santa Marta	82, o bien, 28, 29, 30)
6 agosto: Transfiguración - A - B - C	77
15 agosto: Asunción de Nuestra Señora	
- Vigilia	121
- Fiesta del día	115, 116, 117, 118
15 septiembre: Los Dolores de N.ª Sra.	49, 50, 51
5 octubre: - (celebración conjunta)	7
- (acción de gracias)	87
- (petición)	7
12 octubre: Ntra. Sra. del Pilar	12
15 octubre: Santa Teresa	81, 100
18 octubre: San Lucas	11
18 noviembre: Dedicación Basílicas San Pedro y San Pablo	76, 92
Mes de noviembre y especialmente el día de los Difuntos	59, 89, 90, 92

MISAS COMUNES

Sta. M.ª Virgen: 1.ª lectura tiempo pascual I 124
                Evangelios III 113, 114
                              IV 115, 116
                              V 37, 38, 39
                              VIII 119, 120
                              IX 121
                              X 123
                              XI I49, 50, 51

Mártires: Evangelios I 67

Pastores: Evangelios II 98
                    III 65
                    V 25
                    VII 11
                    X 9
                    XI 64

Doctores: Evangelios I 23
                    II 98

Vírgenes: 1.ª lectura tiempo pascual I 105
              Evangelios III 28, 29, 30

Santos y Santas: 1.ª lect. tiempo pascual III 105
                      Evangelios II 23
                                III 110
                                XV 79
                                XVI 28, 29, 30
                                XVIII 36
                                XX 97

EXEQUIAS DE ADULTOS

Lecturas del N.T. IX 59
Evangelios II 81, 100
        VII 36
        VIII 48
        IX 55
        X 60, 61
        XII 91

XIII	82
XIV	46, 101
XVI	93, 94, 95, 99

EXEQUIAS DE NIÑOS

Evangelios III	9
IV	46

INDICE GENERAL

DOS PALABRAS AL LECTOR 7

INVITATORIO 9-23

    1. Abre mis labios, Señor 11
    2. El Maestro está ahí y te llama 13
    3. Aquí estoy porque me llamaste 15
    4. Tengo algo que decirte - Maestro dí 17
    5. Hablad, Señor, que vuestro siervo escucha ... 19
    6. Criaturas todas del Señor, ¡bendecid al Señor! 21

COMO ORAR 25-45

    7. Pedid y se os dará 27
    8. Entra en tu aposento...y ora a tu Padre 29
    9. Todo lo que pidiéreis al Padre en mi nombre os lo dará 32
   10. Sabe vuestro Padre lo que necesitáis 34
   11. Rogad al Señor de la mies 36
   12. Yo he rogado por Tí 39
   13. Merece que le hagas este favor 41
   14. Señor, enséñanos a orar 43

PADRE NUESTRO 47-66

   15. Padre Nuestro, que estás en los cielos 49
   16. Santificado sea tu nombre 51
   17. Venga a nosotros tu Reino 53
   18. Hágase tu voluntad en la tierra como en el cielo 55
   19. Danos hoy nuestro pan de cada día 58
   20. Perdona nuestras ofensas como también nosotros perdonamos 60
   21. No nos dejes caer en la tentación 62
   22. Líbranos del mal 64

APOSTOLADO 67-81

23. Vosotros sois la luz del mundo 69
24. Vosotros sois el Cuerpo de Cristo 71
25. Id por todo el mundo y proclamad el Evangelio 74
26. Lo que gratis habéis recibido dadlo gratis 76
27. ¿Qué hacéis ahí todo el día parados? 79

VIDA CONTEMPLATIVA Y VIDA ACTIVA 83-94

28. María sentada a los pies de Jesús, escuchaba su palabra.. 85
29. Marta, Marta, te preocupas y te angustias por muchas cosas... 87
30. María ha escogido la mejor parte 89
31. ¿Qué hacéis ahí plantados mirando al cielo? 92

ADVIENTO 95-109

32. Señor, sálvanos, que perecemos.................. 97
33. Con gran deseo he deseado........................ 99
34. Convertíos, porque el Reino de los cielos ha llegado... 101
35. No pongáis vuestra esperanza en... 104
36. Dichosos los siervos que el Señor, al venir, encuentre despiertos..................................... 107

NAVIDAD Y EPIFANIA 111-124

37. Gloria a Dios en las alturas........................ 113
38. Y en la tierra paz a los hombres 115
39. Os anuncio una gran alegría....................... 118
40. Hemos visto su estrella y venimos a adorarle. 120
41. Se volvieron por otro camino 122

CUARESMA 125-138

42. No se haga mi voluntad, sino al tuya 127
43. Ten paciencia conmigo, todo te lo pagaré 129
44. Anunciamos tu Muerte, proclamamos tu resurrección 131
45. Sangre de la Nueva y Eterna Alianza 133
46. ¡Cómo le quería! 136

LAS SIETE PALABRAS 139-166

47. Padre perdónalos, que no saben lo que hacen. 141
48. Hoy estarás conmigo en el Paraíso 144
49. Estaba, junto a la Cruz de Jesús, su Madre... 147
50. Mujer, ahí tienes a tu hijo 150
51. Ahí tienes a tu Madre 152
52. Dios mío, Dios mío ¿por qué me has abandonado? 155
53. Tengo sed 157
54. Todo está cumplido 160
55. Padre, a tus manos encomiendo mi espíritu... 162
56. E, inclinando la cabeza, entregó su espíritu... 164

PASCUA Y PENTECOSTES 167-194

57. Y al tercer día resucitará 169
58. Ha resucitado de entre los muertos 171
59. ¿Dónde está, oh Muerte, tu victoria? 174
60. Jesús, se les acercó y caminaba con ellos 176
61. Quédate con nosotros, Señor 179
62. ¡Señor mío y Dios mío! 181
63. ¡Dichosos los que sin ver creerán! 183
64. Señor, Tú sabes que te quiero 185
65. Bautizándolos en el nombre del Padre y del Hijo y del Espíritu Santo 188
66. Os habéis vestido de Cristo 190
67. El Espíritu de vuestro Padre hablará por vosotros 193

TIEMPO DURANTE EL AÑO 195-245

68.	Señor, aumenta nuestra fe	197
69.	Explícanos, Señor, esta parábola	199
70.	Señor, el que amas está enfermo	201
71.	Señor, que se abran nuestros ojos	203
72.	Creo Señor; pero ayuda Tú mi incredulidad.	205
73.	Señor, si quieres, puedes limpiarme	207
74.	Señor, no tengo a nadie	209
75.	Señor, muéstranos al Padre	211
76.	Mándame ir a Ti sobre las aguas	213
77.	¡Maestro! Bueno es estarnos aquí. Vamos a hacer tres tiendas: Una para Ti, otra para Moisés y otra para Elías	216
78.	Señor, ¿qué quieres que haga?	218
79.	Señor, te seguiré adonde quiera que vayas....	220
80.	El que quiera venir en pos de mí, niéguese a sí mismo	222
81.	Tomad sobre vosotros mi yugo	224
82.	Si hubieras estado aquí no habría muerto mi hermano	226
83.	Todos Te buscan	229
84.	¡Maestro! has hablado bien	232
85.	Alegraos de que vuestros nombres estén escritos en los cielos	234
86.	Se es más feliz en dar que en recibir	237
87.	Y los otros nueve, ¿dónde están?	240
88.	Siervo inútil soy	243

NOVIEMBRE, EL MES DE LOS DIFUNTOS 247-257

89.	Ven, Señor, Jesús	249
90.	No está muerta, sino dormida	251
91.	Yo le resucitaré en el último día	253
92.	¡Animo! Soy yo. No tengáis miedo	256

AUTODEFINICIONES DE JESUS 259-282

 93. Yo soy el Camino 261
 94. Yo soy la Verdad 263
 95. Yo soy la Vida 265
 96. Yo soy la Luz del mundo 268
 97. Yo soy la Cepa y vosotros los sarmientos 271
 98. Uno solo es vuestro Maestro 273
 99. Nadie va al Padre sino por mí 276
 100. Yo Te bendigo, Padre 278
 101. Padre, Te doy gracias por haberme escuchado 281

EUCARISTIA 283-308

 102. Subió a la barca donde ellos 285
 103. Si los despido en ayunas...desfallecerán por el camino 288
 104. El Reino de los Cielos se parece a un banquete 290
 105. ¡Dichosos los invitados al Banquete de Bodas del Cordero! 292
 106. Señor, danos siempre de este pan 295
 107. Señor, dame de ese agua 297
 108. Señor, no soy digno 299
 109. Con solo tocar su manto me curaré ... 301
 110. Las migajas que caen de la mesa 303
 111. ¡Es duro este lenguaje! ¿Quién puede escucharlo? 305
 112. Eucaristía y Evangelio 307

MARIA 309-341

 113. Has hallado gracia a los ojos de Dios 311
 114. Hágase en mí según tu palabra 314
 115. ¡Bendita Tú entre las mujeres! 316
 116. ¡Dichosa Tú, la Creyente! 319
 117. Ha mirado el Señor la poquedad de su esclava 321
 118. Ha hecho en mí cosas grandes el Todopoderoso 324

119.	Tu padre y yo te buscábamos sin consuelo ..	326
120.	Y les estaba sujeto....................................	329
121.	¡Dichoso el vientre que te llevó!................	331
122.	Madre del Redentor................................	333
123.	No tienen vino	335
124.	Perseveraban orando...con María la Madre de Jesús..	337
125.	¡Cuán rica tu te alejas!	340

PASAJES BIBLICOS QUE FIGURAN COMO TEMA DE LOS DISTINTOS CAPITULOS 343

CLASIFICACION DE LOS TEXTOS QUE ENCABEZAN LOS DISTINTOS CAPITULOS POR SU NATURALEZA Y ORIGEN.......................... 346

CELEBRACIONES DEL AÑO LITURGICO EN LAS QUE SE EMPLEAN LOS TEXTOS QUE ENCABEZAN LOS DISTINTOS CAPITULOS .. 347

INDICE GENERAL 355

EDE

Edith Stein
ESTRELLAS AMARILLAS
Autobiografía. Infancia y juventud.
Segunda edición. 424 págs. Rústica.

Federico Ruiz Salvador
CAMINOS DEL ESPIRITU
Compendio de teología espiritual.
Cuarta edición. 622 págs. Rústica.

Federico Ruiz Salvador
MISTICO Y MAESTRO. SAN JUAN DE LA CRUZ
304 págs. Rústica.

AA. VV.
INTRODUCCION A LA LECTURA DE SANTA TERESA
184 págs. Rústica.

AA. VV.
SANTOS DEL CARMELO
616 págs. Rústica.

AA. VV.
EXPERIENCIA Y PENSAMIENTO EN SAN JUAN
DE LA CRUZ
472 págs. Rústica.

P. Maximiliano Herraiz
SOLO DIOS BASTA
Claves de la espiritualidad teresiana.
Cuarta edición. 416 págs. Rústica.

P. Maximiliano Herraiz
LA ORACION, HISTORIA DE AMISTAD
Cuarta edición, 216 págs. Rústica.

P. Maximiliano Herraiz
LA ORACION. PALABRA DE UN MAESTRO:
SAN JUAN DE LA CRUZ
144 págs. Rústica.

P. Secundino Castro
SER CRISTIANO SEGUN SANTA TERESA
Teología y espiritualidad.
Segunda edición. 416 págs. Rústica.

Secundino Castro
HACIA DIOS CON SAN JUAN DE LA CRUZ
208 págs. Rústica.

Secundino Castro
CRISTO, VIDA DEL HOMBRE
(El camino cristológico de Teresa
y Juan de la Cruz)
184 págs. Rústica.

Doña María Pinel (?-1707)
RETABLO DE CARMELITAS
Noticias del convento de la Encarnación de Avila.
260 págs. Ed. ilustrada. Rústica.

P. Honorat Czeslaw Gil
RAFAEL KALINOWSKI
Vida y semblanza.
160 págs. Ed. ilustrada. Rústica.

Santa Teresa de Jesús
COMENTARIO AL PADRE NUESTRO
96 págs. Rústica.

Santa Teresa de Jesús
LIBRO DE LAS FUNDACIONES
284 págs. Rústica.
Tercera edición ilustrada.

Santa Teresa de Jesús
CAMINO DE PERFECCION
(Autógrafos de El Escorial y Valladolid).
360 págs. Rústica.

Santa Teresa de Jesús
LIBRO DE LA VIDA
376 págs. Rústica.
Cuarta edición ilustrada.

P. Ismael Bengoechea
LAS GENTES Y TERESA
224 págs. Rústica.

León Cristiani
SAN JUAN DE LA CRUZ
Vida y doctrina.
Segunda edición ilustrada, 344 págs.

Cristina de Arteaga
EL CARMELO DE GUADALAJARA
Y SUS TRES AZUCENAS
128 págs. Ed. ilustrada. Rústica.

Jean Lafrance
TERESA DE LISIEUX, GUIA DE ALMAS
240 págs. Rústica.

José Vicente Rodríguez
NUEVOS DIALOGOS DE CARMELITAS
EN GUADALAJARA
(Vida y martirio de las Hnas. Pilar, Teresa y María Angeles).
320 págs. Rústica.
Segunda edición ilustrada. 320 págs. Rústica.

Teófanes Egido
EL LINAJE JUDEOCONVERSO DE SANTA TERESA
(Pleito de hidalguía de los Cepeda).
272 págs. Rústica.

Otger Steggink
SIN AMOR... TODO ES NADA
144 págs. Rústica.

Indalecio Gómez Varela
ESPIRITUALIDAD DEL SACERDOTE DIOCESANO
304 págs. Rústica.

Alonso de la Madre de Dios (1568-1635)
VIDA DE FRAY JUAN DE LA CRUZ
728 págs. Rústica.

Daniel de Pablo Maroto
HISTORIA DE LA ESPIRITUALIDAD CRISTIANA
400 págs. Rústica.

Manuel Diego Sánchez
HISTORIA DE LA ESPIRITUALIDAD PATRISTICA
392 págs. Rústica.

Jodi Bilinkoff
AVILA DE SANTA TERESA
La reforma religiosa en una ciudad del siglo XVI.
222 págs. Rústica.

Salvador Muñoz Iglesias
MI ORACION DE CADA DIA
368 págs. Rústica.

EDITORIAL DE ESPIRITUALIDAD
Triana, 9. 28016 Madrid